MANUAL DE COACHING

Grupo Editorial Nacional

O GEN | Grupo Editorial Nacional – maior plataforma editorial brasileira no segmento científico, técnico e profissional – publica conteúdos nas áreas de ciências sociais aplicadas, exatas, humanas, jurídicas e da saúde, além de prover serviços direcionados à educação continuada e à preparação para concursos.

As editoras que integram o GEN, das mais respeitadas no mercado editorial, construíram catálogos inigualáveis, com obras decisivas para a formação acadêmica e o aperfeiçoamento de várias gerações de profissionais e estudantes, tendo se tornado sinônimo de qualidade e seriedade.

A missão do GEN e dos núcleos de conteúdo que o compõem é prover a melhor informação científica e distribuí-la de maneira flexível e conveniente, a preços justos, gerando benefícios e servindo a autores, docentes, livreiros, funcionários, colaboradores e acionistas.

Nosso comportamento ético incondicional e nossa responsabilidade social e ambiental são reforçados pela natureza educacional de nossa atividade e dão sustentabilidade ao crescimento contínuo e à rentabilidade do grupo.

MARGARET MOORE • ERIKA JACKSON • BOB TSCHANNEN-MORAN

MANUAL DE COACHING

Um guia prático e didático

1ª edição brasileira

Tradução

Silvio Antunha

Revisão Técnica

Danilo S. S. Pastorelli
Graduado em História pela Universidade Estadual Paulista (Unesp). Especialista em Ensino e Aprendizagem no Ensino Superior pela Universidade São Judas Tadeu (USJT). Mestre em Economia pela Unesp. Membro do Institute of Coaching (IOC).

Adailton C. Azevedo
Graduado em Administração pela Universidade Estácio de Sá. Mestre em Economia pela Universidade Federal do Ceará (UFC). Membro do Institute of Coaching (IOC).

gen | atlas

- Data do fechamento do livro: 28/03/2025.

- Capa: Tiago Fabiano Dela Rosa
- Imagem de capa: © KrulUA (iStock)
- Diagramação: Marcelo S. Brandão *(santibrando@gmail.com)*
- Ficha catalográfica

M821m

Moore, Margaret
Manual de Coaching: um guia prático e didático / Margaret Moore, Bob Tschannen-Moran, Erika Jackson ; traduzido por Silvio Antunha. – São Paulo : Atlas, 2025.
256 p.

Tradução de: Coaching Psychology Manual
ISBN: 978-85-7144-234-4

1. Coaching. 2. Manual. 3. Guia prático. 4. Comportamento de saúde. I. Tschannen-Moran, Bob. II. Jackson, Erika. III. Antunha, Silvio. IV. Título.

	CDD 610.73
2023-3902	CDU 615.851.4

Elaborado por Odilio Hilario Moreira Junior - CRB-8/9949

Este manual é dedicado ao meu maravilhoso marido, Paul Clark, advogado de patentes de Biotecnologia, que teve a ideia de fundar a Wellcoaches em 1999, quando eu era executiva de Biotecnologia. Paul é a razão pela qual a minha vida e a de milhares de coaches e seus clientes agora se tornaram verdadeiras obras de arte.

Margaret Moore/Coach Meg

Sobre os autores

Margaret Moore (também conhecida como Coach Meg), MBA, é uma veterana com 17 anos de atuação na indústria de Biotecnologia nos EUA, no Reino Unido, no Canadá e na França. Atuou em cargos executivos em três empresas que mais tarde se juntaram à Sanofi, e como CEO e COO de duas empresas de Biotecnologia.

Em 2000, Margaret saiu da medicina *high-tech* para construir o campo de Coaching em Saúde e Bem-Estar, fundando a Wellcoaches Corporation – parceira estratégica do American College of Sports Medicine, atualmente porta-bandeiras dos coaches (treinadores) profissionais em saúde e bem-estar. A Wellcoaches School of Coaching já treinou mais de 10 mil coaches de saúde e bem-estar em 45 países.

Margaret é cofundadora (junto com Carol Kauffman) e codiretora do Institute of Coaching do McLean Hospital, afiliado da Harvard Medical School, além de codiretora do curso da conferência anual de Coaching em Liderança e Saúde oferecido pela Harvard Medical School. A colaboração de Margaret com Edward Phillips, MD, visando criar um programa de Educação Médica Continuada (CME, do inglês *Continuing Medical Education*) na referida universidade para ensinar aos médicos as habilidades básicas de Coaching levou ao lançamento do Institute of Lifestyle Medicine, agora com sede no Joslin Diabetes Center, do qual Margaret é consultora.

Ela é, ainda, cofundadora e colíder do National Consortium for Credentialing Health and Wellness Coaches (Consórcio Nacional para Credenciamento de Coaches de Saúde e Bem-Estar), que fornece padrões nacionais e certificação a coaches de saúde e bem-estar, ajudando a catalisar a transformação do sistema de saúde norte-americano.

Margaret é membro do corpo docente da Harvard University Extension School, liderando e ministrando um programa de Coaching Psicológico.

Ela nasceu em uma fazenda leiteira a nordeste de Toronto, onde frequentou uma escola com duas salas de aula e aprendeu a dirigir trator. É membro do conselho da Orquestra Filarmônica de Boston. Mora em Wellesley, Massachusetts, com o marido, Paul Clark, um proeminente advogado de patentes de Biotecnologia que patenteou o primeiro animal geneticamente modificado, o rato de Harvard. Margaret é cidadã dos EUA e do Canadá.

Curso CME

Curso CME *online* da Harvard Medical School: *Prescrição de medicamentos de estilo de vida para controle de peso* (habilidades básicas de coaching para médicos).

Livros e capítulos de livros

- *Organize Your Mind, Organize Your Life*, livro da Harvard Health publicado pela Harlequin (2012)
- Capítulo 22: "Health and Wellness Coaching"; *The Complete Handbook of Coaching*, 2ª edição
- Capítulo 27: "Health and Wellness Coaching Skills for Lasting Change"; *Lifestyle Medicine*, 2ª edição, 2013

- "Health & Wellness Coaching for Sustainable Change", Wegener/Fritze/Loebbert, Coaching-Praxisfelder.

Erika Jackson, MLHR, MCC, BCC, é vice-presidente de operações e treinamento da Wellcoaches Corporation, onde serviu aos coaches com reconhecimento por mais de 10 anos em diversas funções de ensino e mentoria. Agora liderando o corpo docente e as equipes de operações da melhor organização de treinamento de coaches do mundo, Erika aproveita ao máximo a oportunidade de melhorar processos que possibilitem aos coaches se tornarem mais habilidosos com mais rapidez.

Nos últimos 20 anos, ela serviu como líder de Recursos Humanos e Desenvolvimento Organizacional nos setores público e privado, alternando entre uma organização Fortune 500 e uma entidade sem fins lucrativos local. É especialista em metodologia de aprendizagem de adultos e tem ampla experiência em metodologias de ensino. Erika tem se engajado consistentemente no desenvolvimento contínuo de habilidades em várias escolas de Coaching e no estudo concentrado em Investigação Apreciativa e Comunicação Não Violenta. Também é qualificada no uso do Indicador de Tipos Myers Briggs e é instrutora da Harvard University Extension School, onde ministra cursos de Coaching Psicológico.

Além de seu trabalho na Wellcoaches, Erika também é líder em designer instrucional e facilitadora sênior da ImprovEdge, projetando as experiências de "brincadeiras com propósito" de desenvolvimento de liderança conduzidas por graduados da Ivy League e por atores profissionais, com base nos princípios do teatro de improviso.

Erika ama as artes e, nas horas vagas, dirige um teatro comunitário, escreve músicas com o marido, Theo, e atua em musicais. Acima de tudo, ela adora cantar com seus três filhos – Lo, Wren e Elek.

Bob Tschannen-Moran, IAC-MCC (IAC), BCC, é CEO e cofundador do Center for School Transformation, presidente da LifeTrek Coaching International e ex-presidente da International Association of Coaching (IAC).

É coautor de *Evocative Coaching: Transforming Schools One Conversation at a Time* (2010, Jossey-Bass) e do *Coaching Psychology Manual* (ACSM/Lippincott Williams & Wilkins, 2010), além de mais de 700 artigos e boletins informativos publicados tanto em formato impresso como eletrônico. Junto com sua esposa, Megan, foi coautor do artigo principal da edição de outubro de 2011 da revista *Educational Leadership*, "The Coach and the Evaluator". Bob é IAC Master Certified Coach, CCE Board Certified Coach, graduado em vários programas de treinamento de coaches, e tem Mestrado em Teologia (Master of Divinity) pela Universidade de Yale.

Gosta de correr e é membro ativo do Kiwanis. Sua família inclui: a esposa, Megan, professora de liderança educacional no College of William and Mary e colaboradora da LifeTrek Coaching International; a filha, Bryn Rodriguez, médica em Las Vegas, e seu marido Andres; e, ainda, o filho e a nora, Evan e Michelle Tschannen, que se formaram na Universidade da Virgínia com Mestrado em Engenharia de Sistemas e Educação Especial, respectivamente. Atualmente, o maior prazer de Bob é passar um tempo com seus três netos: Everest e as gêmeas, Aliana e Amaya.

Colaboradores

Lori Gray Boothroyd, PhD, LP, PCC
Faculty, Wellcoaches Corporation
Traverse City, Michigan

Juli Compton, PhD, BCC
Faculty, Wellcoaches Corporation
Boise, Idaho

Gabe Highstein, PhD, RN
Faculty, Wellcoaches Corporation
Faculty Emeritus, Wellcoaches Corporation
East Falmouth, Massachusetts

Greg Hottinger, MPH, RD
Faculty, Wellcoaches Corporation
Boulder, Colorado

Erika Jackson, MA, MCC
Vice President, Operations and Training, Wellcoaches Corporation
Carroll, Ohio

Carol Kauffman, PhD, ABPP, PCC
Assistant Clinical Professor, Harvard Medical School
Executive Director, Co-Founder, Institute of Coaching
Arlington, Massachusetts

Kate Larsen, Executive Masters, MCC, BCC
Faculty, Wellcoaches Corporation
Eden Prairie, Minnesota

Christina Lombardo, MA, MCC, BCC
Faculty, Wellcoaches Corporation
Powell, Ohio

Sam Magill, MBA, MCC
Faculty, Wellcoaches Corporation
Edmonds, Washington

Kelly Davis Martin, MA
Faculty, Wellcoaches Corporation
Sisters, Oregon

Barrett McBride, PhD, MCC, BCC
Faculty, Wellcoaches Corporation
Sacramento, California

Margaret Moore, MBA
Founder and CEO, Wellcoaches Corporation
Wellesley, Massachusetts

Michael Pantalon, PhD
Faculty, Wellcoaches Corporation
Hamden, Connecticut

Robert Rhode, PhD
Assistant Professor, Clinical Family and Community Medicine
Department of Psychiatry
University of Arizona
Tucson, Arizona

Beverly J. Richstone, PhD
Monument, Colorado

Pam Schmid, BS, BCC, ACSM HFI
Certified Executive Wellness Coach
Faculty, Wellcoaches Corporation
Clayton, North Carolina

Michael Scholtz, MA
Faculty, Wellcoaches Corporation
Hendersonville, North Carolina

Gloria Silverio, MS, PCC, BCC
Faculty, Wellcoaches Corporation
Delray, Florida

Walter R. Thompson, PhD, FACSM, FAACVPR
Department of Kinesiology and Health
Georgia State University
Atlanta, Georgia

Darlene Trandel, PhD, RN/FNP, MSN, CPP, PCC
Faculty, Wellcoaches Corporation
Chevy Chase, Maryland

Bob Tschannen-Moran, MDiv, IAC-MCC
Wellcoaches Faculty
Williamsburg, Virginia

Jessica Wolfson, BS, PCC, BCC
Faculty, Wellcoaches Corporation
Oakland, California

Revisores

Terry Dibble
Oakland University
Rochester, Michigan

Matt Ferguson
WebMD Health Services
Portland, Oregon

Jennifer Guthrie, MS, CHES
Independent

Charlie Hoolihan, BA, CSCS*D
Personal Training Director
Pelican Athletic Club
Mandeville, Louisiana

Jeff Lynn, PhD
Associate Professor
Exercise and Rehabilitative Sciences
Slippery Rock University
Slippery Rock, Pennsylvania

Maureen McGuire, PhD, RN
Associate Professor
Loretto Heights School of Nursing
Regis University
Denver, Colorado

Darian Parker, PhD, NSCA-CPT
Regional Account Director/General Manager
Club Ridges Fitness Center
Las Vegas, Nevada

Jennifer Pintar, PhD, MPH
Chairperson/Professor
Human Performance and Exercise Science
Youngstown State University
Youngstown, Ohio

Leia Spoor
Director of Health & Wellness
Baylor Health System
Dallas, Texas

Tom Spring
Director
Health Engagement and Community Relations
Health Alliance Plan of Michigan
Detroit, Michigan

Troy Thomas, PhD
Chief Academic Officer
U Train U LLC
Dallas, Texas

Darlene Trandel, PhD, MSN, FNP/RN, CCP, PCC
Family Nurse Practitioner, Clinical Specialist
ICF-PCC Certified Executive Health Coach, Consultant and Trainer
The Health and Well Being Institute, LLC
Chevy Chase, Maryland

Eric Vlahov, PhD
Professor
Health Sciences and Human Performance
The University of Tampa
Tampa, Florida

Charles M. Ware, DHEd, MS, CHES
Associate Faculty
College of Humanities and Science
University of Phoenix
Las Vegas, Nevada

Rachelle Winkler
Oakland University
Rochester, Michigan

Heike Yates, ACE Certified Trainer
CEO/Owner
HEYlifetraining Pilates & Wellness
Silver Spring, Maryland

Apresentação

É com grande satisfação que apresentamos esta edição revisada e traduzida do *Manual de Coaching*, uma obra essencial no desenvolvimento do campo do Coaching baseado em evidências. Este *Manual* tem sido amplamente utilizado em programas de formação de coaches em renomadas universidades pelo mundo, incluindo a Universidade de Harvard. Em um momento em que o termo "coaching" tem sido utilizado de maneira indiscriminada e, muitas vezes, confundido com práticas sem embasamento científico, esta obra se torna um guia necessário para aqueles que buscam entender o verdadeiro poder do Coaching fundamentado em pesquisa, ciência e protocolos validados.

Margareth Moore, Erika Jackson e Bob Tschannen-Moran, os autores, são referências internacionais no campo do Coaching. Margareth Moore, com formação em Biologia e Administração de Negócios, traz a visão de integração entre a biologia humana e o comportamento organizacional, sempre com um olhar atento para a saúde e o bem-estar. Erika Jackson, vice-presidente de operações e treinamento da Wellcoaches Corporation, combina sua vasta experiência em *mentoring* e ensino com uma visão estratégica para melhorar o impacto dos coaches ao redor do mundo. Já Bob Tschannen-Moran, CEO e cofundador do Center for School Transformation, com vasta experiência em liderar organizações de Coaching, é um pioneiro no desenvolvimento de práticas de Coaching aplicadas aos contextos educacional e pessoal.

O *Manual de Coaching* que você tem em mãos é resultado de uma trajetória acadêmica que integrou dezenas de teorias e campos de conhecimento, agora estruturados em um currículo robusto e testado. Dentre as teorias abordadas, estão: a Teoria da Autodeterminação de Deci & Ryan (1985), a Psicologia Positiva de Peterson (2006), a Comunicação Não Violenta (CNV) de Rosenberg (2005), a Entrevista Motivacional de Miller & Rollnick (2012), a Inteligência Emocional de Goleman (1996), o *Design Thinking* de Brown (2009), a Teoria do Fluxo de Csikszentmihalyi (1990), e muitas outras que formam a base sólida sobre a qual se sustenta o Coaching científico.

Um dos grandes méritos desta obra é a habilidade de traduzir esses conceitos complexos em práticas e habilidades de coaching aplicáveis, permitindo que profissionais da negócios, educação, saúde e fitness possam energizar e capacitar seus clientes de maneira efetiva. A construção do *Manual* é colaborativa, incluindo psicólogos e acadêmicos ao redor do mundo, e reflete a contínua evolução de um campo que tem sido estudado e validado pelas mais prestigiadas instituições acadêmicas.

Quando insistimos pela tradução deste livro junto à Galícia Educação – que abraçou e acreditou no projeto de MBA em Full Coaching e nos confiou toda a liberdade autoral na construção desse curso – tínhamos em mente a necessidade de devolver ao Coaching seu verdadeiro significado. E ele só poderia ser recuperado por meio da tradução deste *Manual*, posto que carrega em si as práticas baseadas em evidências, de valor inegociável para nós, como resultado direto de múltiplas pesquisas desenvolvidas nos variados campos científicos e publicadas em diversos veículos.

O conteúdo da obra está organizado em capítulos que cobrem todos os aspectos essenciais da prática de Coaching, desde a introdução ao papel do coach até técnicas avançadas de *Design Thinking* e avaliação de clientes. Na primeira parte, o leitor é convidado a entender o papel do Coaching na saúde e no bem-estar, além de distinguir o Coaching de outras práticas, como a terapia ou o acompanhamento psicológico, para garantir uma atuação ética e profissional. A obra segue explicando o que diferencia o Coaching Psicológico de outros tipos de coaching, explorando como a autodeterminação e outros mecanismos de ação influenciam os resultados do cliente.

O relacionamento entre coach e cliente é um ponto central abordado em profundidade. O *Manual* demonstra como estabelecer confiança e rapport, utilizando habilidades como mindfulness e compaixão. Com o desenvolvimento dessas habilidades, os coaches são capazes de lidar com as emoções negativas dos clientes, aplicando técnicas, como a CNV, para expressar empatia e ajudar o cliente a lidar com suas próprias críticas internas.

A Psicologia Positiva, um dos principais focos do texto, é introduzida como uma ferramenta poderosa para celebrar o que há de melhor em cada cliente. A abordagem da Investigação Apreciativa, por exemplo, é apresentada como uma técnica que pode colaborar na transformação não apenas da vida dos clientes, mas também da relação que o coach desenvolve com eles. Do mesmo modo, o *Manual* destaca a importância de entender e alavancar a motivação dos clientes, por meio de práticas como a Entrevista Motivacional e o aumento da Autoeficácia.

A avaliação de prontidão para mudança é outro aspecto crítico abordado, juntamente com a aplicação do Modelo Transteórico de Mudança. O livro oferece ferramentas concretas para identificar em que estágio de mudança o cliente se encontra e como adaptar as técnicas de coaching para melhor apoiá-lo nesse processo. A avaliação de bem-estar é discutida como uma metodologia eficaz para entender seu estado emocional, físico e mental, e para criar um plano de coaching personalizado.

Outro ponto de destaque é o uso do *Design Thinking* no planejamento e na execução de programas de coaching. Essa técnica, amplamente conhecida no mundo dos negócios e inovação, é aplicada na obra para desenhar visões, metas e experimentos comportamentais que levam à transformação sustentável e mensurável dos clientes.

Por fim, o *Manual* mergulha no conceito de "momentos generativos" – aqueles instantes cruciais durante as sessões de coaching que catalisam insights e mudanças significativas. O leitor aprenderá como facilitar e reconhecer esses momentos, além de conduzir sessões de coaching de maneira que gerem aprendizado contínuo, adaptação e crescimento.

No Brasil, onde o coaching se popularizou de forma explosiva nos últimos anos, esta obra proporciona um respiro de ar fresco, ancorado em pesquisas rigorosas e práticas bem documentadas. Ao integrar campos acadêmicos e práticos, como Neurociência, Psicologia, Comunicação e Desenvolvimento Humano, este *Manual* oferece aos coaches uma estrutura sólida e validada para melhorar suas competências e, consequentemente, a vida de seus clientes. Ele se diferencia por sua abordagem científica e ética, em contraste com o que muitas vezes encontramos no mercado de coaching, em que práticas sem fundamentação confundem coaching com autoajuda, programação neurolinguística (PNL) ou terapias sem validade científica. Trata-se de um compromisso com o Coaching embasado em ciência, não em modismos.

Ao abordar temas como o Desenvolvimento Adulto e a Teoria Sujeito-Objeto (Kegan & Lahey, 2009), a Teoria Social Cognitiva de Bandura (2001), e práticas como a Terapia Cognitivo-Comportamental de Burns (1980), o *Manual* oferece uma visão integrada do que o coaching pode alcançar quando aplicado de maneira correta. O resultado é um protocolo maduro, publicado em diversos estudos de pesquisa, que estabelece o padrão elevado para o Coaching orientado por evidências.

Afinal, o que você realmente entende por Coaching? Em meio à proliferação de cursos rápidos e "gurus" que promovem fórmulas mágicas, o que o distingue de uma prática de desenvolvimento pessoal sem fundamento? Este livro oferece a resposta. Ele é um convite à reflexão crítica e ao aprofundamento, afastando-se da confusão gerada por práticas de autoajuda vazias e oferecendo um caminho seguro para a transformação, com base sólida e validada.

Agora, convidamos você a mergulhar neste universo de conhecimento e a descobrir o que realmente significa ser um coach. O Coaching que transforma vidas não é apenas uma tendência; é uma ciência.

Danilo Pastorelli e **Adailton Azevedo**
Professores e Coordenadores
MBA em Coaching, Galícia Educação

Prefácio

A Wellcoaches Corporation, o American College of Sports Medicine (ACSM/Colégio Americano de Medicina Esportiva) e a nossa crescente comunidade de coaches estão construindo as bases das novas profissões de *wellness coach* (treinador/coach de bem-estar), *health coach* (treinador/coach de saúde) e *fitness coach* (treinador/preparador físico). Desde que a Wellcoaches foi fundada no ano 2000, temos trabalhado arduamente para estabelecer o padrão-ouro em competências de coaching nos setores de saúde, fitness e bem-estar. A nossa integridade; o nosso compromisso com os mais altos padrões; e a nossa paixão, visão e dedicação são os vínculos que unem a comunidade Wellcoaches.

Tendo treinado mais de 10 mil coaches e atualmente mais de 1.200 coaches por ano (todos os quais aprenderam com as versões anteriores deste *Manual*), construímos a maior comunidade de coaches na área da saúde no mundo inteiro e a base de apoio de uma indústria global que esperamos crescer para 100 mil coaches ou mais.

Embora este *Manual*, amplamente utilizado por programas de treinamento de coaches e universidades em todo o mundo, esteja agora em sua segunda edição, ele representa apenas o começo. O campo de Coaching Científico continua a evoluir rapidamente com a nossa ajuda. A forma como o nosso currículo de coaching com fundamentos psicológicos cresceu reproduz, de fato, a forma como o coaching funciona com os clientes. A visão clara levou a metas objetivas e a resultados impressionantes que nos proporcionam continuamente novos e surpreendentes caminhos. Desde a publicação da primeira edição, o nosso currículo amadureceu e se tornou um protocolo robusto e baseado em evidências, atualmente publicado em nove estudos de pesquisa, com muitos mais a caminho.

Estamos ensinando Coaching Científico com base em evidências para profissionais credenciados pioneiros em saúde, preparo físico (fitness) e saúde mental, permitindo-lhes energizar e capacitar os clientes para que dominem o bem-estar da saúde. Juntos, esperamos reduzir alguns dos desafios mais difíceis dos nossos tempos: as epidemias de obesidade, os estilos de vida sedentários, o estresse, a má nutrição e os custos cada vez maiores dos tratamentos de saúde.

Organização

Este *Manual* compreende 12 capítulos para fornecer ao coach profissional novato o conhecimento essencial para praticar as habilidades necessárias à execução das tarefas exigidas de um coach competente. O conhecimento e as habilidades descritas neste *Manual* representam mais de 12 anos de experiência na educação e no treinamento de 10 mil profissionais de saúde e relacionados ao bem-estar sobre como ser coach. Cada capítulo fornece exemplos de conversas de coaching para estender a tradução da teoria à prática.

Os processos de coaching deste *Manual* foram validados por meio de dezenas de intervenções e protocolos de Coaching. O *Manual* apoia o Coaching Científico para praticar o conteúdo montado pelo Institute of Coaching do McLean Hospital, afiliado da Harvard Medical School, cofundado e coliderado pela fundadora da Wellcoaches, Margaret Moore. O *Manual* também apoia as certificações e os padrões nacionais estabelecidos pelo Consórcio Nacional para o Credenciamento de Coaches de Saúde e Bem-Estar, também cofundado e coliderado por Margaret Moore.

O foco dos três primeiros capítulos é sobre como se tornar e ser um coach. No Capítulo 1, exploramos as definições de Coaching; descrevemos as especialidades do tema; introduzimos o escopo da atuação, as diretrizes éticas e as responsabilidades; e defendemos que os coaches profissionais sejam treinados nas melhores práticas. O Capítulo 2 discute as principais habilidades que geram o relacionamento coaching. O Capítulo 3 discute a presença coaching e apresenta as habilidades de ser (*being skills*) e a importância do autocuidado.

Os dois capítulos seguintes examinam as maneiras de tratar os clientes respeitosamente e de "aceitá-los e atendê-los do modo como são". No Capítulo 4, introduzimos os construtos da compaixão e da Comunicação Não Violenta e a importância deles para o autocuidado do coach, bem como para apoiar os clientes a compreenderem melhor suas emoções, necessidades e impulsos. O Capítulo 5 fornece ferramentas enraizadas na Psicologia Positiva e na Investigação Apreciativa para a construção de forças e emoções positivas como recursos de apoio à mudança sustentável.

Em seguida, fornecemos a fundamentação estrutural que leva os clientes a terem uma visão de saúde ou de bem-estar baseada em propósito e significado sinceros. Começando com o exame da importância e dos tipos de motivação, o Capítulo 6 descreve as filosofias e as ferramentas da Entrevista Motivacional para construir a autoeficácia. O Capítulo 7 explora a riqueza do Modelo Transteórico e seus processos cognitivos e comportamentais de mudança comportamental.

Por fim, descrevemos as ferramentas e os processos de facilitação do processo de mudança. O Capítulo 8 discute abordagens para mapeamento dos clientes, seguido pelo Capítulo 9, que descreve abordagens e diretrizes detalhadas que ajudam os clientes na construção de visões e metas baseadas nos princípios criativos e colaborativos do *Design Thinking*. No Capítulo 10, descrevemos, então, o cerne de uma sessão de coaching, o momento generativo, que representa os momentos mais poderosos, criativos e envolventes do coaching. A condução das sessões de coaching, descrita no Capítulo 11, fornece listas de verificação passo a passo (*step-by-step checklists*) que permitem aos novos coaches ter vantagem na condução das sessões de coaching.

Assim, no espírito do aprendizado ao longo da vida, encerramos o Capítulo 12 com a introdução de um novo modelo de sucesso humano baseado em nove necessidades, impulsos, valores e capacidades humanas primárias.

A publicação deste *Manual* continua nos ajudando a realizar a nossa visão, que nada mais é que ajudar as pessoas a assumirem o controle e a dominarem a saúde e o bem-estar em larga escala. Para chegarmos lá, um grande número de profissionais precisará aprender e dominar os princípios e as práticas do Coaching Psicológico apresentados neste *Manual*. Quanto mais dedicados estivermos a "fazer o caminho do bem-estar" e a ajudar os outros na jornada por meio de relacionamentos coaching dinâmicos e promotores de crescimento, maior será a probabilidade de o nosso sonho se tornar realidade.

Melhorias

Agradecemos a você por dar o salto na carreira e trabalhar para se tornar um coach de classe mundial que causará grande impacto na vida de muita gente. Estamos muito satisfeitos por você ter se juntado ao movimento. Pedimos que você nos ajude a continuarmos a definir e alcançar os mais elevados padrões possíveis.

Margaret Moore (Coach Meg)
Erika Jackson
Bob Tschannen-Moran

Agradecimentos

Este *Manual* representa o ponto culminante de 15 anos de trabalho de muitos colegas e colaboradores. A primeira iteração do nosso *Manual* foi desenvolvida de 2000 a 2002 por Margaret Moore em colaboração com Steven Jonas, MD; Gabe Highstein, PhD; Juli Compton; Sheryl Marks Brown; Kate Larsen; Joan Price; e Tony Rodriguez. Contribuições importantes de outras pessoas vieram rapidamente e incluem Walter Thompson, PhD; Robert Rhode, PhD; Lori Gray Boothroyd, PhD; Pam Schmid e Jessica Wolfson. Gloria Silverio liderou a edição completa do *Manual* em 2006, além de trazer conteúdos novos e significativos.

Há quase uma década, Bob Tschannen-Moran e Erika Jackson lideraram o enorme esforço de expandir o currículo, integrando princípios de Psicologia Positiva, estratégias de mudança baseadas em pontos fortes, Comunicação Não Violenta e fluxo relacional (a dança intuitiva do coaching). Eles também lideraram o esforço para estruturar o currículo de acordo com a Teoria da Aprendizagem de adultos e para alinhar o currículo com o nosso processo de certificação, criando maravilhosos guias e listas de verificação que foram incorporados na primeira edição do *Manual* em 2010.

Não teríamos concluído o *Manual* sem os esforços incansáveis da equipe de operações da Wellcoaches em apoio a todos nós, inclusive Blaine Wilson, Marilyn Thom, Julie Cummings, Angela Miller Barton, Sheryl Richard, Nicole Hansen, Ray Diveley, Robin Wilson, Kristin Lindstrom e Kelly Noffsinger.

Mais importante ainda, os nossos estagiários (*trainees*) de coaching têm contribuído continuamente para a evolução e para a apresentação das competências e dos processos de coaching. Eles nos desafiaram a torná-los elegantemente simples de praticar e usar.

Todos nós gostamos de utilizar esses princípios e essas práticas todos os dias, tanto para apoiar a nossa própria saúde e bem-estar como a dos nossos clientes. Todos nós não apenas passamos por transformações pessoais, como temos a grande sorte de sermos parceiros nas pequenas e grandes transformações que os nossos clientes vivenciam. Essa é uma recompensa que não tem comparação. Coaching é o nosso futuro.

Margaret Moore
Erika Jackson
Bob Tschannen-Moran

Sumário

Capítulo 1

Introdução

"Eu vi um anjo na pedra e o esculpi para libertá-lo."

MICHELANGELO

Parte 1: Definição do Papel do Coach

OBJETIVOS

Depois de ler a Parte 1 deste capítulo, você será capaz de:

- Definir Coaching e identificar o valor da parceria coach/cliente
- Explicar por que são necessários coaches profissionais para tratar a saúde e o bem--estar hoje em dia
- Distinguir entre a abordagem de Coaching e a abordagem especializada
- Descrever o estado atual das pesquisas sobre os resultados do Coaching em saúde e bem-estar
- Descrever o processo de Coaching.

Bem-vindo ao *Manual de Coaching: Um Guia Prático e Didático* da Wellcoaches. Ele foi elaborado para apoiar a educação e o treinamento em habilidades e processos básicos de Coaching. Quando utilizamos o termo "coach" ao longo do *Manual*, nós nos referimos aos coaches profissionais que trabalham nas áreas de saúde e vida em geral relacionadas ao bem-estar. O *Manual* é valioso para qualquer pessoa interessada nos conhecimentos e nas habilidades de Coaching.

O que é Coaching?

O Coaching é um veículo para ajudar as pessoas a alcançarem um nível mais elevado de bem-estar e desempenho na vida e no trabalho, especialmente quando a mudança é difícil. É uma relação promotora de crescimento que provoca motivação autônoma, aumenta a capacidade de mudança e facilita o processo de mudança por meio de visão, definição de metas e responsabilização, o que, em sua melhor forma, conduz a uma mudança sustentável para o que é bom.

A indústria emergente do coaching profissional, que começou há mais de 25 anos, inicialmente concentrou o foco em coaching executivo, empresarial e de vida.

Programas de treinamento e educação de coach comercial e acadêmico formaram mais de 50 mil coaches em todo o mundo. Os programas de treinamento de coach de saúde e bem-estar surgiram na fase seguinte, tratando da saúde física e mental e do bem-estar em ambientes de consumo, organizacionais e de saúde.

O Coaching é uma parceria com os clientes em um processo criativo e instigante que os inspira e apoia na maximização de seu potencial pessoal e profissional, o que é particularmente importante no ambiente incerto, complexo e muitas vezes opressor da atualidade. Os coaches tratam os clientes como especialistas na vida e no trabalho dessas pessoas, acreditando que todo cliente tem potencial para ser criativo e está repleto de recursos para se autorrealizar totalmente. Com base nessa fundamentação, a responsabilidade do coach é:

- Descobrir, esclarecer e se alinhar com o que o cliente deseja alcançar
- Incentivar a autodescoberta do cliente
- Provocar soluções e estratégias colaborativas geradas pelo cliente
- Manter o cliente responsável e diligente (International Coaching Federation [ICF], 2014).

Os coaches de saúde e bem-estar são profissionais de diversas áreas da saúde e afins que trabalham com indivíduos e grupos em um processo centrado no cliente (ou no paciente) para facilitar e capacitar o cliente a atingir metas autodeterminadas relacionadas à saúde e ao bem-estar. O coaching bem-sucedido ocorre quando os coaches aplicam conhecimentos e competências claramente definidos para que os clientes mobilizem forças internas e recursos externos para a mudança sustentável (National Consortium for the Credentialing of Health and Wellness Coaches, 2012).

Os coaches profissionais em saúde e bem-estar formam parcerias com os clientes para otimização da saúde e do bem-estar, desenvolvendo e mantendo estilos de vida saudáveis. Os coaches ajudam os clientes a melhorarem a automotivação e a autorregulação, aproveitarem os pontos fortes, navegarem em uma jornada de mudança e construírem outros recursos psicológicos necessários para mudarem para sempre, incluindo mindfulness, autoconsciência, positividade, esperança, otimismo, autoeficácia e resiliência (Frates e Moore, 2011). Os coaches de saúde e bem-estar ajudam os clientes a ligarem os pontos entre quem eles são e quem eles querem ser, e a tomarem medidas comportamentais incrementais que lhes permitirão obter sucesso nas mudanças desejadas, levando a um nível mais elevado de saúde e bem-estar.

Embora alguns coaches executivos e de vida possam ajudar seus clientes a atingirem metas de saúde ou bem-estar, eles normalmente concentram o foco no alinhamento de metas e valores pessoais e profissionais com a melhoria do bem-estar e do desempenho na vida e no trabalho. Eles não têm como foco principal ajudar os clientes a estabelecerem comportamentos físicos e mentais promotores da saúde alinhados com diretrizes baseadas em evidências em condicionamento físico, nutrição, controle de peso, risco à saúde, controle de estresse e satisfação com a vida.

Seja qual for o foco, os coaches maestrais usam abordagens evocativas, frequentemente menos didáticas, com os clientes. Eles ouvem mais do que falam, perguntam mais do que respondem e refletem mais do que comentam. O Coaching não é basicamente aconselhar os clientes sobre como resolver problemas ou simplesmente educar os clientes sobre o que eles devem fazer, nem analisar as causas profundas das dificuldades dos clientes. Embora aconselhar, educar ou analisar problemas ocasionalmente façam parte do Coaching, essas atividades não são o objetivo ou a abordagem principal. Os coaches são parceiros colaborativos e cocriadores nas jornadas dos clientes para alcançarem suas visões e suas metas.

Coaches não facilitam para os clientes dando-lhes respostas; eles viabilizam ao próprio cliente a autodescoberta e o impulso para a frente. Controlar a saúde, o bem-estar e, ainda, ter outros domínios na vida e desenvolver a confiança necessária para sustentar o bem-estar fazem parte de uma jornada de crescimento pessoal. O coach é parceiro na definição do "Ponto B", coautor do projeto e copiloto na navegação da jornada para chegar lá (Figura 1.1).

Os resultados que os coaches entregam incluem o seguinte:

- Maiores autoconsciência e autoconhecimento
- Maior responsabilidade pessoal
- Aquisição de novos conhecimentos e competências
- Alcance de metas pessoais e profissionais
- Mudança de comportamento sustentável
- Aumento da satisfação com a vida
- Aumento da autoeficácia
- Senso desenvolvido de propósito e significado
- Fazer a pessoa trazer à tona o melhor de si.

Por que precisamos de treinamento em saúde e bem-estar

Conforme for ganhando reconhecimento nos próximos anos, o coaching de saúde e bem-estar, com a ampla disseminação das competências de Coaching, tem o potencial de se tornar uma força transformadora no sistema de saúde em muitos países. As competências de Coaching podem ser aplicadas em muitos ambientes (presencialmente e por telefone, individualmente e em grupos) e por muitos profissionais (coaches profissionais, profissionais da saúde que integram habilidades e ferramentas de Coaching nos protocolos atuais, e coaches de saúde e bem-estar de pares para divulgação na comunidade). Os coaches colocam o foco na reforma do autocuidado (Gregory, 2013) como um esforço importante na reforma dos tratamentos de saúde em curso em muitos países.

Figura 1.1 O coach apoia os clientes na navegação do *Ponto A* ao *Ponto B*, de onde estão até onde desejam estar.

Doenças crônicas relacionadas ao estilo de vida, doenças cardíacas, acidentes vasculares cerebrais e câncer são responsáveis por 50% das mortes, enquanto obesidade, pré-diabetes e diabetes atingem níveis epidêmicos de prevalência nos EUA e se espalham globalmente. Estima-se que os custos de saúde nos EUA, associados a doenças crônicas relacionadas com o estilo de vida, representem 75% dos custos totais (Centers for Disease Control and Prevention, 2013) e crescem rapidamente com a população idosa envolvida em estilos de vida pouco saudáveis. O antigo controlador-geral dos EUA, David Walker (2012), observa: "O nosso gasto atual com tratamentos de saúde é insustentável e poderá eventualmente levar o país à falência, na falta de mudanças dramáticas em nossos atuais programas e sistemas de saúde."

Menos de 5% dos adultos (Berrigan et al., 2003) adotam os principais comportamentos de saúde, e apenas 20% dos adultos se desenvolvem satisfatoriamente (Kobau et al., 2010). Pela primeira vez na história da humanidade o controle da própria saúde e a realização de investimentos diários na saúde estão prestes a se tornar temas sociais dominantes, assim como ocorreu com a cessação do tabagismo há duas décadas ou com o sacrifício pelo bem maior durante as duas Guerras Mundiais.

Os comportamentos de saúde incluem intervenções na gestão do estresse, à medida que aumentam as evidências do papel das emoções negativas crônicas no comprometimento da capacidade do cérebro de aprender e mudar no momento presente, e na aceleração do aparecimento de doenças crônicas e da morte precoce (Cole, 2012). Entretanto, ficou demonstrado que as práticas de mindfulness, que melhoram a regulação emocional, recuperam um número crescente de condições médicas (Marchand, 2012). As primeiras pesquisas mostram que as emoções positivas e as emoções positivas compartilhadas nas relações do tratamento melhoram a saúde mental e física (Fredrickson, 2013). A próxima fronteira de investigação é o papel do significado e do propósito superior na melhoria do bem-estar; pesquisa publicada por Cole e Fredrickson (2013) começa a sugerir o comprometimento da expressão gênica do sistema imunológico em pessoas com baixo nível de propósito de vida (Fredrickson et al., 2013).

A consideração econômica e clínica dos comportamentos que promovem a saúde como intervenções seguras e eficazes que ajudam a prevenir e tratar muitas doenças crônicas está levando a um novo domínio médico – a medicina do estilo de vida –, e ocasionou o surgimento do American College of Lifestyle Medicine (www.lifestylemedicine.org) e do Institute of Lifestyle Medicine (www.instituteoflifestylemedicine.org), patrocinados por organizações como American College of Preventive Medicine e American College of Lifestyle Medicine. A segunda edição de um manual médico sobre medicina de estilo de vida foi publicada em 2013 (Rippe, 2013) e incluiu um capítulo sobre coaching de saúde e bem-estar (Frates e Moore, 2013), o primeiro em um manual médico.

Ajudar as pessoas a tratarem melhor da própria saúde está entre as prioridades mais prementes da sociedade. Nos EUA, onde os empregadores assumem grande parte da responsabilidade pelos custos de saúde dos empregados, os líderes organizacionais são chamados a criar locais de trabalho que promovam (e não prejudiquem) a saúde, tanto para reduzir os custos da assistência médica como para melhorar a produtividade e o envolvimento (Moore e Jackson, 2014). No entanto, os prestadores de serviços médicos, muitas vezes, não têm as competências e nem são reembolsados para ajudarem alguém a aprender e a manter novos hábitos benéficos para a saúde e a deixar para trás hábitos prejudiciais à saúde. O sistema de saúde foi projetado para gerenciar emergências e condições médicas agudas. Não é adequado para ajudar as pessoas no gerenciamento da jornada de desenvolvimento e manutenção de comportamentos que promovam a saúde ao longo da vida. Até agora, o foco em abordagens educacionais prescritivas e especializadas para ajudar as pessoas a adotarem estilos de vida que promovam a saúde tem demonstrado sucesso limitado (Frates e Moore, 2013).

Apesar do conhecimento generalizado sobre os graves riscos dos estilos de vida pouco saudáveis, muita gente continua com hábitos pouco saudáveis ou busca soluções rápidas que não duram muito tempo. A maioria das pessoas não confia em sua capacidade de perder peso ou mudar seu estilo de vida. As exigências da vida cotidiana nunca foram tão grandes. As pessoas enfrentam uma desconcertante variedade de diretrizes, produtos e serviços de saúde e bem-estar, o que dificulta a criação de uma fórmula pessoal. Navegar pelos obstáculos inevitáveis para a realização de mudanças, incluindo confusão, resistência e ambivalência, é um desafio. Muitos têm histórias de fracassos repetidos. A maioria das pessoas não acredita que pode reformular seu autocuidado, nem dominar sua saúde e seu bem-estar.

As pessoas querem estar bem. Desejam controlar a saúde, sentir-se melhor e ter mais energia. Contudo, há uma enorme lacuna entre querer estar bem e a realidade quotidiana de viver com as consequências, para a saúde física e mental, de comer em excesso, praticar pouco exercício e ter bem pouco tempo livre para recarregar as baterias.

Novas competências de vida são necessárias para a pessoa desenvolver um plano pessoal de bem-estar e se tornar confiante na capacidade de implementá-lo. A maioria não acredita que será capaz de dominar essas habilidades por toda a vida. Por exemplo, o número crescente de pessoas que escolhem a cirurgia bariátrica em vez de técnicas de gestão do estilo de vida para a perda de peso saudável pode ser indicativo da falta de confiança na capacidade de implementação de comportamentos mais saudáveis (Elfhag e Rössner, 2005).

A indústria da saúde e do fitness está trabalhando duro para ajudar. Nunca antes existiram tantos especialistas, avaliações, recursos, diretrizes, tecnologia, livros, ferramentas da *web* e belas instalações de alta tecnologia. A revolução do bem-estar está em curso (Pilzer, 2002), com a almejada nova ênfase na capacitação da mudança de comportamento a longo prazo ou de "mudar para sempre" (Prochaska et al., 1995).

Embora todos esses recursos sejam valiosos, é necessário muito mais. A "abordagem especializada" de dizer às pessoas o que fazer não é ideal quando elas têm baixa autoeficácia (Joos e Hickam, 1990). Os especialistas são treinados para fornecerem receitas e conselhos e, muitas vezes, trabalham mais que seus clientes na tentativa de ajudá-los. No entanto, a abordagem especializada deixa, gentilmente, o cliente ou o paciente fora de perigo, ao enviar a sutil mensagem: "Não é você quem está no comando."

A abordagem especializada é vital quando a pessoa enfrenta uma crise de saúde imediata ou considera a cirurgia. Ela não é ideal quando se deseja perder peso, reduzir o estresse ou desenvolver a mentalidade positiva e confiante. Delegar isso aos especialistas tem um preço: perda de controle e autonomia. A construção da confiança requer novos padrões de pensamento, ação e relacionamento.

O campo da saúde e do bem-estar também precisa de uma mudança de ênfase nos pontos fortes e nas oportunidades, baseando-se no que funciona e afastando-se da ênfase no diagnóstico e na resolução daquilo que não funciona. Quanto maior o foco neste último, mais a autoconfiança é prejudicada. Mudar fica mais difícil, e não mais fácil, quando o foco está no errado e no que não funciona. Não são obtidas a energia e as emoções positivas suficientes para alimentar a busca pela mudança.

Além disso, os clientes precisam de uma visão global da saúde e do bem-estar, considerando a complexidade das nossas vidas. Os especialistas que trabalham em apenas uma área, como exercício, nutrição ou saúde mental, sem integração das outras, muitas vezes, enfrentam limitações em sua eficácia. Múltiplas áreas estão intrinsecamente interligadas e são tratadas em conjunto com mais sucesso. A maioria das pessoas precisa de ajuda na integração de informações de vários especialistas para decidir quais ações tomar e como priorizá-las. As pessoas acham confuso quando os especialistas se contradizem uns aos outros. Certamente não é a melhor receita para se promover uma atitude do tipo "Eu consigo!".

Além da genética exclusiva, cada pessoa é única no que diz respeito à sua história e suas preferências, às suas experiências e tribulações com a dieta e aos seus hábitos sedentários ou de exercícios. Cada vez mais informações sobre alergias alimentares enfatizam as diferenças únicas em nossa biologia. As pessoas têm suas próprias preferências alimentares e de exercícios. Algumas adoram correr e fazem isso desde a adolescência. Essas mesmas pessoas não são necessariamente nadadoras. Outras adoram andar de bicicleta ao ar livre ou pedalar na ergométrica. A incapacidade ou a dor, como a dor no joelho causada por osteoartrite, podem limitar as opções de exercícios para alguns clientes. Esportes coletivos como basquete ou futebol podem ser a melhor recomendação para a rotina de exercícios. A "zumba" (exercício em forma de dança que surgiu na América Latina) decolou entre as mulheres como uma experiência musical divertida que não parece exercício. As preferências dependem da pessoa, das experiências passadas e de seus interesses e recursos atuais.

Quando se trata de fornecer informações, pessoas diferentes têm estilos de aprendizagem diferentes. Alguns adultos são aprendizes visuais que conseguem aproveitar gráficos e imagens, enquanto outros são aprendizes auditivos que dependem de palestras e conversas para consolidar informações. Conhecer o cliente e seu estilo próprio de aprendizagem ajuda muito a adaptar a abordagem para que os esforços sejam eficazes e eficientes.

É importante abordar cada cliente como um indivíduo único, apoiando-o em sua jornada para encontrar a fórmula que melhor se adapta à sua genética, à sua história, à sua capacidade e ao seu modo de vida. Os clientes precisam desenvolver um portfólio de hábitos de saúde, bem-estar e condicionamento físico adaptado às suas circunstâncias e capacidades pessoais.

Com foco na construção de autoeficácia e autonomia, os coaches profissionais são treinados para:

- Aceitar e conhecer os clientes do modo como eles são atualmente
- Pedir aos clientes que assumam o controle
- Orientar os clientes a pensarem, sentirem e realizarem trabalhos conscientes que gerem confiança

- Ajudar os clientes na definição de um propósito mais elevado para a saúde e o bem-estar
- Descobrir o impulso natural do cliente para ficar bem
- Dar apoio aos clientes no aproveitamento do seu espírito de luta inato
- Abordar a saúde física e mental em conjunto
- Ajudar os clientes a traçarem seus próprios planejamentos de saúde e bem-estar
- Incentivar os clientes a definirem e alcançarem metas realistas (pequenas vitórias estabelecem a base para a autoeficácia)
- Aproveitar os pontos fortes necessários para a superação dos obstáculos
- Reformular os obstáculos como oportunidades de aprendizado e crescimento
- Permitir que os clientes criem uma equipe de apoio
- Inspirar e desafiar os clientes a irem além do que fariam sozinhos.

O que não é Coaching: abordagem especializada

O Coaching é uma metodologia especialmente poderosa quando se trata de estimular a mudança de comportamento individual, pois concentra o foco em ajudar os clientes a se tornarem especialistas mais autônomos em seu próprio bem-estar e caminho pessoal. Em primeiro lugar, os coaches procuram colaborar e fazer parcerias, em vez de se mostrarem como especialistas que analisam problemas, dão conselhos, prescrevem soluções, recomendam metas, desenvolvem estratégias, ensinam novas habilidades ou fornecem educação.

Embora tais abordagens especializadas possam ser úteis na relação de Coaching, elas são usadas *just in time* e com pouca frequência. Na abordagem do coach (Tabela 1.1), o cliente é chamado a se tornar o tomador de decisões, a se tornar especialista no caminho a seguir, e também a ser o avaliador do sucesso. A meta do coaching é encorajar a responsabilidade pessoal, o pensamento reflexivo, a autodescoberta e a autoeficácia. Nós queremos que os clientes descubram suas próprias respostas e criem suas próprias possibilidades, na medida do possível, em vez de receberem respostas ou orientações do coach. O que permanece são as visões, os planos e os comportamentos originados pelo cliente.

Tabela 1.1 **Comparação das abordagens.**

Abordagem especializada	Abordagem do coach
Autoridade	Parceiro
Educador	Facilitador de mudanças
Define a agenda	Extrai a agenda do cliente
Sente-se responsável pela saúde do cliente	O cliente é responsável pela própria saúde
Resolve problemas	Promove possibilidades
Concentra o foco no que está errado	Concentra o foco no que é certo
Tem as respostas	Descobre as respostas conjuntamente
Interrompe o que estiver fora do tópico	Aprende com a história do cliente
Trabalha mais que o cliente	O cliente trabalha tão duro quanto o coach
Luta com o cliente	Dança com o cliente

Publicada na primeira edição. Criada pela Wellcoaches Corporation.

Em 2010, Pollak et al. exploraram o impacto no aconselhamento para perda de peso quando médicos foram treinados em técnicas de Entrevistas Motivacionais. Depois da visita, os pacientes cujos médicos usaram técnicas de Entrevista Motivacional (colaboração, empatia, investigação aberta, reflexões) perderam, em média, 1,5 kg 3 meses depois. Os pacientes cujos médicos não utilizavam técnicas de Entrevista Motivacional ganharam ou mantiveram o peso. Em apenas poucos momentos, os coaches e os prestadores de serviços médicos podem fazer a diferença utilizando a dinâmica colaborativa em vez da prescritiva.

Ao utilizar a abordagem do coach, e não a do especialista, em geral os coaches não direcionam as metas e as estratégias do cliente, embora orientem o processo de coaching. Eles se envolvem nas consultas de coaching e fazem perguntas abertas poderosas e perspicazes (o quê? como?) em vez de perguntas fechadas (você? você vai? você fez?). Para espelhar o que ouvem, usam reflexos como: "Você está se sentindo infeliz com o equilíbrio de sua vida e quer ter mais energia" ou "Você está animado e orgulhoso por ter conseguido caminhar três vezes esta semana, e isso permitiu que você tivesse tempo para ficar em paz e sentir calma." Os coaches ouvem e escutam, e ouvem e escutam um pouco mais, com empatia e curiosidade.

Os coaches engajam a mente e o coração dos clientes, ajudando-os a descobrirem seus pontos fortes, a tornarem claros seus valores, a aumentarem a conscientização, a definirem prioridades, a enfrentarem seus desafios, a debaterem possibilidades e a conceberem ações positivas. Esse engajamento permite que os clientes gerem um novo autoconceito (*Quem é a minha melhor versão?*), criem novos apoios e ambientes (*O que apoia a minha melhor versão?*) e adotem novas ações (*O que manifesta a minha melhor versão?*). Quando capacitam os clientes a encontrarem suas próprias respostas, com perguntas provocativas e sem julgamento e fornecendo reflexões poderosas, os coaches se tornam catalisadores de mudanças duradouras.

Na transição da abordagem do especialista para a abordagem do coach, muitos coaches relatam os desafios, bem como as recompensas de:

- Fazer perguntas com a mente do iniciante, não assumindo que já sabem as respostas
- Não tomar decisões e julgamentos rapidamente, mas permitir aos clientes a oportunidade de se aprofundarem e chegarem a tópicos importantes
- Não ficar pensando no que dizer em seguida, mas, em vez disso, não perder de modo algum o fio da meada nas últimas palavras do cliente
- Não gerar resistência silenciosa, nem mesmo com a menor pitada de energia "sabe-tudo"
- Ler, respeitar e trabalhar com as emoções dos clientes como possíveis pontos de referência para insights
- Não apressar os clientes que estiverem "sem chão", mas, em vez disso, ter compaixão, ajudando-os a persistirem até o desejo de mudança ganhar energia
- Não acionar o "piloto automático" para garantir que a lista de verificação (checklist) seja concluída, mas, sim, estar totalmente presente na realidade e nas necessidades atuais do cliente.

Essas e muitas outras mudanças podem ajudar as pessoas a dominarem com sucesso os desafios da saúde e do bem-estar nos dias atuais. Para os profissionais da saúde que foram extensivamente treinados como especialistas e que estão munidos de grandes quantidades de conhecimentos confiáveis e de materiais escritos de apoio ao seu status, pode ser especialmente difícil tirar o chapéu do especialista e mudar para a abordagem do coach. Em muitos casos, também pode ser difícil para os clientes verem e trabalharem com seus coaches de maneira diferente, pois, por muito tempo, foram condicionados a ser orientados sobre o que fazer, em vez de assumirem o controle da própria saúde, do próprio bem-estar e da mudança pessoal. É um desafio tanto para os coaches quanto para os clientes aceitarem uma nova estrutura, mas quando a mudança é feita, as transformações acontecem.

Thomas Gordon (1970) sublinhou 12 modos de ser que não demonstram abordagem de coach:

1. Ordenar, dirigir ou comandar.
2. Avisar, advertir ou ameaçar.
3. Dar conselhos, fazer sugestões ou fornecer soluções.
4. Persuadir com lógica, argumentar ou palestrar.
5. Dizer às pessoas o que devem fazer; moralizar.
6. Discordar, julgar, criticar ou culpar.
7. Concordar, aprovar ou elogiar.
8. Envergonhar, ridicularizar ou rotular.
9. Interpretar ou analisar.
10. Tranquilizar, simpatizar ou consolar.
11. Questionar ou sondar.
12. Desistir, distrair, brincar ou mudar de assunto.

Pesquisa em coaching de saúde e bem-estar

A literatura de investigação em coaching de saúde e bem-estar, embora em fase inicial, com estudos que acompanham os mais recentes desenvolvimentos na educação em coaching e no treinamento de competências, está começando a mostrar que as intervenções de coaching, múltiplas sessões de coaching presenciais ou por telefone, durante 3 meses ou mais, estão melhorando os resultados de saúde para diversas doenças crônicas, inclusive diabetes, doenças cardíacas, obesidade e sobrevida de câncer (Appel et al., 2011; Butterworth et al., 2006; Edelman et al., 2006; Frates e Moore, 2011; Galantino et al., 2009; Newnham-Kanas et al., 2011; Spence et al., 2008; Wennberg et al., 2010; Wolever et al., 2010). Em 2013, Wolever et al. publicaram uma revisão sistemática a fim de identificar 284 artigos que operacionalizavam o coaching de saúde e bem-estar:

1. Um processo total ou parcialmente centrado no paciente.
2. Inclui metas determinadas pelo paciente.
3. Incorpora processos de autodescoberta e aprendizagem ativa (em vez do recebimento mais passivo de conselhos).
4. Incentiva a responsabilização por metas comportamentais.
5. Oferece algum tipo de educação junto com o uso dos processos de coaching.
6. O coaching ocorre como um relacionamento contínuo com um coach treinado em mudanças específicas de comportamento, comunicação e habilidades motivacionais.

As competências de Coaching continuarão a evoluir à medida que novas descobertas forem feitas por psicólogos e neurocientistas. A pesquisa de resultados de coaching que aborda um amplo espectro de necessidades de saúde e bem-estar, desde a infância até o fim da vida, é um esforço vital para apoiar a integração das intervenções de coaching com medicamentos e produtos de saúde e bem-estar do consumidor baseados em evidências científicas.

Tal como acontece com qualquer novo domínio profissional, haverá muito progresso a ser feito e muita investigação a ser realizada para permitir que o Coaching em saúde e bem-estar seja integrado nos tratamentos de saúde convencionais e no bem-estar corporativo e do consumidor. O National Consortium for Credentialing Health & Wellness Coaches (www.ncchwc.org), uma organização de voluntários dos EUA, desenvolveu padrões, a certificação nacional, e também uma agenda de pesquisa colaborativa para expandir a base de evidências. O Institute of Coaching do McLean Hospital, afiliado da Harvard Medical School, está concedendo bolsas de pesquisa em Coaching e promovendo a tradução da ciência em melhores práticas de Coaching na área da saúde e afins.

Como funciona o coaching

Este *Manual* descreve o processo de coaching ensinado e implementado por coaches treinados pela Wellcoaches e continuamente atualizado desde 2002, servindo como excelente ponto de partida para novos coaches ou para coaches que desejam expandir seu arsenal. Contudo, é importante notar que ninguém pode se tornar um coach maestral lendo um manual. Como em qualquer trabalho baseado em competências, o desenvolvimento das competências de coaching requer prática, feedback, reflexão, mentoria, supervisão e prática contínua. É por isso que organizações como a International Coaching Federation (ICF), uma organização de credenciamento e certificação de programas de treinamento de coaches, e a Wellcoaches School of Coaching, uma organização de treinamento de coaches, exigem mentoria e testes de aplicação prática de habilidades do profissional que quiser ganhar a certificação de coach.

Processo de coaching

Os coaches de saúde e bem-estar não se limitam a ajudar os clientes a melhorarem a dieta e os exercícios. Os coaches de saúde e bem-estar abordam a pessoa como um todo, o que significa progredir física e mentalmente, e também como aproveitar a biologia da mudança. O relacionamento do coaching é projetado para facilitar mudanças sustentáveis e otimizar a saúde e o bem-estar. Tendo a autodeterminação como motor, os clientes passam da dependência para o empoderamento, fazendo assim mudanças mais duradouras, geradoras de confiança e motivadas internamente, que são apropriadas para suas vidas em evolução. Considerando que o estresse crônico prejudica diretamente a saúde, será demonstrado que as emoções positivas geradas pelo coaching reduzem potencialmente a incidência de doenças sintomáticas, doenças crônicas evitáveis e mortalidade precoce.

Em linhas gerais, o coaching progride em vários estágios:

- Coaches e clientes discutem o contrato de coaching para que os clientes entendam o processo de coaching e as expectativas dos papéis de coach e cliente
- Antes e durante a primeira sessão de coaching, os clientes fornecem informações básicas para que os coaches fiquem bem informados sobre as prioridades, as principais preocupações e quaisquer condições médicas. Aumentar a autoconsciência é uma importante meta do coaching, e o mapeamento é uma ferramenta eficiente para apoiar a autodescoberta no início
- Durante as primeiras sessões de coaching (que podem ocorrer em uma sessão

mais longa ou ao longo de várias sessões), os clientes trabalham para a criação de uma visão e de um plano de metas trimestrais para avançarem em direção a uma visão. Os clientes confirmam que estão prontos e que desejam trabalhar para fazer mudanças em pelo menos uma área. Isso também é descrito como um processo de visão de bem-estar e, idealmente, é concluído uma vez por ano

- A visão e as metas trimestrais são revisadas e acordadas detalhadamente. Os clientes também se comprometem com três a cinco metas ou pequenos passos ou experimentos a cada semana, para permitir o progresso rumo às metas e à visão
- Em cada sessão de coaching subsequente, semanalmente ou conforme necessário, coaches e clientes analisam o progresso, elevando a energia, debatendo estratégias, enfrentando desafios, desenvolvendo soluções, gerando possibilidades e concordando com metas para a semana seguinte
- Durante a maioria das sessões, um tópico-chave é explorado e resolvido em um "momento gerador" para que o cliente navegue em torno dos desafios emergentes e continue no caminho da mudança
- A duração ideal dessas sessões é de 30 a 45 minutos, embora algumas circunstâncias exijam mais ou menos tempo. Na verdade, alguns protocolos sugerem que sessões mais longas (p. ex., de 60 minutos), que ocorrem com menos frequência (uma ou duas vezes por mês), podem ter impacto maior que sessões mais curtas e mais frequentes. Com o uso da abordagem de coach, uma sessão impactante, vivificante e que promove crescimento é possível em até 10 minutos.

Depois de algumas semanas de sessões de coaching, os clientes começam a notar algumas vitórias iniciais e recompensas subsequentes, inclusive melhorias na forma como se sentem e na motivação para mudar. Também não é incomum, depois da explosão de entusiasmo nas primeiras semanas, que os clientes enfrentem desafios ou contratempos. Tanto os coaches quanto os clientes trabalham arduamente ajudando os clientes a engajarem seus pontos fortes, a reacenderem a motivação, a encontrarem soluções e debaterem possibilidades para o enfrentamento desses desafios e para alcançar a meta de estabelecer novos comportamentos. Antecipar, acolher e superar esses desafios é a parte crítica do domínio de novos comportamentos. É o que transforma os desafios em experiências de aprendizagem.

As sessões de coaching podem ser realizadas presencialmente, por telefone ou por videoconferência. O coaching por telefone e videoconferência se tornou cada vez mais popular, especialmente no atendimento às necessidades de populações maiores ou remotas. Embora haja benefícios óbvios em trabalhar pessoalmente com o cliente de coaching, às vezes, é possível fazer mais em sessões por telefone e vídeo em comparação a sessões presenciais, pois existem menos distrações, e a distância ajuda a minimizar a conversa interna negativa e perturbadora do cliente em relação à presença do coach. Além disso, sessões de coaching a distância e ao vivo podem ser mais econômicas de implementar (Wennberg et al., 2010).

Integração da abordagem do coach

As seguintes considerações podem ajudar os coaches a saberem se a relação de coaching funciona eficazmente:

1. Certifique-se de que os clientes estejam trabalhando pelo menos tanto quanto você.
2. Certifique-se de que os clientes estejam falando mais do que você.
3. Certifique-se de que os clientes, primeiramente, tentem encontrar as respostas por si próprios.
4. Peça permissão para dar aconselhamento especializado, se achar que isso pode ser benéfico, de modo que os clientes continuem no controle.
5. Faça o *brainstorming* de duas a três opções com os clientes para que eles explorem a própria criatividade e sejam tomadores de decisões bem informados.
6. Fale menos e fale de forma simples. Faça apenas uma pergunta ou reflexão por vez.
7. A cada passo da conversa de coaching, pare e considere como usar a abordagem de coach (investigação/reflexões) com os clientes antes de oferecer abordagem especializada.
8. Equilibre as perguntas com as reflexões para que os clientes não sintam que estão sendo interrogados.
9. Use o silêncio para provocar pensamentos mais profundos.
10. Se os clientes confirmarem que precisam adquirir novos conhecimentos e habilidades para alcançarem suas metas e visões, ajude-os a definir o caminho para adquirir novos conhecimentos e habilidades, com a contribuição de outros especialistas quando necessário.

"Menos é mais" é uma boa regra para os coaches quando se trata de ensinar, aconselhar e educar.

CASO DE COACHING

Exemplo nº 1: Wendy Well desliga o telefone e reflete sobre a sessão de coaching com o coach Carl. Ela se lembra de todas as perguntas perspicazes feitas por Carl e se pergunta como ele se tornou tão intuitivo a ponto de saber o que ela está pensando, mesmo sem precisar dizer isso. Wendy é grata por ele ser tão sábio e capaz de criar grandes momentos de aprendizado para que ela avance rumo às suas metas. "Carl é um bom coach", Wendy pensa enquanto sorri.

Exemplo nº 2: Wendy Well desliga o telefone e reflete sobre a sessão de coaching com o coach Carl. Ela relembra todos os insights que teve durante a conversa. Ela aproveitou sua intuição e disse fatos sobre si mesma que não haviam sido ditos em voz alta até então. Wendy está se sentindo mais sábia e descobrindo novas maneiras de avançar rumo às suas metas. "Estou ótima!", ela pensa enquanto sorri.

No segundo exemplo, o coach colaborou com a cliente no sentido de desenvolver a autoeficácia, a confiança e a capacidade criativa para insights dela.

Anexo A

O que leva os clientes ao coaching?

Embora as pessoas procurem o coaching por motivos próprios, 12 temas são comumente citados pelos clientes quando tomam a decisão de investir no trabalho com um coach profissional:

1. Fim das correções rápidas: "Estou farto das correções rápidas e quero fazer alterações duradouras."
2. Bem precioso: "Decidi que o bem-estar é o meu bem mais precioso e estou pronto para investir nisso a longo prazo."
3. Sair de cima do muro: "Estou cansado de ficar sentado em cima do muro e quero me comprometer com o caminho do bem-estar."
4. Não se trata de peso: "Sei que se trata de bem-estar e não de peso."
5. Ser o senhor ou dono: "Quero ser o senhor ou dono da minha saúde e do meu bem-estar e quero parar de delegar responsabilidades a outras pessoas."
6. Estilo de saúde: "Gostaria de desenvolver o meu estilo de saúde único, em vez de usar abordagens padronizadas."
7. Jogo mental: "Sei o que fazer e agora quero dominar o jogo mental, transformando a intenção em realidade."
8. Desempenho máximo: "Reconheço que, para atingir o desempenho máximo em casa e no trabalho, preciso do bem-estar máximo."
9. Uma longa viagem começa com pequenos passos: "Sei que a reforma extrema não é a resposta e quero dar pequenos passos que sejam poderosos."
10. Confiança: "Acabei com as dúvidas e quero aumentar a confiança na minha capacidade de dominar o bem-estar."
11. Ganhar o jogo do bem-estar: "Quero concentrar o meu foco em vencer o jogo do bem-estar e não em perder ou desistir."
12. Preencher a lacuna: "Quero diminuir a lacuna entre onde estou e onde quero estar no que diz respeito à minha saúde e ao meu bem-estar."

Parte 2: Coaching Psicológico

OBJETIVOS

Depois de ler a Parte 2 deste capítulo, você será capaz de:

- Citar os principais componentes que compõem o campo emergente do Coaching Psicológico, inclusive o papel da Neurociência
- Descrever a Autodeterminação na teoria e por que ela é uma teoria-chave no Coaching Psicológico
- Descrever os quatro mecanismos de ação de coaching propostos.

O que é Coaching Psicológico?

Em 2011, Anthony Grant, o primeiro psicólogo de coaching, propôs, na Universidade de Sydney, uma definição prática de Coaching Psicológico com base em definições anteriores propostas pela Australian Psychological Society e pela British Psychological Society:

> O Coaching Psicológico é o ramo da Psicologia que se preocupa com a aplicação sistemática da ciência comportamental da Psicologia para melhorar a experiência de vida, o desempenho no trabalho e o bem-estar de indivíduos, grupos e organizações. O Coaching Psicológico concentra o foco em facilitar o alcance de metas e em melhorar o crescimento e o desenvolvimento pessoal e profissional dos clientes na vida pessoal e nas áreas de trabalho. Ele não se destina diretamente a tratar clinicamente problemas de doença mental significativos ou níveis anormais de sofrimento (p. 84-99).

O Coaching Psicológico, que também pode ser chamado de Coaching Científico ou ciência dos relacionamentos coaching projetados para proporcionar autoatualização, é vibrante, criativo e está evoluindo rapidamente. Hoje, o Coaching Psicológico integra dezenas de teorias e campos acadêmicos – mais recentemente o campo da Neurociência. Está sendo construído por psicólogos e profissionais acadêmicos no mundo inteiro.

Os corpos de conhecimento aplicados no Coaching Psicológico incluem: Autodeterminação (Deci e Ryan, 1985); Psicologia Positiva (Peterson, 2006); Investigação Apreciativa (Cooperrider e Whitney, 2005); Comunicação Não Violenta (Rosenberg, 2005); Entrevista Motivacional (Miller e Rollnick, 2012); Inteligência Emocional (Goleman, 1996); *Design Thinking* (Brown, 2009); Teoria do Fluxo (Csikszentmihalyi, 1990); Teoria Social Cognitiva (Bandura, 2001); Desenvolvimento Adulto e Construtivo (Kegan e Lahey, 2009); e uma série de práticas terapêuticas adaptadas ao Coaching, como a Terapia Cognitivo-Comportamental (Burns, 1980). Muitos desses corpos de conhecimentos são traduzidos neste *Manual* em habilidades e conhecimentos de coaching para permitir que os coaches ajudem os clientes a aprenderem, crescerem e avançarem rumo às metas desejadas.

Autodeterminação: o desafio final do coaching

A teoria da motivação humana mais respeitada atualmente, que também aborda as necessidades humanas primárias e o bem-estar, é a Teoria da Autodeterminação desenvolvida por Edward Deci e Richard Ryan, na Universidade de Rochester nos últimos 30 anos. O desafio final do coaching é a autodeterminação, a capacidade de o cliente atingir seu mais alto nível de motivação, engajamento, desempenho, persistência e criatividade (Deci e Ryan, 1985). Ryan e Deci acreditam que, na medida em que o ambiente do cliente de coaching nutre e satisfaz três necessidades psicológicas primárias (autonomia, competência, relacionamento), a autorregulação autônoma do comportamento pode ocorrer. As necessidades específicas de o cliente se sentir autônomo (em vez de controlado), competente (confiante e eficaz) e relacionado (ter apoio social e conexão que apoiem a autonomia) são abordadas pelos coaches como recursos para a jornada rumo a maior autodeterminação.

De acordo com Deci e Ryan (1985), três dimensões do ambiente social podem facilitar a autonomia, a competência e o relacionamento. Todas essas dimensões estão contidas no relacionamento coaching. A primeira é a estrutura, que envolve o desenvolvimento de expectativas claras e realistas; metas alcançáveis; e, encorajando a capacidade, bem como proporcionando feedback dos resultados positivos, apoio à autonomia e ao envolvimento. É importante notar que o apoio à autonomia (autodeterminação), e também à competência, é vital para alimentar a motivação. Como resultado de alcançar as metas, o cliente ganha maiores autoeficácia, senso de autonomia e autodeterminação. Segundo Bandura (1997), as crenças de autoeficácia vêm das experiências de desempenho, experiências vicárias, experiências imaginadas, persuasão verbal e estados fisiológicos e emocionais. A autoeficácia não é apenas essencial para o nosso bem-estar psicológico e para a nossa saúde física, mas também para a autorregulação – a forma como orientamos o nosso comportamento na persecução das metas desejadas.

A segunda dimensão é o apoio à autonomia, que envolve o reconhecimento de que os clientes têm escolhas em relação ao comportamento. Isso pode ser conseguido incentivando o cliente a identificar o propósito de um comportamento, minimizando recompensas e punições externas, proporcionando oportunidades tanto para participação como para escolha, e reconhecendo quaisquer sentimentos negativos que sejam evocados ao se engajar em comportamentos. Para apoiar a autonomia, o coach incentiva o cliente a iniciar comportamentos baseados nos valores e desejos do cliente, e não naqueles impostos por alguma fonte externa, como o cônjuge, o empregador ou a sociedade como um todo. Dispor das próprias razões para mudar leva a maiores autonomia e sucesso. Muitas pesquisas têm mostrado que comportamentos regulados de forma mais autônoma são mais estáveis, levando a resultados mais positivos.

A terceira dimensão, o envolvimento, diz respeito à qualidade dos relacionamentos e à percepção de que outras pessoas significativas são investidas, compreendem os desafios da pessoa e podem servir de forma confiável como recursos psicológicos e emocionais. Os coaches profissionais atuam como defensores habilidosos da autonomia e da autodeterminação do cliente.

O que vem com a autodeterminação?

O cliente que experimenta a motivação elevada e autônoma tem maior probabilidade de conseguir:

- Maior persistência
- Mais flexibilidade e criatividade
- Melhor desempenho heurístico
- Mais interesse e prazer
- Melhor saúde mental e bem-estar
- Melhor saúde física
- Maior qualidade de relacionamentos pessoais próximos.

Essas descobertas são consistentes não importando idade, status socioeconômico e cultura (Ryan, 2013). A linha de fundo é que os seres humanos estão preparados para progredir quando lhes é dada a oportunidade de se envolverem em comportamentos que sejam de interesse e valor pessoal, quando são capazes de terem sentido de competência em torno do comportamento e quando se sentem acolhidos e ligados a outros seres humanos na jornada para a autodeterminação.

Os quatro mecanismos de ação do coaching

Os coaches de saúde e bem-estar aplicam quatro mecanismos de coaching para permitir a mudança sustentada, a transformação biológica da mentalidade e do comportamento. O primeiro mecanismo está relacionado ao desenho de um relacionamento que promova o aprendizado, o crescimento e a mudança do cérebro. O segundo e o terceiro mecanismos podem ser considerados os motores gêmeos da mudança, e são também temas centrais na Teoria da Autodeterminação e nas Entrevistas Motivacionais. As pessoas precisam querer mudar e, portanto, precisam ser motivadas, e isso deve ser uma decisão delas mesmas. O segundo motor gêmeo é a confiança. Elas precisam acreditar que podem fazer isso, sentindo ao mesmo tempo que "eu quero" e "eu posso". Ambos os sentimentos precisam ser recarregados com frequência, até mesmo diariamente, para impulsionar as pessoas para a frente. O último mecanismo é o próprio processo ou jornada de mudança, inclusive testes, visões, planos de ação, *brainstorming* criativo, responsabilização e referências.

Mecanismo 1: relacionamentos que promovem o crescimento

Com base na Psicologia Humanística (Stober, 2006), os coaches adotam a postura baseada nos pontos fortes de que os clientes não estão quebrados e necessitam ser consertados, mas sim de que eles têm potencial para serem criativos, engenhosos e resilientes e são capazes de obter controle e otimizar a saúde, o bem-estar e o desempenho na vida e no trabalho. Os clientes, muitas vezes, concentram o foco no que está errado e perdem o contato com todas as suas capacidades.

Coaches qualificados ajudam os clientes a descobrirem o que querem e precisam, ajudando-os a encontrar seu próprio caminho, em um espaço seguro, desafiador e revigorante, sem julgamentos. Alinhados com a citação de Michelangelo, nos moldes de "Eu vi um anjo na pedra e o esculpi para libertá-lo", os coaches ajudam os clientes a eliminarem as camadas da desordem da vida para revelar o que têm de melhor. Ao valorizar o processo de aprendizagem do cliente mais do que seu próprio conhecimento especializado, os coaches ajudam os clientes a ampliarem e desenvolverem seus pontos fortes. Os coaches têm consciência de que não sabem muitas respostas e assumem a mente curiosa do principiante.

Como os coaches ajudam os clientes a mudarem seus cérebros

Os coaches apoiam os clientes no desenvolvimento de novos comportamentos e mentalidades, facilitando a neuroplasticidade dirigida ao cliente ao longo do tempo, promovendo as condições ideais para que o cérebro do cliente mude. A neuroplasticidade é a capacidade de o cérebro crescer, adaptar-se e mudar. Religar o cérebro é o processo subjacente à autodeterminação biológica ou à neuroplasticidade autodirigida. Em geral, o mecanismo fisiológico de mudança é entendido como o processo em que os neurônios forjam novas conexões, criando novos caminhos e redes no cérebro (Hammerness e Moore, 2012). Redes neurais robustas que perduram provavelmente exigirão meses, ou talvez 1 ano ou mais, de neuroplasticidade direcionada ao cliente.

A presença ativa do coach é precondição importante para ajudar o cliente a ficar atento durante a conversa de coaching e incentiva momentos mais conscientes na vida cotidiana dele para melhorar a autorreflexão, a autoconsciência, a autorregulação, a autocompaixão, a positividade e a criatividade, todos indicados como pontos críticos no processo de mudança do cérebro. Um mindfulness aprimorado permite que os coaches melhorem as habilidades de escuta, por exemplo: estar mais presente e não se distrair pensando no que dizer a seguir. O estado de mindfulness ajuda o coach a perceber melhor as emoções positivas e negativas do cliente, pontos importantes tanto para o cliente quanto para o coach.

As conversas de coaching ajudam os clientes a concentrarem o foco dos recursos de atenção do cérebro em suas ambições e crescimento pessoais, aumentando a capacidade de aprendizagem do cérebro. O foco total nos recursos de atenção do cérebro é o primeiro passo na neuroplasticidade e é difícil de experimentar, dada a atual epidemia de distrações. A atenção sem distrações, o estado de plena consciência, melhora a atividade neuronal ao aproveitar várias regiões do cérebro, inclusive o córtex pré-frontal e as áreas subcorticais límbicas e do tronco cerebral, em um estado integrado e coerente. A atenção aumenta as respostas dos neurônios selecionados sob foco e reduz a atividade neural em outras regiões do cérebro. O cérebro atento pode concentrar o foco e aprender sem distrações, ser produtivo e criativo e cometer menos erros (Hammerness e Moore, 2012).

Na essência, o coaching é um processo criativo que ajuda os clientes a criarem conexões e redes neuronais, a imaginarem novas possibilidades e a desenvolverem novos comportamentos e mentalidades. Carson (2010) identificou sete estados de ativação cerebral, ou "conjuntos cerebrais", que permitem o processo criativo, começando com a absorção consciente de novas informações; o raciocínio intenso ou o pensamento sobre um problema para resolver, visualizando ou imaginando algum resultado possível; o *brainstorming* para gerar novas possibilidades; o estado de fluxo que produz o resultado criativo; a fase de avaliação que permite a análise das opções; e a implementação do plano de ação.

O cérebro é uma máquina de conexões, que faz constantemente ligações para refletir conclusões sobre como tudo se encaixa, para dar sentido a "tudo" (Kegan, 1983). Estamos constantemente tentando interpretar o significado do que acontece conosco, do que os outros fazem e de quais são os efeitos. A maior parte da atividade no cérebro envolve a criação de conexões entre os neurônios existentes e a poda de tais conexões. Cada unidade de dados, cada ideia, hábito e pensamento são compostos por um conjunto de conexões entre neurônios. Fazer novas conexões e descobrir novas ideias e perspectivas é algo prazeroso. Quando criamos uma nova conexão, experimentamos uma carga positiva de energia, é o "*ah-há*" do insight, que abre temporariamente as nossas mentes para novas possibilidades. Os insights autogerados do cliente são importantes para apoiar a neuroplasticidade.

As sessões de coaching exploram e dão significado a valores, visão, saúde, modo de vida e aprendizagem, desafios e experiências do cliente ao longo da jornada de mudança. Os clientes entram no modo piloto automático de viver sob os holofotes da consciência e da reflexão cuidadosa, e levam sua relação pessoal com a saúde a um nível mais elevado de evolução. Em vez de sacrificar o sucesso para satisfazer as exigências da vida, o sucesso se torna essencial para satisfazer essas exigências. O significado de saúde e sucesso e a capacidade de modificar o curso do modo de vida mudaram para sempre.

As habilidades do coach engajam, estimulam, energizam e desafiam os clientes a fazer o trabalho necessário para mudarem seus cérebros. Elas incluem não apenas as habilidades de "fazer", como escuta, investigação curiosa e aberta, e reflexões perceptivas, mas também as habilidades de "ser", como mindfulness, empatia, autenticidade, afirmação, coragem, entusiasmo, calma, lazer e cordialidade. Juntas, essas habilidades permitem que os coaches construam e mantenham um relacionamento próximo e uma parceria com os clientes e promovam o aprendizado e o crescimento do cérebro.

Mecanismo 2: provocar automotivação

Existem duas categorias gerais de motivação, externa e autônoma, conforme definidos por Deci e Ryan (2002). Assim, existem dois tipos de motivação externa. A motivação externa, ou regulação externa, ocorre quando uma pessoa além de nós mesmos, como o patrão ou chefe, o cônjuge ou o pai, nos diz o que fazer, e não pensamos muito mais sobre isso, a não ser: "Eu quero fazer o que essa pessoa quer que eu faça para evitar conflitos." Por exemplo, o cliente de coaching pode dizer: "Estou me exercitando porque a minha esposa ficará chateada se eu não fizer isso." Essa é a extensão da exploração e da reflexão dele. Uma segunda forma de motivação externa é quando internalizamos o ideal externo, sem alinhamento mais profundo com valores e desejos pessoais, como um crítico interno que diz "eu devo" ou "eu preciso" fazer exercício ou comer melhor. Embora a motivação externa possa funcionar a curto prazo, essa não é uma forma eficaz de motivação a longo prazo.

A motivação autônoma, por outro lado, leva à motivação sustentável. A motivação autônoma, muitas vezes, tem uma orientação futura, por exemplo, quando desejamos estar fortes e em forma, pois queremos ter energia para fazer a diferença todos os dias ou porque não queremos que os nossos filhos tenham que cuidar de nós se tivermos um ataque cardíaco ou um acidente vascular cerebral. Conectar algum comportamento a algo no futuro que valorizamos ou à identidade que queremos projetar é o tipo de motivação que comprovadamente leva à perda de peso sustentável. Então internalizamos a nossa razão para fazer algo porque isso é bom para o nosso futuro ou se enquadra na identidade a que aspiramos. A motivação autônoma orientada para o futuro e desejada para a identidade é o tipo de motivação que funciona melhor (Deci e Ryan, 2002).

O outro tipo de motivação autônoma que também é valiosa é aquela que produz experiências de fluxo em nossas vidas. Acontece quando gostamos de fazer uma atividade no momento: adoramos nossa aula de ioga, estamos entusiasmados para preparar uma nova receita ou mal podemos esperar para ouvir música e relaxar. Quando gostamos de fazer algo, fazemos isso por si só. Fazemos para aproveitar os nossos pontos fortes e porque isso é divertido e envolvente. Embora tal atitude possa ser um tipo poderoso de motivação para comportamentos de saúde, pode levar muitos anos para ser descoberta. Talvez nunca nos apaixonemos por exercícios, culinária ou meditação. É importante continuarmos procurando, mas pode não acontecer rapidamente. Os clientes precisam de apoio no desenvolvimento de alguma motivação autônoma positiva, orientada para o futuro e baseada na identidade, aprofundando-se para chegar ao "porquê por trás do porquê". O cliente que deseja perder peso pode, inicialmente, concentrar o foco em usar roupas de tamanho menor em uma festa familiar por alguns meses, e o coach pode precisar aprofundar a investigação até o cliente alcançar motivação mais duradoura e significativa que irá mantê-lo no caminho certo enquanto toma dezenas de decisões de saúde todos os dias. Um exemplo poderia ser o desejo sincero de a pessoa se tornar mais forte e ter mais energia para não depender fisicamente dos filhos adultos à medida que envelhece, como aconteceu com seus pais.

Ter automotivação é explorar uma fonte de energia ou uma força vital intrínseca e biológica. Muitas vezes, é o desejo sincero de ajudarmos os outros, de sermos modelo, de fazermos a diferença no mundo, de usarmos nossos pontos fortes de maneira competente para tornar nossas vidas significativas. A motivação autêntica melhora a função cognitiva, a atenção, a regulação emocional e a criatividade, trazendo intenções significativas e confiáveis para a jornada desafiadora da mudança.

Mecanismo 3: construir confiança

Embora o nível de motivação autônoma elevado seja importante para o início e a sustentação da jornada de mudança, é insuficiente na ausência de autoeficácia ou confiança diante dos obstáculos que a pessoa enfrentará. Normalmente, a capacidade e a confiança para mudar são construídas com esforços diligentes ao longo do tempo. As pessoas têm níveis variados de automotivação e confiança por meio de um conjunto diversificado de alimentos, exercícios, mindfulness ou comportamentos emocionais e de autorregulação. Se o cliente estiver razoavelmente confiante e motivado para fazer mesmo uma pequena mudança, o sucesso em seguida aumentará ainda mais a confiança e a motivação. Portanto, muitas vezes, é importante ajudar os clientes a selecionarem um hábito que, embora seja forçado, esteja ao seu alcance e aumente um pouco a confiança. Um pouco de sucesso melhorará a motivação e a confiança e fará com que os clientes iniciem a espiral ascendente.

A maioria das pessoas que lutam para a perda de peso ou contra alguma doença crônica há algum tempo enfrenta muitos desafios que levaram a tentativas de mudança fracassadas, e isso faz com que elas fiquem presas em um estado chamado contemplação crônica. A autoeficácia está em baixo nível (Moore et al., 2005). Cohen et al. (2009) mostraram que as emoções positivas não só nos permitem a mente mais aberta e criativa, mas também são a principal variável na determinação da resiliência de alguém a contratempos e adversidades. Idealmente, cada sessão de coaching provoca e potencializa uma boa dose de emoções positivas. "Qual foi a melhor coisa que aconteceu com você na semana passada? O que você está gostando mais na sua vida agora? Qual é a sua atividade favorita? O que faz você progredir? O que faz os seus olhos brilharem?" Os coaches encontram maneiras de despertar a positividade autêntica como recurso para o *brainstorming* criativo para se recuperar de contratempos ou contornar desafios. Assim, quando os clientes inevitavelmente encontrarem algum obstáculo, eles poderão ter acesso a mais energia e criatividade, melhorando a capacidade de encontrar novos caminhos para superar os obstáculos.

Outra abordagem importante para melhorar a confiança é ajudar os clientes a explorarem outro impulso na Teoria da Autodeterminação de Deci e Ryan (2002): ser competente. As pessoas não gostam de ser incompetentes; nós odiamos cair das nossas bicicletas metafóricas, especialmente quando somos adultos. As pessoas são mais competentes e bem-sucedidas quando aplicam seus valores, seus pontos fortes e seus talentos, conforme resultado aprendido nas pesquisas sobre a aplicação das forças de caráter (Niemiec et al., 2013). Quando os clientes exploram seus pontos fortes de maneiras novas e criativas, o processamento mental deles apresenta soluções mais rapidamente.

O Modelo Transteórico de Mudança (Prochaska, 1995) fornece ferramentas aos coaches que ajudam os clientes a determinarem a prontidão do cliente para a mudança de determinado comportamento que está relacionado ao nível de autoeficácia. O modelo categoriza o estágio de prontidão para se engajar em um comportamento e depois mede o uso de variáveis-chave que promovem a mudança de comportamento. As quatro principais variáveis são: (a) estágio de mudança; (b) equilíbrio decisório; (c) autoeficácia (ou seja, examinar situações desafiadoras para criar um plano pessoal de prevenção de recaídas); e (d) processos de mudança. Mais recentemente, Norcross (2012) traduziu o Modelo Transteórico de Mudança em um conjunto de processos emocionais e comportamentais baseados em evidências que se enquadram em cada um dos cinco estágios de mudança: entusiasmo (ficar entusiasmado), preparo (preparar-se), transpiração (agir), perseverança (gerenciar deslizes) e persistência (manter a mudança).

Ao longo da jornada, os coaches ajudam os clientes a lidarem com contratempos e obter plenamente o aprendizado. O *brainstorming* criativo ou fluxo relacional é comum na maioria das sessões, a fim de gerar novos insights e aumentar a esperança e o otimismo, apresentando possibilidades criativas para navegar em torno de inúmeros desafios.

Mecanismo 4: processo de mudança

Assim como as organizações avançam por meio de projetos que possuem estratégias, metas, planos e cronogramas, os clientes de coaching com foco em metas de saúde se beneficiam de projetos e processos estruturados. Em geral, o coaching começa com mapeamentos de saúde e bem-estar ou satisfação para apoiar o acompanhamento do progresso. Então, tal como um arquiteto cria a imagem da nova casa, o cérebro precisa compor uma visão ou imagem de como será o futuro ideal, o "conjunto cerebral de visão" no modelo de criatividade de Carson (Carson, 2010). Em seguida, é hora de projetar experimentos, metas e planos de ação que sejam colocados em prática para levar os clientes rumo às suas visões. Alguns clientes preferem pequenos passos, enquanto outros querem o desafio de metas mais ousadas.

Metas comportamentais ou SMART (acrônimo em inglês para *specific, measurable, actionable, realistic* e *time-bound goals*, ou metas específicas, mensuráveis, atingíveis, realistas e com prazo determinado), do tipo "Farei três sessões de ioga, de 30 minutos, por semana", concentram o foco no envolvimento em novos hábitos de forma consistente e fornecem maneiras específicas de se medir o sucesso das metas. Os clientes podem decidir estabelecer metas de desenvolvimento de habilidades, como aprender a levantar pesos com segurança, preparar refeições saudáveis ou meditar, ou podem querer estabelecer metas de "desempenho", como atingir determinado peso ou nível de pressão arterial, ou completar uma corrida.

Fazer com que os clientes determinem como pretendem ser responsabilizados é um passo crítico, uma vez que a responsabilização perante os outros é importante fonte de apoio. Existem muitas ferramentas de tecnologia móvel para rastreamento e responsabilização perante si e outras pessoas. As organizações de coaching podem fornecer de modo online arquivos de clientes, incluindo testes, rastreamento, registros de metas e registro no diário. A abordagem mais simples é o relatório regular de progresso, talvez semanal, mensal ou trimestral. A definição de marcos trimestrais ou anuais para revisão e celebração proporciona importante validação do progresso. Os clientes também podem precisar do apoio de outros especialistas em saúde e de terapeutas ao longo da jornada, e os coaches precisam ter ampla rede de referências e fontes de informação confiáveis ao alcance.

É importante notar que os programas e as sessões de coaching podem ter uma estrutura, mas o coaching não trata de seguir fórmulas. Os momentos de pico de generativismo, o cerne das sessões de coaching, frequentemente são descritos como uma dança intuitiva ou um fluxo relacional (Moore et al., 2005). Em momentos de fluxo relacional, tanto o coach quanto o cliente estão altamente engajados, despertos, desafiados e levados ao limite de suas habilidades. Durante o fluxo relacional, os clientes mudam de perspectiva e obtêm insights e novas ideias. Os clientes mudam nesses momentos, e ocorrem pequenos avanços que se acumulam ao longo do tempo e levam a mudanças duradouras. Esses momentos poderosos de coaching também engajam a força vital do coach. Oferecer uma parceria que promova o crescimento é um dos maiores prazeres da vida dos coaches.

Parte 3: Treinamento, Escopo da Prática e Diretrizes Profissionais

OBJETIVOS

Depois de ler a Parte 3 deste capítulo, você será capaz de:

- Descrever considerações importantes para treinamento, autocuidado e desenvolvimento profissional do coach
- Distinguir coaching e terapia
- Distinguir coaching e outras funções profissionais
- Definir a responsabilidade e o escopo das diretrizes práticas
- Descrever as expectativas éticas dos coaches.

Como se tornar coach

Embora o controle da saúde e do bem-estar e dos domínios da vida que têm impacto no progresso físico e mental estejam entre as maiores prioridades, a maioria das pessoas concordaria que a gestão desses domínios está entre os maiores desafios da vida, especialmente hoje em dia, quando o ambiente está contra nós. Apoiar alguém que está com o espírito soterrado por excesso de peso significativo, que não movimenta o corpo com vigor há muito tempo ou que vive "estressado", talvez, seja a arena mais difícil que o mundo do coaching profissional enfrenta atualmente. É sensato, então, que os coaches procurem o melhor treinamento disponível. Este *Manual* ajuda a definir o padrão.

A empatia autêntica e a aceitação completa saem por todos os poros dos coaches maestrais. Eles não podem invocar um grama de julgamento. Eles têm a extraordinária capacidade de farejar os pontos fortes, os valores e os desejos dos clientes. Preferem ouvir em vez de falar. Gostam e curtem as histórias dos clientes. Veem o lado engraçado de um jeito que facilita o crescimento. Seguram o espelho com coragem quando necessário. Eles têm paciência para permitir que os clientes fiquem sentados na lama, mesmo chorando, sem sucumbir à vontade de resgatar. Ajudam os clientes a alcançarem mais do que conseguiriam por conta própria. Os coaches maestrais assumem riscos desafiando os clientes a alcançarem um nível mais alto no momento certo. Eles sabem que vidas estão em jogo se os clientes não cuidarem bem de si mesmos. O melhor de tudo é que coaches maestrais sabem como celebrar o sucesso do cliente.

Como aprender a ser coach

É importante que os profissionais da saúde credenciados e os profissionais da saúde aliados que desempenham o papel de coaches de saúde e bem-estar sejam treinados e certificados em competências de coaching. Ao aprenderem a usar com competência as habilidades e os processos de coaching, os profissionais da saúde e a equipe em geral podem melhorar o impacto e os resultados de suas funções, ajudando os clientes e os pacientes a melhorarem seu bem-estar.

Algumas pessoas são coaches inatos com incrível aptidão para empatia, investigação, mindfulness, insight ou coragem. Outras desenvolveram suas habilidades de coaching ao longo da experiência de vida. No entanto, mesmo os melhores talentos se beneficiam do treinamento formal, da mentoria e da certificação (seguidos de anos de prática, mais treinamento e mais mentoria para melhorar o controle). O aprendizado e o crescimento para os coaches nunca param, assim como o processo não termina para os clientes: é uma jornada para toda a vida. A indústria de treinamento de coaches tem muitas oportunidades pela frente no desenvolvimento de coaches maestrais que ajudem as pessoas a se tornarem mestres do seu próprio bem-estar e de suas vidas (Williams e Anderson, 2006).

Consultar a International Coaching Federation é um recurso para a identificação de programas de treinamento de coaches credenciados que abrangem diversas especialidades e nichos. Os programas de treinamento de coach da Wellcoaches são uma recomendação importante para o treinamento de coach, tanto para profissionais da saúde com foco em saúde e bem-estar quanto para profissionais de fora da área saúde que combinam o coaching com uma experiência dominante como carreira, aposentadoria ou planejamento financeiro. Acima de tudo, ao selecionar algum programa de treinamento de coaches, considere escolher aquele que:

- Forneça competências, habilidades e ferramentas baseadas em evidências, fundamentadas em teorias respeitadas sobre a Psicologia da Mudança e do Bem-estar ou do Progresso
- Reconheça o valor da Psicologia Positiva e de outras ferramentas que tratam dos pontos fortes, dos valores e dos recursos da pessoa
- Incentive a autonomia, a autoeficácia e a colaboração do cliente
- Requeira prática viva das habilidades recém-adquiridas e feedback de coaches e mentores maestrais
- Empregue professores com treinamento e ampla experiência, tais como coaches profissionais e treinadores de coaches.

Prática para ser coach e cliente

Para alguém ser um coach eficaz, é importante ter a experiência de ser o cliente. Isso ajuda os coaches a compreenderem o processo de mudança pelo qual o cliente passa. Também permite que o coach experimente pessoalmente os resultados que podem ocorrer a partir da parceria de coaching. Coaches qualificados podem ser encontrados por meio da ICF ou da Wellcoaches, dependendo da área de atuação. Trabalhar com um mentor capaz de fornecer mais conselhos e treinamento do que um coach, desenvolvendo relacionamento de amizade ou coleguismo, é outro caminho para ajudar alguém a crescer como coach.

Em segundo lugar, como acontece com qualquer novo conjunto de habilidades, a prática é a única maneira de se aprender a andar na bicicleta de coaching. O passo mais importante a ser dado ao longo da jornada de aprendizagem é a prática intensiva das novas habilidades e formas de ser, passando de especialista a facilitador. No início do processo de aprendizagem, é valioso recrutar de três a cinco clientes de coaching prático. Há muito a ganhar com a aplicação precoce e frequente das novas habilidades de coaching para entender o que funciona melhor, quais habilidades surgem mais naturalmente e quais habilidades exigirão o desenvolvimento de nova abordagem de coaching.

Criação de um plano de desenvolvimento profissional

Ser um grande coach é uma jornada para toda a vida; o aprendizado e o crescimento profissional nunca param. É extremamente importante sustentar um esforço deliberado e organizado para continuar a desenvolver e expandir as suas competências de coach. Um passo possível é criar um plano de desenvolvimento profissional:

- Avalie as suas habilidades de coaching em uma escala de 0 a 10 (revise todos os capítulos do *Manual* para identificar as habilidades de coaching mais importantes para a autoavaliação)
- Defina os resultados pretendidos, do tipo onde você quer estar em 6 meses e em 1 ano. Escolha algumas habilidades para trabalhar de cada vez, em incrementos de 3 meses. Isso ajuda a direcionar o foco
- Desenvolva um plano de ação para chegar ao seu objetivo, o que você vai fazer. Consulte livros, colegas, prática de habilidades, dramatizações, aulas, conferências etc. em seu plano
- Defina um horário de estudo e faça revisões
- Comemore todas os fatos bons da sua vida de coaching, bem como os seus marcos de coach em desenvolvimento!

Observe que esse mesmo processo pode ser aplicado para avaliar o processo de coaching durante o trabalho com o cliente. Por exemplo, no final de uma sessão de coaching ou de relacionamento com o cliente, reflita sobre as seguintes questões:

1. O que estou aprendendo sobre mim e sobre os outros no coaching?
2. Estou modelando o bem-estar? Se não, como vejo o meu papel como coach?
3. Quais ideias minhas estão sendo desafiadas no processo de coaching?
4. O que estou descobrindo sobre mim mesmo?
5. Quais são os meus pontos fortes e fracos ao trabalhar com este cliente?
6. Qual mentalidade funciona melhor para facilitar o meu coaching?
7. O que me impede de dizer o que quer que seja dito?
8. O que eu não entendo sobre o meu cliente e o que isso me mostra sobre mim?
9. De que forma sou flexível ou rígido?
10. De que forma estou sendo apoiador ou crítico?
11. Quais julgamentos estou fazendo sobre a vida do meu cliente?
12. O que me surpreende no coaching?
13. O que aprendi sobre o processo de coaching?
14. O que me deixa mais desconfortável no coaching?

Autocuidado para o coach

Cuidar de si mesmo em todos os níveis, cuidar-se ou praticar o autocuidado, é uma parte importante do bem-estar ideal. Na verdade, o domínio do bem-estar pode ser considerado o domínio do autocuidado. O autocuidado pode ser definido como um modo de vida que incorpora comportamentos que permitem manter a saúde e o equilíbrio pessoal, repor energia e motivação e crescer como pessoa.

Todos nós sabemos a importância de uma alimentação saudável e da prática regular de atividades físicas. O autocuidado, no entanto, vai além desses princípios básicos e pode incluir as seguintes atividades e muito mais: melhorar o ambiente físico; desenvolver prática que exercite sua mente e sua alma; equilibrar as demandas familiares, sociais e de trabalho com tempo para relaxar, passando algum tempo na natureza; fazer imersão em banho de espuma quente; observar um belo nascer do sol; e escutar a sua música favorita.

Praticar o autocuidado não é fácil para muitos que trabalham em "profissões de assistência", pois essas pessoas estão acostumadas a cuidar dos outros. Pode parecer egoísta "colocar-se em primeiro lugar" e cuidar das próprias necessidades quando há tantas outras questões que exigem o seu tempo, a sua energia e a sua atenção. No entanto, nutrir o corpo, o ambiente, os relacionamentos e o espírito é uma parte vital para manter a boa saúde e uma vida vibrante, e é um fator-chave para se ter força e motivação para continuar a se dedicar aos outros.

O burnout (esgotamento) é uma síndrome de estresse prevalente entre quem trabalha na área da saúde e em profissões de assistência. Acontece quando as pessoas tentam alcançar metas irreais e acabam esgotando sua energia e perdendo contato consigo mesmas e com os outros no processo. O burnout atinge principalmente pessoas altamente comprometidas, conscienciosas e que trabalham duro, e pode ser vivenciado por aqueles que são muito devotos do trabalho que realizam. O burnout é "a extinção da motivação ou do incentivo, especialmente quando a devoção de alguém a uma causa ou relacionamento não produz os resultados desejados" (Freudenberger e Richelson, 1980). Como o burnout é uma condição causada por boas intenções, é fácil perceber como a prevenção é importante para os coaches.

Padrão para ser coach

Os coaches compartilham a mesma jornada que os clientes: todos nós buscamos seguir o que falamos e progredir. Como diz o coach Jay Perry, Mestre Certificado pela ICF: "Coaching não é uma profissão de serviço, é uma profissão de modelo." Ao longo deste *Manual*, colocaremos o foco em como estruturar o relacionamento coach-cliente para que ele gere movimento, aprendizado e crescimento transformadores por parte do cliente. Este é o objetivo do coaching: ajudar os clientes a esclarecerem e alcançarem as suas metas e a gostarem de desenvolver e fortalecer o seu verdadeiro "eu" no processo. No entanto, isso exige mais do que apenas o uso exemplar das técnicas de coaching. É preciso uma presença, uma forma de estar no mundo e com os clientes, que revele o que há de melhor nas pessoas por meio da qualidade da própria conexão. Não é apenas o que o coach *faz*, mas quem o coach *é* o que determina a nossa eficácia no coaching.

Para que os coaches de saúde e bem-estar manifestem essa presença e gerem essa qualidade de conexão, eles precisam "ser a mudança que buscam". Em outras palavras, os coaches precisam modelar em suas próprias vidas os próprios atributos de saúde, forma física e bem-estar que ajudam seus clientes a criar. Isso não significa que o coach tenha que ser "perfeito", mas ele, ou ela, claramente deve estar no caminho para descobrir o que tem de melhor. Quanto mais os coaches experimentarem e colocarem em prática a sabedoria desenvolvida com os clientes, mais transformadora será sua presença. Os clientes respeitam e são inspirados por coaches que "fazem o que dizem".

Para assumirem o papel de modelo sem arrogância, os coaches precisam cuidar de si mesmos em todos os níveis – física, emocional, intelectual, social e espiritualmente. Os clientes recorrem à energia do coach que é mestre no autocuidado, experimentando maior movimento e mudança do que poderiam conseguir de outro modo. Quanto melhor os coaches atenderem às suas próprias necessidades, melhor poderão ajudar os clientes a fazerem o mesmo.

Distinção entre coaching e terapia

O coaching e a terapia são intervenções sinérgicas e diferentes, embora haja sobreposição nas ferramentas e habilidades usadas por coaches e terapeutas que fornecem modelos de terapia com foco na solução, positivos e orientados para o futuro. Em sua forma mais simples, os coaches ajudam os clientes que não estão passando por sofrimento mental grave a construir um futuro melhor, enquanto os terapeutas geralmente trabalham com clientes em sofrimento e os ajudam a curar pequenos e grandes traumas emocionais e/ou a gerir condições de saúde mental e padrões mentais disfuncionais. Os terapeutas são licenciados para tratarem transtornos diagnosticáveis com base no *Manual Diagnóstico e Estatístico de Transtornos Mentais*, 5ª edição (DSM-5, do inglês *Diagnostic and Statistical Manual of Mental Disorders*), que inclui todos os transtornos atualmente reconhecidos em saúde mental. Os coaches não são diagnosticadores clínicos e não concentram o foco diretamente na melhoria de uma condição clinicamente diagnosticada, embora os programas de coaching sejam promissores como complemento às intervenções de saúde mental.

É importante que os coaches estejam vigilantes ao perceberem questões que possam exigir o apoio do profissional de saúde mental licenciado. Algumas razões mais óbvias pelas quais os coaches se refeririam ao profissional de saúde mental habilitado são quando o cliente (Meinke, 2007):

1. Apresenta declínio na capacidade de sentir prazer e/ou aumento em tristeza, desesperança e desamparo.
2. Tem pensamentos intrusivos ou é incapaz de se concentrar ou ter foco.
3. Não consegue dormir ou acorda durante a noite e não consegue voltar a dormir ou dorme excessivamente.
4. Tem alteração no apetite, seja diminuição ou aumento.
5. Sente-se culpado porque outras pessoas sofreram ou morreram.
6. Tem sentimentos de desespero ou desesperança.
7. Está hiperalerta e/ou excessivamente cansado.
8. Aumentou a irritabilidade ou as explosões de raiva.
9. Tem comportamento impulsivo e de risco.
10. Tem pensamentos de morte e/ou suicídio.

Além disso, é importante procurar indicadores menos óbvios de problemas de saúde mental que vão além do âmbito do coaching. Observe se o cliente segue tentando mudar seu modo de vida, mas continua se contendo com algum comportamento autodestrutivo ou se o cliente deseja processar sentimentos repetidamente em vez de avançar rumo ao aprendizado e ao insight (Arloski, 2013).

CASO DE COACHING

Wendy Well estabeleceu a meta de conversar com seu supervisor sobre como diminuir sua carga de trabalho há 3 semanas. Todas as semanas, o coach Carl e Wendy discutem essa meta, mas nenhum progresso foi feito. Em vez disso, Wendy expressa continuamente dúvidas sobre sua capacidade de ter essa conversa e se refere frequentemente às suas experiências de infância, quando era criticada pelos pais por falar abertamente ao ter alguma preocupação. Carl percebe essa reflexão sobre a experiência passada e a necessidade de processar esses sentimentos de infância e diz:

"Estou notando que o tema dos seus pais e a influência deles sobre você tem feito parte da nossa sessão nas últimas 3 semanas. Parece que há sentimentos a serem resolvidos aqui e que vão além do trabalho que você e eu podemos fazer juntos no coaching."

Diferenciação entre coaching e outras profissões

A seguir, veremos as distinções entre várias profissões semelhantes, mas distintas do coaching, conforme fornecido pela ICF (2015) e pela National Commission for Health Education Credentialing (2014, Comissão Nacional de Credenciamento de Educação em Saúde):

Consultoria. Indivíduos ou organizações contratam consultores pela experiência. Embora as abordagens de consultoria variem amplamente, pressupõe-se que o consultor diagnosticará problemas e prescreverá e, às vezes, implementará soluções. Com o coaching, pressupõe-se que é ideal que indivíduos ou equipes gerem suas próprias soluções, com o coach fornecendo facilitação, abordagens e estruturas de apoio baseadas em descobertas, diversas opções e experiência, quando necessário.

Mentoria. O mentor é o especialista que fornece sabedoria e orientação com base em sua própria experiência. A mentoria pode incluir orientação, aconselhamento e coaching. O processo de coaching não concentra o foco principalmente em orientação, mentoria ou aconselhamento. Em vez disso, concentra o foco em indivíduos ou grupos e equipes que definem e alcançam seus próprios objetivos.

Treinamento. Os programas de treinamento têm como base objetivos definidos pelo coach ou instrutor. Embora os objetivos sejam esclarecidos no processo de coaching, eles são definidos pelo indivíduo ou pela equipe que está sendo treinada, com a facilitação fornecida pelo coach. O treinamento também pressupõe um percurso de aprendizagem estruturado que coincide com um currículo estabelecido. O coaching é menos estruturado sem um currículo definido.

Educação. Os educadores, especialmente os educadores de saúde, trabalham para incentivar estilos de vida saudáveis e o bem-estar por meio da educação dos indivíduos sobre comportamentos que promovem uma vida saudável e previnem doenças e outros problemas de saúde. Eles tentam prevenir doenças informando e educando os indivíduos sobre temas relacionados à saúde e os hábitos e comportamentos necessários para evitar doenças. Embora os coaches possam fornecer educação, esta é combinada com o coaching de uma forma ponderada que permite ao cliente autonomia e escolha.

Desenvolvimento atlético e treinamento pessoal. Embora sejam utilizadas metáforas esportivas com frequência, o treinamento profissional é diferente do treino esportivo. O coach esportivo é frequentemente visto como o especialista que orienta e dirige o comportamento de indivíduos ou equipes com base em sua maior experiência e conhecimento. Os coaches profissionais têm essas qualidades, mas sua experiência e conhecimento do indivíduo ou da equipe em conjunto determinam a direção para um modelo mais cocriativo e mais colaborativo. Além disso, o coaching profissional, ao contrário do desenvolvimento atlético, não concentra o foco em comportamentos que estão sendo executados de forma inadequada ou incorreta. Em vez disso, o foco está na identificação de oportunidades de desenvolvimento e da realização de novas metas com base nos pontos fortes e nas capacidades individuais.

Terapia. A terapia trata da cura da dor, da disfunção e do conflito dentro do indivíduo ou nos relacionamentos. O foco, muitas vezes, está em resolver dificuldades decorrentes do passado que dificultam o funcionamento emocional do indivíduo no presente, melhorando o funcionamento psicológico geral e lidando com o presente de maneiras emocionalmente mais saudáveis. O coaching, por outro lado, apoia o crescimento pessoal e profissional com base na mudança autoiniciada na busca de resultados específicos acionáveis. Esses resultados estão ligados ao sucesso pessoal ou profissional. O coaching tem foco no futuro. Embora sentimentos e emoções positivas possam ser o resultado natural do coaching, o foco principal está na criação de estratégias viáveis para alcançar metas específicas no trabalho ou na vida pessoal. A ênfase no relacionamento coaching está na ação, na responsabilidade e no acompanhamento.

Responsabilidade e escopo da prática

É importante considerar o impacto potencial negativo que o coach pode ter no bem-estar do cliente. O coach precisa definir limitações claras em torno de seu âmbito de prática para minimizar os riscos de responsabilidade de aconselhamento que podem ser prejudiciais ao cliente. O coach deve fornecer aconselhamento e ensino especializado apenas nas áreas em que possui credenciais reconhecidas nacionalmente e seguir diretrizes baseadas em evidências. Cada cliente deve ser informado sobre o âmbito da prática e do conhecimento especializado, validado pelas credenciais respeitadas que o coach traz para o relacionamento. Se o coach estiver trabalhando com clientes pagantes, o seguro de responsabilidade profissional também é fundamental.

Além disso, é importante que os coaches apliquem seu conhecimento especializado e intervenham quando os clientes estiverem fazendo ou planejando algo que colocará em risco sua saúde, seu condicionamento físico ou bem-estar (como exercícios excessivos, exercícios inseguros quando lesionados, não seguir a prescrição médica, partilhar medicamentos, seguir dieta pouco saudável ou permanecer em situação de estresse elevado). Também é importante os coaches *não* darem conselhos sobre assuntos fora de suas áreas de competência com base em evidências e experiência profissional. Coaching não é lugar para conselhos amadores.

A indústria do coaching profissional leva muito a sério a questão da ética do coaching. O Código de Ética da ICF descreve, no Anexo B, as expectativas em torno de conflitos de interesse, conduta profissional com clientes e confidencialidade.

A credencial Board Certified Coach, oferecida pelo Center for Credentialing and Education, exige adesão à política de ética, que inclui ênfase em: trabalhar apenas dentro do escopo da especialização, exigindo que todos os candidatos reconheçam as limitações da prática e as qualificações de coaching e da prestação de serviços somente quando qualificados; buscar supervisão de profissionais qualificados quando necessário; fornecer referências se for incapaz de oferecer assistência adequada ao cliente, e também ao encerrar o relacionamento de serviço; garantir que clientes, patrocinadores e colegas entendam que os serviços de coaching não são serviços de aconselhamento, terapia ou psicoterapia; evitar fornecer aconselhamento, terapia e psicoterapia (Center for Credentialing & Education Board of Directors, 2010).

Os coaches certificados pela Wellcoaches são obrigados a aderir a padrões claros, conforme descrito no *Wellcoaches Certification Handbook*:

- Como coach certificado, você poderá fornecer aconselhamento especializado apenas nas áreas em que dispõe de credenciais reconhecidas nacionalmente
- Você informará os clientes sobre o seu escopo de credenciais e experiência
- Quaisquer afiliações profissionais, de licenciamento ou de certificação existentes que os coaches de saúde e bem-estar certificados tenham com agências ou organizações governamentais, locais, estaduais ou nacionais terão precedência em relação a quaisquer questões disciplinares relacionadas à prática ou à conduta profissional
- Os coaches certificados pela Wellcoaches deverão dedicar-se a fornecer serviços competentes e legalmente permitidos no âmbito da prática da sua respectiva certificação. Esses serviços devem ser prestados com integridade, competência, diligência e compaixão
- Os coaches certificados pela Wellcoaches falam a verdade sobre suas qualificações e sobre as limitações de seus conhecimentos, e prestam serviços consistentes com suas competências.

Anexo B

Padrões de conduta ética da ICF (www.coachfederation.org)

Preâmbulo: Os coaches profissionais da ICF aspiram se conduzir de uma forma que se reflita positivamente na profissão de coaching; eles respeitam as diferentes abordagens de coaching e reconhecem que também estão sujeitos às leis e aos regulamentos aplicáveis.

Seção 1: conduta profissional em geral

Como coach:

1. Não farei conscientemente qualquer declaração pública que seja falsa ou enganosa sobre o que ofereço como coach, nem farei afirmações falsas em quaisquer documentos escritos relacionados à profissão de coaching, às minhas credenciais ou à ICF.
2. Identificarei com precisão minhas qualificações, meu conhecimento, minha experiência, minhas certificações e credenciais de coaching da ICF.
3. Reconhecerei e honrarei os esforços e contribuições de outros, e não os representarei erroneamente como se fossem meus. Entendo que a violação desta norma pode me deixar sujeito à reparação legal por parte de terceiros.
4. Sempre me esforçarei a todo tempo para reconhecer questões pessoais que possam prejudicar, entrar em conflito ou interferir no meu desempenho de coaching ou em meus relacionamentos profissionais de coaching. Sempre que os fatos e as circunstâncias exigirem, procurarei prontamente assistência profissional e determinarei as medidas a tomar, inclusive se for apropriado suspender ou terminar a(s) minha(s) relação(ões) de coaching.
5. Irei me comportar de acordo com o Código de Ética da ICF em todas as atividades de treinamento de coaches, mentoria de coaches e supervisão de coaches.
6. Conduzirei e relatarei pesquisas com competência, honestidade e dentro de padrões científicos reconhecidos e das diretrizes disciplinares aplicáveis. A minha pesquisa será realizada com o consentimento e a aprovação necessários dos envolvidos e com uma abordagem que protegerá os participantes de qualquer dano potencial. Todos os esforços de investigação serão realizados de uma forma que cumpra todas as leis aplicáveis do país em que a investigação for conduzida.
7. Manterei, armazenarei e descartarei quaisquer registros criados durante o meu negócio de coaching de maneira a promover confidencialidade, segurança e privacidade, cumprindo quaisquer leis e acordos aplicáveis.
8. Usarei as informações de contato dos Membros da ICF (endereços de e-mail, números de telefone etc.) apenas da maneira e na extensão autorizada pela ICF.

Seção 2: conflitos de interesse

Como coach:

9. Procurarei evitar conflitos de interesse e potenciais conflitos de interesse e os divulgarei abertamente. Irei me oferecer para me retirar quando tal conflito surgir.
10. Divulgarei ao meu cliente e ao seu patrocinador todas as compensações previstas de terceiros que eu possa pagar ou receber por indicações desse cliente.
11. Somente realizarei trocas por serviços, bens ou outras remunerações não monetárias quando isso não prejudicar o relacionamento coaching.
12. Não tirarei conscientemente qualquer vantagem ou benefício pessoal, profissional ou monetário da relação coach-cliente, exceto por meio da forma de compensação combinada no acordo ou contrato.

Seção 3: conduta profissional com clientes

Como coach:

13. Não enganarei intencionalmente, nem farei afirmações falsas sobre o que meu cliente ou patrocinador receberá do processo de coaching ou de mim como coach.
14. Não darei aos meus possíveis clientes ou patrocinadores informações ou conselhos que eu saiba ou acredite serem enganosos ou falsos.
15. Farei acordos ou contratos claros com os meus clientes e patrocinador(es). Honrarei todos os acordos ou contratos celebrados no contexto das relações de coaching profissional.
16. Explicarei cuidadosamente e me esforçarei para garantir que, antes ou na reunião inicial, o meu cliente de coaching e o(s) patrocinador(es) entendam a natureza do coaching, a natureza e os limites da confidencialidade, os acordos financeiros e quaisquer outros termos do acordo ou contrato de coaching.
17. Serei responsável por estabelecer limites claros, apropriados e culturalmente sensíveis que regem qualquer contato físico que possa ter com os meus clientes ou patrocinadores.
18. Não terei intimidade sexual com nenhum dos meus atuais clientes ou patrocinadores.
19. Respeitarei o direito do cliente de encerrar a relação de coaching a qualquer momento do processo, sujeito às disposições do acordo ou contrato. Estarei atento a indicações de que o cliente não está mais se beneficiando do nosso relacionamento coaching.
20. Encorajarei o cliente ou patrocinador a fazer mudanças se acreditar que o cliente ou patrocinador seria mais bem atendido por outro coach ou por outro recurso.
21. Vou sugerir ao meu cliente que procure os serviços de outros profissionais quando julgar necessário ou apropriado.

Seção 4: confidencialidade/privacidade

Como coach:

22. Manterei os mais estritos níveis de confidencialidade com todas as informações de clientes e patrocinadores. Farei um acordo ou contrato claro antes de divulgar informações a outra pessoa, a menos que seja exigido por lei.
23. Farei um acordo claro sobre como as informações de coaching serão trocadas entre coach, cliente e patrocinador.

24. Ao atuar como treinador de coaches estudantes, esclarecerei as políticas de confidencialidade com os alunos.
25. Farei com que coaches associados e outras pessoas que gerencio a serviço dos meus clientes e de seus patrocinadores, de forma remunerada ou voluntária, façam acordos ou contratos claros para aderir ao Código de Ética da ICF, Parte 2, Seção 4: Padrões de Confidencialidade/Privacidade e a todo o Código de Ética da ICF, na medida aplicável.

Compromisso de ética da ICF

Como coach profissional da ICF, reconheço e concordo em honrar as minhas obrigações éticas e legais para com os meus clientes e patrocinadores de coaching, com os colegas e o público em geral. Eu me comprometo a cumprir o Código de Ética da ICF e a praticar esses padrões com as pessoas que treino. Se eu violar esse Compromisso de Ética ou qualquer parte do Código de Ética da ICF, concordo que a ICF, a seu exclusivo critério, poderá me responsabilizar por isso. Concordo, ainda, que a minha responsabilidade perante a ICF por qualquer violação pode incluir sanções, tais como a perda da minha filiação à ICF e/ou das minhas credenciais da ICF.

Aprovado pelo Ethics and Standards Committee em 30 de outubro de 2008. Aprovado pelo ICF Board of Directors em 18 de dezembro de 2008.

Referências bibliográficas

Appel, L. J., Clark, J. M., Yeh, H. C., Wang, N. Y., Coughlin, J. W., Daumit, G., . . . Brancati, F. L. (2011). Comparative effectiveness of weight-loss interventions in clinical practice. *The New England Journal of Medicine, 365*, 1959–1968.

Arloski, M. (2013). *The wellness coach and referring clients to a mental health professional.* Retrieved May 3, 2015 from http://realbalancewellness.wordpress.com/ 2013/02/11/the-wellness-coach-and-referring-clients -to-a-mental-health-professional-part-one-when/

Bandura, A. (1997). *Self-efficacy: The exercise of control.* New York: W. H. Freeman.

Bandura, A. (2001). Social cognitive theory: An agentic perspective. *Annual Review of Psychology, 52*, 1–26.

Berrigan, D., Dodd, K., Troiano, R. P., Krebs-Smith, S. M., & Barbash, R. B. (2003). Patterns of health behavior in U.S. adults. *Preventive Medicine, 36*(5), 615–623.

Brown, T. (2009). *Change by design: How design thinking transforms organizations and inspires innovation.* New York: Harper Business.

Burns, D. D. (1980). *Feeling good: The new mood therapy.* New York: William Morrow.

Butterworth, S., Linden, A., McClay, W., & Leo, M. (2006). Effect of motivational interviewing-based health coaching on employees' physical and mental health status. *Journal of Occupational Health Psychology, 11*(4), 358–365.

Carson, S. (2010). *Your creative brain: seven steps to maximize imagination, productivity, and innovation in your life.* Boston: Harvard Health Publications.

Center for Credentialing & Education Board of Directors. (2010). *Board certified coach code of ethics.* Retrieved March 25, 2014 from http://www.cce-global.org /Downloads/Ethics/BCCcodeofethics.pdf

Centers for Disease Control and Prevention. (2013). *Chronic Diseases and Health Promotion.* Retrieved May 3, 2015 from http://www.cdc.gov/chronicdisease/overview/

Cohn, M. A., Fredrickson, B. L., Brown, S. L., Mikels, J. A., & Conway, A. M. (2009). Happiness unpacked: Positive emotions increase life satisfaction by building resilience. *Emotion, 9*, 361–368.

Cole, S. (2012). Social regulation of gene expression in the immune system. In S. Segerstrom (Ed.), *Oxford handbook of psychoneuroimmunology* (pp. 254–273). New York: Oxford University Press.

Cooperrider, D., & Whitney, D. (2005). *Appreciative inquiry: A positive revolution in change.* San Francisco: Berrett-Koehler.

Csikszentmihalyi, M. (1990). *Flow.* New York: Harper & Row.

Deci, E. L., & Ryan, R. M. (1985). *Intrinsic motivation and self-determination in human behavior*. New York: Plenum Press.

Deci, E. D., & Ryan, R. M. (2002). *Handbook of self-determination research*. New York: University of Rochester Press.

Edelman, D., Oddone, E. Z., Liebowitz, R. S., Yancy, W. S., Jr., Olsen, M. K., Jeffreys, A. S., ... Gaudet, T. W. (2006). A multidimensional integrative medicine intervention to improve cardiovascular risk. *Journal of General Internal Medicine, 21*(7), 728–734.

Elfhag, K., & Rössner, S. (2005). Who succeeds in maintaining weight loss? A conceptual review of factors associated with weight loss maintenance and weight regain. *Obesity Reviews, 6*(1), 67–85.

Frates, B., & Moore, M. (2011). Coaching for behavior change in physiatry. *American Journal of Physical Medicine & Rehabilitation, 90*(12), 1074–1082.

Frates, B., & Moore, M. (2013). Health and wellness coaching skills for lasting change. In J. M. Rippe (Ed.), *Lifestyle Medicine* (2nd ed., pp. 343–360). New York: CRC Press.

Fredrickson, B. (2013a). *Love 2.0: Creating happiness and health in moments of connection*. New York: Plume.

Fredrickson, B. (2013b). *Love 2.0.: How our supreme emotion affects everything we feel , think, do, and become*. New York: Hudson Street Press.

Fredrickson, B., Grewen, K. M., Coffey, K. A., Algoe, S. B., Firestine, A. M., Arevalo, J. M., ... Cole, S.W. (2013). A functional genomic perspective on human well-being. *Proceedings of the National Academy of Sciences, 110*(33), 13684–13689.

Freudenberger, H., & Richelson, G. (1980). *Burnout: The high cost of achievement*. Garden City, NY: Anchor Press.

Galantino, M. L., Schmid, P., Milos, A., Leonard, S., Botis, S., Dagan, C., ... Mao, J. (2009). Longitudinal benefits of wellness coaching interventions for cancer survivors. *International Journal of Interdisciplinary Social Sciences, 4*(10), 41–58.

Goleman, D. (1996). *Emotional intelligence*. New York: Bantam.

Gordon, T. (1970). *Parent effectiveness training*. New York: Wydenn.

Grant, A. (2011). Developing an agenda for teaching coaching psychology. *International Coaching Psychology Review, 6*(1), 84–99.

Gregory, R. (2013). *Self-care reform: How to discover your own path to good health*. Charleston, SC: CreateSpace Independent Publishing Platform.

Hammerness, P. & Moore, M. (2012). *Organize your mind, organize your life*. Harvard Health book. Ontario: Harlequin.

International Coach Federation. (2014). *Core competencies*. Retrieved May 3, 2015 from http://coachfederation.org/credential/landing.cfm?ItemNumber=2206& navItemNumber=576

International Coach Federation. (2015). *What is professional coaching?* Lexington, KY: Author. Retrieved May 3, 2015 from http://coachfederation.org/need/landing.cfm?ItemNumber=978&navItemNumber=567

Joos, S. K., & Hickam, D. H. (1990). How health professionals influence health behavior: Patient-provider interaction and health care outcomes. In K. Glans, F. M. Lewis, & B. K. Rimer (Eds.), *Health behavior and health education: Theory, research and practice* (pp. 216–241). San Francisco: Jossey-Bass.

Kegan, R. (1983). *The evolving self: Problem and process in human development*. Boston: Harvard Press.

Kegan, R., & Lahey, L. (2009). *Immunity to change: How to overcome it and unlock the potential in yourself and your organization*. Boston, MA: Harvard Business Review Press.

Kobau, R., Sniezek, J., Zack, M., Lucas, R., & Burns, A. (2010). Well-being assessment: An evaluation of well-being scales for public health and population estimates of well-being among US adults. *Applied Psychology: Health and Wellbeing, 2*(3), 272–297.

Marchand, W. (2012). Mindfulness-based stress reduction, mindfulness-based cognitive therapy, and Zen meditation for depression, anxiety, pain and psychological distress. *Journal of Psychiatric Practice, 18*(4), 233–252.

Meinke, L. (2007). *Top ten indicators to refer a client to a mental health professional*. Lexington, KY: International Coach Federation.

Miller, W. R., & Rollnick, S. (2012). *Motivational interviewing: Helping people* change. New York: Guildford Press.

Moore, M., & Jackson, E. (2014). Health and wellness coaching. In E. Cox, T. Bachkirove, & D. Ashley (Eds.), *The complete handbook of coaching*. Thousand Oaks: SAGE Publications.

Moore, M., Tschannen-Moran, B., Drake, D., Campone, F., & Kauffman, C. (2005). Relational flow: A theoretical model of the intuitive dance of coaching. *Proceedings of the Third International Coach Federation Coaching Research Symposium*. Lexington, KY: International Coach Federation.

National Commission for Health Education Credentialing. (2014). *Responsibilities and competencies*. Retrieved May 3, 2015 from http://www.nchec.org/responsibilities-and-competencies

National Consortium for the Credentialing of Health and Wellness Coaches. Retrieved May 12, 2015 from www.ncchwc.org

Niemiec, R. M., Rashid, T., Linkins, M., Green, S., & Mayerson, N. H. (2013). Character strengths in practice. *IPPA Newsletter, 5*(4).

Newnham-Kanas, C., Morrow, D., & Irwin, J. (2011). Participants' perceived utility of motivational interviewing using Co-Active Life Coaching skills on their struggle with obesity. *Coaching: An International Journal of Theory, Research and Practice, 4*(2), 104–122.

Norcross, J. (2012). *Changeology: 5 steps to realizing your goals and resolutions*. New York: Simon and Schuster.

Peterson, C. (2006). *A primer in positive psychology*. New York: Oxford University Press.

Pilzer, P. Z. (2002). *The wellness revolution*. Hoboken, NJ: John Wiley & Sons.

Pollak, K. I., Alexander, S. C., Coffman, C. J., Tulsky J. A., Lyna, P., Dolor, R. J., . . . Østbye, T. (2010). Physician communication techniques and weight loss in adults: Project CHAT. *American Journal of Preventive Medicine, 39*(4), 321–328.

Prochaska, J., Norcross, J., & DiClemente, C. (1995). *Changing for good: A revolutionary six-stage program for overcoming bad habits and moving your life positively forward*. New York: William Morrow Paperbacks.

Prochaska, J. O., Norcross, J. C., & DiClemente, C. C. (1995). *Changing for good: A revolutionary six-stage program for overcoming bad habits and moving your life positively forward*. New York: Harper Collins.

Rippe, J. (2013). *Lifestyle medicine*. Boca Raton, FL: CRC Press.

Rosenberg, M. (2005). *Nonviolent communication: A language of life*. Encinitas, CA: PuddleDancer.

Ryan, R. (2013, September). *On motivating oneself and others: Research and interventions using self-determination theory*. Paper presented at Coaching in Leadership and Healthcare Conference 2013, Harvard/McLean Medical School, Cambridge, MA.

Ryan R. M., & Deci, E. L. (2002). Overview of self-determination theory: An organismic dialectal perspective. In E. L. Deci & R. M. Ryan (Eds.), *Handbook of self-determination research* (pp. 3–33). Rochester, NY: University of Rochester Press.

Spence, G. B., Cavanagh, M. J., & Grant, A. M. (2008). The integration of mindfulness training and health coaching: An exploratory study. *Coaching: An International Journal of Theory, Research and Practice, 1*(2), 1–19.

Stober, D. R. (2006). Coaching from a humanistic perspective. In D. R. Stober & A. M. Grant (Eds.), *Evidence based coaching handbook* (pp. 17–50). Hoboken, NJ: John Wiley & Sons.

Walker, D. (2012). Gambling with the future of healthcare. *Healthcare Finance*. Retrieved May 12, 2015 from http://www.healthcarefinancenews.com/news/ gambling-future-healthcare

Wennberg, D., Marr, A., Lang, L., O'Malley, S., & Bennett, G. (2010). A randomized trial of telephone care-management strategy. *The New England Journal of Medicine, 363*, 1245–1255.

Williams, P., & Anderson, S. K. (2006). *Law & ethics in coaching: How to solve and avoid difficult problems in your practice*. Hoboken, NJ: John Wiley & Sons.

Wolever, R., Dreusicke, M., Fikkan, J., Hawkins, T. V., Yeung, S., Wakefield, J., Duda, L. . . . Skinner, E. (2010). Integrative health coaching for patients with type 2 diabetes. *The Diabetes Educator, 36*(4), 629–639.

Wolever, R., Simmons, L. A., Sforzo, G. A., Dill, D., Kaye, M., Bechard, E. M., . . . Yang, N. (2013). A systematic review of the literature on health and wellness coaching: Defining a key behavioral intervention in healthcare. *Global Advances in Health and Medicine, 2*, 38–57.

Capítulo 2

Habilidades de Relacionamento Coaching

"A certeza do coach é maior que a dúvida do cliente."

DAVE BUCK, PRESIDENTE DE COACHVILLE

OBJETIVOS

Depois de ler este capítulo, você será capaz de:

- Definir o relacionamento coaching, o "coração do coaching"
- Descrever as habilidades para estabelecer confiança e construir rapports dentro do relacionamento coaching
- Citar e discutir três habilidades essenciais de coaching
- Identificar as habilidades para escuta ativa, investigação aberta e reflexões perceptivas
- Identificar ferramentas adicionais para desenvolver o relacionamento coaching
- Conectar a construção de relacionamentos fortes à Teoria da Autodeterminação.

Relacionamento: o coração do coaching e do crescimento

Um relacionamento confiável, autêntico e conectado entre o coach e o cliente é a primeira meta de qualquer relacionamento coaching. A seguir, estão resumidas as perspectivas de vários coaches especializados e de organizações de coaching que dão grande valor ao relacionamento coach-cliente:

> *Excelência no coaching*: Estabelecer e manter relação de confiança.
> *Definição*: Garantir espaço seguro e relacionamento de apoio para crescimento, descoberta e transformação pessoal.
> *Efeito*: O cliente está aberto para compartilhar e receber; o cliente percebe o coach como um defensor pessoal; o cliente vê a transformação e o crescimento como viáveis; e o cliente tem expectativas realistas de resultados e responsabilidades do coaching.
> *Elementos-chave*: Respeito e aceitação mútuos; confiança e segurança; e o cliente se sente seguro para compartilhar medos sem julgamento da parte do coach. – International Association of Coaching, 2014.

> *Competência do coaching*: Criar o relacionamento em conjunto.
> *Como*: Estabelecendo confiança e intimidade com o cliente, tendo capacidade de criar um

ambiente seguro e de apoio que produza respeito e confiança mútuos continuamente.

- Demonstra preocupação genuína com o bem-estar e o futuro do cliente
- Demonstra continuamente integridade pessoal, honestidade e sinceridade
- Estabelece acordos claros e cumpre promessas
- Demonstra respeito pelas percepções, estilo de aprendizagem e personalidade do cliente
- Fornece apoio contínuo e defende novos comportamentos e ações, inclusive aqueles que envolvem assumir riscos e medo de fracassar
- Pede permissão para treinar o cliente em áreas novas e sensíveis. – International Coaching Federation, 2014.

Coaching é aquela parte de um relacionamento na qual uma pessoa se dedica principalmente a atender a longo prazo o desenvolvimento, a competência, a autogeração e a vitalidade na outra pessoa. – Doug Silsbee, *Presence-Based Coaching*, 2008.

Coaching é a arte de criar um ambiente por meio de conversação e de um modo de ser que facilite o processo pelo qual uma pessoa pode avançar rumo às metas desejadas de maneira satisfatória. – Tim Gallwey, *The Inner Game of Work, 2000*, p. 177.

Coaching é o processo que promove a autoconsciência e que resulta em motivação para a mudança, e também em orientação necessária para que a mudança ocorra de forma a atender às necessidades de desempenho organizacional. – David Dotlich e Peter Cairo, *Action Coaching*, 1999, p. 31.

Coaching é essencialmente uma conversa orientada para o crescimento e para resultados. É um diálogo entre o coach e o cliente. O coaching ajuda os indivíduos a acessarem o que eles podem descobrir com uma mentalidade profundamente reflexiva e colaborativa. Talvez os clientes jamais tenham feito as perguntas do coach e têm maior capacidade de descobrir respostas do que costumam imaginar. O coach auxilia, apoia e incentiva os indivíduos a descobrirem suas respostas. O coaching visa promover a aprendizagem, mas não é professor e nem sempre sabe como fazer melhor que o cliente. O coach pode perceber e observar padrões, preparar o terreno para novas ações e então trabalhar com o cliente para implementar essas ações, novas e mais bem-sucedidas.

A partir de várias técnicas de coaching, como escutar, refletir, fazer perguntas e fornecer informações, os clientes se tornam mais autorreflexivos, autocorretores e autogerados. O coaching começa fazendo as perguntas certas, engajando-se em uma aliança colaborativa com o indivíduo para estabelecer e esclarecer propósitos e metas, visando desenvolver um plano de ação para atingir esses objetivos. – Perry Zeus e Suzanne Skiffington, *The Complete Guide to Coaching at Work*, 2000, p. 3.

Apesar das nuances de perspectiva e de ênfase, essas definições de coaching partilham um denominador comum: o relacionamento. Os seres humanos são fundamental e generalizadamente motivados pela necessidade de pertencerem, pelo forte desejo de formarem e manterem ligações pessoais duradouras; eles buscam interação positiva frequente no contexto de relacionamentos afetuosos de longo prazo (Baumeister e Leary, 1995). O coaching é um relacionamento do tipo que promove o crescimento e permite que os clientes alcancem seus objetivos e se aproximem de suas visões.

Há muito se achava que a relação entre o prestador de assistência (terapeuta ou coach) e o cliente seria o ingrediente fundamental para resultados positivos. Isso foi confirmado em uma metanálise concluída por Norcross e Lambert (2010), que concluiu que a relação terapêutica faz contribuições substanciais e consistentes para o sucesso do paciente em todos os tipos de psicoterapia estudados (p. ex., psicodinâmica, humanística, cognitiva, comportamental, sistêmica), e explica por que os clientes melhoram (ou não) tanto quanto o método de tratamento específico (Norcross e Lambert, 2010). Com base em pesquisas de coaching, De Haan (2008) relata que a qualidade do relacionamento coach-cliente (também chamada de "aliança de trabalho") é o melhor preditor do sucesso do cliente. Não se trata do cliente que obteve resultados positivos e que tenha descrito o relacionamento como positivo, mas de um relacionamento considerado positivo no início do trabalho e que leva a resultados positivos subsequentes. O segundo fator mais importante relatado foi o conjunto de características pessoais do coach: ser empático, inspirar confiança, parecer competente, ter saúde mental positiva e a capacidade do coach operar a partir do sistema de valores do cliente (Figura 2.1) (De Haan, 2008).

As principais habilidades de coaching descritas neste capítulo também são consistentes com as principais competências de coaching da International Coaching Federation (2014) e com a lista de competências de coaching da International Association of Coaching (certifiedcoach.org) e são amplamente ensinadas por escolas de educação e treinamento de coaches. Essas competências não são novas descobertas dos coaches; em vez disso, são habilidades relacionais fundamentais de psicólogos clínicos e de aconselhamento, e são habilidades essenciais da abordagem de Entrevista Motivacional usada tanto na terapia quanto no coaching.

Figura 2.1 O sucesso da experiência de coaching depende do relacionamento coaching.

Mais importante ainda, uma relação de coaching respeitosa, colaborativa e centrada no cliente também dá apoio à autodeterminação.

> Muitos modelos de intervenção e mudança sugeriram que a relação médico-paciente é importante meio e veículo de mudança. Nos tratamentos de saúde, isso é especialmente verdade, uma vez que indivíduos vulneráveis, muitas vezes sem conhecimentos técnicos, procuram os contributos e a orientação dos profissionais. Nesse processo, o sentimento de ser respeitado, compreendido e cuidado é essencial para formar as experiências de conexão e confiança que permitem que ocorra a internalização. – Ryan et al., 2008.

O vínculo, um dos componentes-chave no desenvolvimento da autodeterminação, é nutrido quando alguém está em um relacionamento. Isso transmite respeito, e o indivíduo se sente valorizado e experimenta o carinho e a empatia do coach.

Estabelecimento de confiança e rapport

O relacionamento coaching requer o estabelecimento de fortes confiança e rapport para gerar um processo de mudança produtivo e gratificante. Se a confiança e o rapport estiverem ausentes, o mesmo acontece com o ambiente que promove o crescimento. Megan Tschannen-Moran (2004) define confiança como a "disposição de ser vulnerável a outra pessoa com base na confiança de que a outra pessoa é benevolente, honesta, aberta, confiável e competente". Ao compreender a importância dessas cinco qualidades, os coaches habilidosos prestam atenção constante ao seu uso em todas as conversas. Dimensões adicionais de construção de relacionamento serão expandidas a seguir.

Tenha consideração positiva incondicional

De acordo com Carl Rogers (1995), a consideração positiva incondicional é definida como "aceitar completamente outra pessoa, sem reservas". Manter essa consideração pelos clientes é essencial para estabelecer rapport e confiança. A aliança de coaching será fraca e malsucedida se os clientes não acreditarem que os seus coaches estão do seu lado, aceitando-os incondicionalmente.

Julgamento, crítica e decepção, tanto falados como não falados, não motivam nem apoiam a mudança de comportamento. Não é apropriado que o coach aponte as deficiências dos clientes e lhes ensine caminhos melhores; em vez disso, o coach é chamado para defender os pontos fortes dos clientes e convidá-los a descobrirem maneiras melhores. Quando o coach acredita em seus clientes e tem consideração positiva por eles, independentemente do que eles realizam ou não, o relacionamento pode reforçar tanto a autoeficácia como a autoestima. A consideração positiva infalível é a chave para estabelecer rapport e confiança, e é a base para o coaching habilidoso.

Mostre empatia

Tradicionalmente, a empatia é definida como "o sentimento de que você entende e compartilha as experiências e emoções de outra pessoa: é a capacidade de compartilhar os sentimentos de outra pessoa". A dificuldade com essa visão da empatia no relacionamento coaching é que ela pode desviar a atenção do foco na agenda do cliente e mudar o foco para a experiência (sentimentos, perspectivas, opiniões) do coach. Isso pode levar a atitudes mais indesejáveis, como simpatia (identificar-se com a experiência do cliente em nível emocional e experimentar as mesmas emoções ou contágio emocional) e pena (forte sentimento de tristeza ou simpatia por alguém ou algo que causa tristeza ou decepção).

No contexto do coaching, a empatia é definida com mais precisão como a compreensão respeitosa da experiência de outra pessoa, inclusive seus sentimentos, necessidades e desejos. Nessa perspectiva, a empatia é bem diferente da simpatia. A pessoa solidária se identifica com a experiência do outro, enquanto a pessoa empática procura compreender e apreciar essa experiência. E a empatia reconhece o direito de o cliente sentir e vivenciar a situação da maneira que ele (ou ela) escolher sem precisar de pena, tristeza ou decepção do coach. O coaching é possível graças ao engajamento empático que constrói relacionamentos e facilita o crescimento.

A empatia ajuda a construir confiança e rapport. Quando os clientes estão passando por dificuldades, é especialmente importante a conexão com seus sentimentos, necessidades e desejos de forma positiva, solidária e compreensiva. Quando os clientes se sentem julgados, sua autoeficácia e prontidão para mudar podem ser prejudicadas. Quando os clientes sentem falta de compaixão, eles podem se tornar resistentes aos recursos de coaching.

Seja um exemplo de humildade

Para desenvolver confiança e rapport com os clientes, os coaches servem como modelos humildes para a saúde e o bem-estar ideais, "fazendo o que falam" sem serem presunçosos, arrogantes ou rudes. A humildade está presente quando o coach trabalha continuamente em sua própria realização, equilíbrio, saúde, preparo físico e bem-estar, sabendo que ainda há muito a aprender. O desafio é ser modelo sem se colocar no pedestal, nem falar muito sobre os próprios sucessos. O segredo é jamais dominar a conversa com as próprias experiências, na ânsia de ajudar, e permanecer sempre humilde.

No início da parceria de coaching, normalmente os coaches oferecem uma introdução breve, porém inspiradora, que capta a nossa paixão pela saúde, pelo condicionamento físico, pelo bem-estar e pelo coaching. Nela, deve ser incluído um resumo sucinto da experiência do coach e de como ele trabalha com os clientes. "O que mais você quer saber sobre mim?" é uma ótima maneira de encerrar o resumo e sugerir perguntas que construam o rapport.

As pessoas procuram o coaching não apenas para aprender, mas elas também buscam inspiração. A maioria das pessoas já sabe ou pelo menos tem uma noção do que "deveriam" fazer para melhorar a saúde, a boa forma e o bem-estar, só não sabem como fazer isso de forma consistente. Ao se aproximarem de alguém que o faz, como o coach, elas esperam obter insights e inspiração para a jornada. A divulgação pessoal por parte do coach é apropriada e valiosa quando serve aos melhores interesses do cliente e do programa de coaching, não porque o coach quer compartilhar e ser compreendido (convidando sutilmente o cliente a desempenhar o papel de ajudante). O coach deve discernir cuidadosamente se e quando vai partilhar quem ele (ou ela) é; por que ele se preocupa com saúde, preparo físico e bem-estar; como ele vive; suas vitórias e lutas; e o que ele sabe e não sabe sobre saúde e bem-estar.

Desacelere

É importante continuar a estabelecer confiança e rapport em cada sessão de coaching. Confiança e rapport não são conquistados em um único momento, e são obtidos ou perdidos durante cada momento das sessões de coaching. Se os coaches estiverem com pressa para "ir direto ao assunto", a confiança e o rapport serão comprometidos ou perdidos. Os coaches precisam reservar algum tempo para ter uma presença descontraída e relaxante com os clientes. Mesmo quando as consultas são agendadas consecutivamente, é importante desacelerar, estar totalmente presente e saborear cada momento com cada cliente.

Promessa insuficiente e entrega excessiva

Nada sabota mais a confiança e o rapport do que promessas quebradas. Por isso, é extremamente importante monitorar e selecionar cuidadosamente as palavras, tanto durante as sessões de coaching quanto nas comunicações entre as sessões. O coach profissional cumpre todas as promessas. Algumas promessas, como estar pronto e disponível quando os clientes solicitam coaching, são partes tácitas do acordo de coaching. Outras promessas, como o envio de informações aos clientes, são oferecidas durante a conversa.

Cumprir todas as promessas é crucial para o relacionamento coaching. Tenha cuidado para não cair na armadilha de prometer demais e entregar de menos. Isso pode ser comum na nossa sociedade, pois as pessoas procuram parecer bem, mas isso rapidamente leva a relacionamentos coaching fracassados e a resultados insatisfatórios. Entregar mais que o prometido cria um laço ainda mais forte. Ir além do mínimo esperado é uma ótima maneira de construir rapport e confiança. Por exemplo, os coaches podem entrar em contato com os clientes por e-mail entre as sessões de coaching para parabenizá-los ou lembrá-los de algo importante. Oferecer a oportunidade de uma sessão de coaching extra ocasional ou check-in sem custo extra é um verdadeiro "uau!" e um ótimo construtor de relacionamento. Quando os clientes enviam um e-mail ou entram em contato com o coach, a melhor prática é responder em 24 horas no horário comercial, nem que seja apenas para confirmar o contato e prometer data e hora para uma resposta mais cuidadosa.

O cliente encontra as respostas assim que possível

Quanto mais os clientes, em colaboração criativa com seus coaches, descobrem novos insights, perspectivas, pontos fortes, objetivos e planos, e quanto mais concebem suas próprias estratégias de crescimento e mudança, mais autônomos e competentes se tornam.

Quando os clientes precisam adquirir conhecimentos ou aprender novas habilidades para avançar, é importante preservar a autonomia do cliente ao ajudá-los na aquisição de conhecimentos e habilidades. Se os coaches tiverem conhecimento e experiência relevantes, eles pedem permissão para oferecer seus conhecimentos e ensinamentos, deixando os clientes no controle de suas decisões e escolhas. Se os coaches não tiverem experiência e conhecimento relevantes, eles podem ajudar os clientes a encontrarem e a buscarem conhecimento e experiência apropriados de outras fontes.

Coaching é promover e não forçar o crescimento. Pode ser especialmente difícil encorajar os clientes a encontrarem suas próprias respostas quando o coach tem experiência em áreas específicas (p. ex., diabetes, perda de peso). Os clientes podem pedir aconselhamento sobre como lidar com condições médicas, tomar decisões médicas ou aprender novas habilidades (p. ex., treinamento de força ou meditação). Quanto mais experiência alguém tiver, mais fácil será assumir o papel de especialista ou consultor e insistir naquilo em que os clientes devem trabalhar ou fazer. Levando em conta que dizer aos clientes o que fazer pode prejudicar a confiança, criar resistência e impedir a autodeterminação, imagine o cliente sentado no banco do motorista, com o coach oferecendo informações especializadas a serem consideradas no banco do passageiro, em vez de assumir o volante e decidir o que o cliente deve fazer ou para onde deve ir em seguida.

Há uma mudança crescente e esperançosa no setor de saúde para se tornar mais centrado no cliente (centrado no paciente) e para permitir maiores determinação e autodescoberta do cliente. Em uma revisão sistemática sobre coaching de saúde e bem-estar, 61% dos processos de coaching poderiam ser descritos como centrados no paciente, 45% permitem que os clientes determinem seus próprios objetivos e 42% incentivam a autodescoberta (Wolever et al., 2013). O campo da saúde ainda tem um longo caminho a percorrer para se afastar da direção, prescrição e educação autoritária e de cima para baixo, a fim de promover a autonomia, a competência e a autodeterminação.

Quando fornecida, a informação deve ser em resposta a algum pedido ou oferecida como escolha, e quase sempre deve ser enquadrada como uma possibilidade e não como uma prescrição. Permitir que o cliente faça a escolha apoia a autonomia e é mutuamente construtivo tanto para os coaches como para os clientes. Algo está errado no relacionamento quando os coaches trabalham mais ou falam mais que seus clientes nas sessões de coaching, seja para criarem metas, descobrirem estratégias ou desenvolverem argumentos para mudança.

CASO DE COACHING

O Coach Carl percebe que sua cliente, Wendy Well, parece frenética no início da sessão de coaching. Quando menciona isso, ela reconhece que foi um dia agitado e que está estressada. Carl ministrou muitos cursos de gestão de estresse em programas de bem-estar no local de trabalho e poderia facilmente fazer sugestões sobre técnicas de redução de estresse que Wendy poderia usar. Em vez disso, Carl usa a abordagem de coach e pergunta a Wendy o que ela gostaria de fazer em tal situação e o que seria mais útil como apoio. Wendy, ainda agitada, responde dizendo que não tem certeza; o estresse parece ser apenas um modo de vida. Em seguida, equilibrando a abordagem do especialista com a abordagem do coach, Carl pergunta a Wendy se ela gostaria de discutir algumas técnicas rápidas para controlar seu frenesi agora. Wendy aceita. Carl lembra a importância de permitir que o cliente se sinta autônomo e diz o seguinte: "Algo útil para os meus clientes no passado era fazer uma pausa de 60 segundos para respirar profundamente. Uma cliente realmente gostou de reservar um momento para explorar o que a deixava grata. Outra ganhou um verdadeiro impulso ao fazer um simples exercício de ioga na cadeira. O que atrai você? Alguém lhe deu alguma ideia de algo que você poderia fazer agora e que funcionaria para você?"

Confidencialidade é crucial

A relação de coaching é construída sobre uma base de confidencialidade. Os clientes precisam saber que as informações que compartilham com seus coaches não serão compartilhadas com outras pessoas. O coach deve deixar isso claro tanto oralmente quanto por escrito. Alguns clientes podem inicialmente ficar intimidados ou desconfortáveis com a divulgação pessoal. Cabe ao coach criar um local seguro, estabelecendo uma política de confidencialidade desde o início.

Pode haver casos em que o cliente queira compartilhar algo pessoal, mas não queira que isso seja registrado em seus arquivos impressos, eletrônicos ou de cliente na *web*. O cliente pode dizer algo como: "Eu quero lhe contar uma coisa, mas não quero que seja escrita, nem faça parte da minha ficha." É importante excluir tais confidências dos registros ou fichas de coaching, mas somente se isso não criar responsabilidade (ou seja, se não for um comportamento ilegal ou prejudicial à saúde).

Além disso, a Lei de Portabilidade e Responsabilidade de Seguros de Saúde (HIPAA, do inglês *Health Insurance Portability and Accountability Act*), de 1996, exige que indivíduos, organizações e agências que atendam à definição de entidades cobertas pela HIPAA cumpram os requisitos da lei para protegerem a privacidade e a segurança das informações de saúde e respeitem certos direitos quanto às informações de saúde dos indivíduos. Isso inclui prestadores como médicos, clínicas, psicólogos, dentistas, quiropatas, lares de idosos e farmácias, caso transmitam qualquer informação em formato eletrônico em conexão com alguma transação para a qual o Departamento de Saúde e Serviços Humanos do governo federal dos EUA adotou um padrão. Seria sensato que qualquer coach envolvido em coaching relacionado à saúde e ao bem-estar estivesse ciente dos requisitos da HIPAA. Saiba mais em www.hhs.gov.

Seja autêntico

A autenticidade não é apenas a melhor política, é a *única* política quando se trata de coaching. Tanto os clientes como os coaches devem concordar em "partilhar o que existe" com coragem, pois a comunicação honesta leva à aprendizagem e ao crescimento. No entanto, os coaches nunca devem ser críticos ou julgadores. Eles são chamados a compartilhar pensamentos, sentimentos e intuições com compaixão, empatia e cuidado. A relação de coaching confiável e significativa é construída por meio de questionamentos e reflexões autênticas.

Mindfulness

Mindfulness é a consciência sem julgamento do que está acontecendo no momento presente. O tema do mindfulness, agora apoiado por um grande conjunto de conhecimentos e práticas, é considerado uma intervenção de promoção da saúde que potencializa o processo de coaching. Para aumentar a consciência do cliente sobre as variáveis críticas que influenciam seu sucesso, os coaches fazem perguntas, dão feedback e criam conjuntamente tarefas que aumentam o mindfulness do cliente.

Na maioria das vezes, os clientes não estão totalmente conscientes e alertas *de onde estão e do que estão fazendo*. Isso porque, muitas vezes, as pessoas andam no piloto automático. Quando estão comendo, podem estar simultaneamente lendo, trabalhando ou se preocupando com eventos passados ou futuros, em vez de estarem saboreando plenamente cada garfada da comida. Quando estão se exercitando, podem estar pensando em tudo o que têm que fazer naquele dia, em vez de estarem em sintonia com seus corpos e com o que estão fazendo.

O mindfulness é uma forma de se libertar do piloto automático. Ao prestarmos atenção aos nossos pensamentos, sentimentos, comportamentos, relacionamentos e ambientes sem julgamento ou condenação, despertamos para a experiência do que está acontecendo ao nosso redor e dentro de nós *enquanto realmente está acontecendo*. Isso nos libera para tomarmos decisões informadas sobre novos rumos.

Todo mundo tem a capacidade de estar em atenção plena. Por exemplo, comer oferece a maravilhosa oportunidade de estar em atenção plena. Em vez de apressarmos as refeições ou lanches, fazendo duas coisas ao mesmo tempo sem pensar no que estamos comendo, de onde vem a comida ou como ela afetará nossos corpos, mentes e espíritos, podemos desacelerar e prestar atenção, de maneira a aumentar a ludicidade, mudar a nossa relação com a comida e nos tornar mais conscientes do nosso consumo. O mindfulness pode levar não apenas a melhores hábitos alimentares, mas também a experiências mais plenas em outras áreas da vida. O aumento do mindfulness em uma área leva ao aumento do mindfulness em todas as áreas.

Uma estratégia para promover o mindfulness é garantir que o espaço de trabalho do coach tenha distrações mínimas (p. ex., tráfego de pedestres, ruído, telefone e alertas de computador) que possam interferir na capacidade de permanecer presente e com foco. Técnicas de relaxamento e lembrete ajudam o coach a deixar "de lado" seus pensamentos e suas preocupações para se concentrar inteiramente no cliente. "Determine a sua intenção de prestar atenção" é uma ótima frase a ser usada antes de cada sessão de coaching.

Para proporcionarem aos clientes a experiência de mindfulness durante as sessões de coaching, os coaches talvez queiram incluir exercícios de mindfulness. Por exemplo, os coaches podem querer iniciar suas conversas com um minuto de silêncio e respiração. Eles também podem optar por orientarem os clientes na descoberta de um objeto com a mente de um iniciante. Por exemplo, o coach pode orientar os clientes a experimentarem uma uva-passa bem lentamente, examinando a superfície, sentindo a textura, o cheiro etc. Os clientes podem, então, ser instruídos a colocá-la na boca e senti-la na língua. Em seguida, e só assim, devem dar a primeira mordida, comendo o mais devagar possível, percebendo cada sensação que surge. Esse exercício permite que os clientes despertem de suas reações automáticas aos alimentos que podem não apoiar a alimentação saudável.

Ao aumentar o mindfulness durante as sessões de coaching, os clientes aprendem a fazer o mesmo em suas experiências diárias. Eles naturalmente passam a prestar mais atenção não apenas à alimentação, mas também às diversas dinâmicas da saúde, do bem-estar e da vida. Jon Kabat-Zinn (2005) escreve:

> Quando, na prática do mindfulness, aprendemos a ouvir o corpo por meio de todas as suas portas sensoriais, bem como a prestar atenção ao fluxo dos nossos pensamentos e sentimentos, estamos iniciando o processo de restabelecer e fortalecer a conexão dentro da nossa própria paisagem interior. Essa atenção nutre uma familiaridade e uma intimidade com as nossas vidas que se desenrolam no nível do que chamamos de corpo e do que chamamos de mente, o que depende e fortalece o bem-estar e uma sensação de facilidade na nossa relação com tudo o que se desenrola nas nossas vidas de momento a momento. Assim, passamos da doença, inclusive de doenças graves, para maior tranquilidade e harmonia e, como veremos, para mais saúde (p. 123).

Pelo fato de ser importante *estar em atenção plena* nos momentos cotidianos da vida, os coaches podem querer aconselhar os clientes sobre como podem elevar o mindfulness entre as sessões de coaching. Por exemplo, os clientes podem fazer as seguintes perguntas antes, durante e depois de comer:

- Onde estou?
- Qual é a posição do meu corpo?
- O que está acontecendo ao meu redor?
- Estou com muita fome?
- Quais são a aparência, o cheiro, a textura e o sabor da comida?
- Em que estou pensando?
- O que estou sentindo?
- O que eu realmente quero comer?
- Como posso melhorar a minha experiência de comer?

Os coaches não podem facilitar o desenvolvimento do mindfulness nos seus clientes, a menos que pratiquem o mindfulness. É somente na prática do mindfulness que podemos compreender o processo e seus efeitos na saúde, na boa forma (fitness) e no bem-estar. Ao praticarem mindfulness em sua vida cotidiana e ao demonstrarem mindfulness aos clientes, os coaches permitem que os clientes aprendam, cresçam e se desenvolvam além do que poderiam imaginar ser possível.

O mindfulness também é um ingrediente crítico para os coaches gerenciarem suas emoções durante as sessões de coaching. Quanto mais o coach sabe o que está acontecendo consigo mesmo, menos permitirá que seus próprios eventos, sentimentos, opiniões e preocupações atrapalhem sua presença no momento.

Quando os clientes desencadeiam alguma resposta emocional, o coach precisa perceber tal sentimento e então, gentilmente, deixá-lo de lado, mantendo o foco no cliente. Examinar esses sentimentos posteriormente, fora da sessão de coaching, sozinho ou com um coach mentor, é importante para o desenvolvimento do coach.

Aqui estão algumas dicas para ativar o mindfulness antes das sessões de coaching:

- Faça três respirações profundas
- Feche os olhos por 5 segundos
- Torne-se consciente da sua respiração
- Diga a si mesmo:
  - Sou grato por esta oportunidade de me conectar e fazer a diferença
  - Tenho a oportunidade de dar uma contribuição fundamental
  - Estou aberto e curioso sobre o que vai acontecer.

Três habilidades básicas de coaching

Embora diferentes modelos e plataformas de coaching tenham seu próprio inventário, linguagem e descrição do que está no repertório de coaching, três habilidades de coaching são consistentemente encontradas em todas as plataformas e formam a base para o desenvolvimento do relacionamento coaching. Elas são apresentadas aqui e serão exploradas novamente de diferentes ângulos em capítulos posteriores.

Escuta ativa

Escutar ativamente talvez seja a mais importante de todas as habilidades de coaching. É certamente um componente crítico na construção da confiança e do rapport com o cliente. Além disso, é o elemento mais importante para melhorar a qualidade da conversa entre o coach e o cliente. Quando os coaches estão distraídos, seja física, intelectual, emocional ou espiritualmente, o relacionamento coaching é prejudicado.

A escuta que traz consciência plena e sem julgamento do que alguém está dizendo no momento presente é a marca registrada de um ótimo coaching. Na verdade, talvez não exista outro relacionamento na vida dos clientes em que eles sejam ouvidos da mesma forma que são ouvidos pelos coaches. As pessoas raramente recebem a atenção total e imparcial de alguém, mesmo por breves períodos de tempo. Tentar administrar duas tarefas ao mesmo tempo pode nos fazer perder o fio da meada da conversa e degradar a qualidade das nossas perguntas e reflexões. E os clientes sabem quando os coaches não estão 100% presentes. Se os coaches não prestarem atenção total, a energia deles se torna menos focada e envolvente. Muitas vezes, os clientes aceitarão esse baixo nível de foco e envolvimento porque é a norma na cultura moderna. Cabe ao coach levar a conversa a um nível superior, prestando atenção total.

Prestar atenção é mais do que apenas ouvir ou olhar para o cliente. No ambiente superestimulado de hoje em dia, os cérebros ficaram "conectados a um estado de frenesi e distração crônica" (Hammerness e Moore, 2012). Os coaches e os clientes precisam treinar o cérebro para manterem a atenção e praticarem verdadeiramente mindfulness no momento presente. O mindfulness é a consciência sem julgamento do que está acontecendo no momento presente. O mindfulness é uma forma de se libertar do piloto automático ou de ficar frenético e preso nas emoções centrais de ansiedade, tristeza e raiva. Ao prestar atenção aos próprios pensamentos, sentimentos, comportamentos, relacionamentos e ambientes sem julgamento ou condenação, é possível acordar para a experiência do que está acontecendo ao nosso redor e dentro de nós enquanto realmente está acontecendo. Isso libera a pessoa para tomar decisões bem-informadas sobre novos rumos. Portanto, o mindfulness é importante tanto para o coach quanto para o cliente na sessão de coaching.

A escuta ativa envolve escutar o todo significativo, inclusive elementos tão diversos como as melhores experiências do cliente, os valores fundamentais, os momentos significativos, os sentimentos, os desafios atuais e os sonhos futuros. Além disso, as histórias que os clientes contam permitem que os coaches explorem sua intuição para gerarem melhores perguntas e reflexões mais evocativas. Essas são as matérias-primas do coaching. Os coaches habilidosos escutam as palavras e a verdade além das palavras. É importante não apenas escutar os fatos (escuta cognitiva), mas também os sentimentos e as necessidades por trás dos fatos (escuta afetiva). "Vamos aos fatos, minha senhora, apenas os fatos" pode ser adequado para o trabalho do detetive, mas jamais é suficiente para o coaching. O humor, as emoções, o tom, a energia, a linguagem corporal, as hesitações e o ritmo dos clientes fornecem pistas importantes. Escutar tendências e padrões repetidos pode levar a insights importantes.

A seguir, estão algumas dicas rápidas para escutar ativamente:

- Não pense no que você dirá em seguida antes que o cliente tenha dito a última palavra dos seus pensamentos
- Faça uma pausa depois que o cliente falar
- Transforme as últimas palavras do cliente na próxima etapa
- Transforme a história do cliente em etapas posteriores
- Escute as emoções e também os fatos
- Não interrompa (exceto nos raros momentos em que seu cliente se desviar do caminho)
- Espelhe o que o cliente disser para confirmar o seu entendimento.

O mindfulness também é uma habilidade crítica para os coaches no gerenciamento de suas emoções durante as sessões de coaching. Quanto mais os coaches estiverem conscientes da experiência interior, menos permitirão que suas próprias experiências, sentimentos, opiniões e preocupações atrapalhem sua presença no momento. Quando os clientes desencadeiam a resposta emocional no coach, o coach atento percebe esses sentimentos e gentilmente os deixa de lado para permanecer totalmente focado no cliente. Depois da sessão de coaching, então, o coach pode examinar esses sentimentos sozinho ou com um coach mentor. Os coaches devem silenciar as vozes em suas próprias cabeças para que possam prestar atenção ativamente à voz do cliente. "Escutar até eu não existir" é o lema dos grandes coaches. Isso porque eles deixaram de lado suas agendas para prestarem atenção singular às agendas de seus clientes. Os coaches descrevem essa experiência como libertadora e profunda. A escuta ativa é transformacional, não só para o cliente, mas também para o coach.

CASO DE COACHING

O Coach Carl teve um dia de coach agitado: clientes tinham sido agendados consecutivamente para ele, com apenas um momento de intervalo entre eles. Como se isso não bastasse para deixá-lo frenético, Carl tinha acabado de terminar uma sessão com seu cliente mais difícil e estava começando a se arrepender de uma pergunta que fez ao cliente, porque pareceu desviar a sessão do caminho. No entanto, Carl tinha outra sessão de coaching com Wendy Well em 2 minutos, e sabia que precisava estar atento e calmo para ela. Ele respirou lenta e profundamente três vezes, estando atento a cada inspiração e expiração. Em seguida, ele mentalizou um mantra: "Sou grato por esta oportunidade de me conectar e fazer a diferença. Estou aberto e curioso sobre o que vai acontecer. Eu escolho estar presente."

Ao aumentar o mindfulness durante as sessões de coaching, os clientes aprendem a fazer o mesmo em suas experiências diárias. Eles naturalmente passam a prestar mais atenção não apenas à alimentação e aos exercícios, mas também às muitas dinâmicas da saúde, do bem-estar e da vida. Thich Nhat Hanh (1999) escreve:

> Os sentimentos, sejam eles de compaixão ou de irritação, devem ser acolhidos, reconhecidos e tratados de forma absolutamente igualitária; pois ambos somos nós mesmos. A tangerina que estou comendo sou eu. As folhas de mostarda que estou plantando sou eu. Eu planto com todo o meu coração e toda a minha mente. Eu limpo este bule com o tipo de atenção que teria se estivesse dando banho no bebê Buda ou em Jesus. Nada deve ser tratado com mais cuidado do que qualquer outra coisa. No mindfulness, a compaixão, a irritação, a folha de mostarda e o bule de chá são todos sagrados.
> – Thich Nhat Hanh, *The Miracle of Mindfulness: An Introduction to the Practice of Meditation.*

Investigação aberta

Para permitir que os clientes se abram e explorem suas histórias, é importante fazer perguntas abertas. Perguntas abertas suscitam respostas longas e narrativas. Perguntas fechadas suscitam respostas curtas e "sonoras".

CASO DE COACHING

Perguntas fechadas

O Coach Carl está conversando com Wendy Well para ver como ela se saiu com seus objetivos da semana passada. "Você comeu salada no almoço na semana passada?", ele pergunta.

"Sim", ela responde.

"Ok, ótimo!", Carl diz. "Você gostou?"

"Sim", ela responde novamente.

"Bom. Você fará isso de novo na próxima semana?", ele pergunta.

"Provavelmente não", ela diz.

Perguntas fechadas podem levar a uma conversa sem saída e sem vida, criando mais trabalho para o coach e menos insights para o cliente.

Quase sempre "o que" e "como" são as melhores formas de iniciar perguntas abertas, pois incentivam a narração de histórias. Como as histórias são o que move as pessoas a mudar, "o que" e "como" são os pontos de partida para as grandes questões de coaching. As perguntas "por que" nem sempre são tão úteis, pois tendem a provocar análises em vez de contação de histórias. Elas também podem evocar resistência pois podem sugerir julgamento. Por exemplo, perguntar "Por que você comeu o bolo inteiro?" pode fazer com que o cliente responda defensivamente. As perguntas "por que", no entanto, podem ser poderosas quando utilizadas para suscitar motivação autônoma. Você pode conectar os clientes aos seus motivadores mais profundos perguntando: "Por que você valoriza a sua visão e os seus objetivos e por que eles importam tão profundamente?"

Embora os coaches utilizem mais perguntas abertas do que fechadas, há lugar para perguntas fechadas. Por exemplo, quando os coaches perguntam aos clientes se eles querem se comprometer, seja com uma visão, estratégia ou objetivo: "Você está pronto para seguir em frente?"

Não apresse os clientes a contarem suas histórias provocadas por uma investigação aberta. Ao reservar um tempo para evocar e ouvir as histórias do cliente, o coach reflete interesse genuíno na experiência e nas aspirações do cliente. Jamais será útil interrogar o cliente com uma série de perguntas, especialmente uma após a outra. Em vez de pedir aos clientes para irem direto ao assunto, convide-os a elaborarem, a fim de revelar as nuances, os significados e os tesouros de suas histórias. Mostrar curiosidade é uma ótima maneira de ajudar o cliente a se abrir. Também não ajuda fazer suposições ou começar a dar conselhos muito rapidamente. Reserve um tempo para ouvir o que está sendo dito, o que não está sendo dito e o que os clientes podem querer dizer, orientando-os gentilmente para que descubram suas próprias respostas. Grandes investigações revelam o que está na mente do cliente, e não o que está na mente do coach.

Quando os clientes evitam ou deixam de responder a alguma pergunta ou se você acha que eles não estão sendo totalmente autênticos em suas respostas, abandone-a e volte a ela em outro momento. Se isso acontecer de forma consistente em relação ao mesmo problema, você pode compartilhar essa percepção com seu cliente sem julgamento. Aceite a decisão do cliente sobre o que compartilhar e o que manter privado.

Exemplos de investigação aberta

- Como você gostaria que fosse o seu bem-estar daqui a 3 meses, 1 ano, 2 anos, 5 anos etc.?
- Quais são os três principais valores da sua vida?
- Quais são as três principais metas da sua vida?
- Que parte da sua vida é mais importante para você?
- O que você gostaria menos na sua vida?
- O que você gostaria mais na sua vida?
- O que entusiasma você?
- O que você gostaria de realizar nos próximos 3 meses?
- Quais motivadores são suficientemente importantes para você superar os seus obstáculos e atingir os seus objetivos?
- Como seria a sua vida se você alcançasse esses objetivos?
- Como seria a sua vida se você não atingisse esses objetivos?
- Qual é o melhor cenário?
- Qual é o pior cenário?
- O que será necessário para você fazer mudanças?
- O que você tentou e conseguiu realizar em sua vida que seja semelhante a esse objetivo?
- Quais são algumas novas possibilidades que você não considerou antes?
- Qual você acha que é o melhor resultado possível do nosso programa de coaching?
- Qual você acha que será o resultado provável do nosso programa de coaching?
- Qual você acha que é o pior resultado possível do nosso programa de coaching?
- Qual você gostaria que fosse o resultado do nosso programa de coaching?
- O que acontece quando você se sente _______?
- Quais são os gatilhos que estimulam você a se sentir _______?
- O que seria necessário para lidar com os seus sentimentos de ______?
- O que está impedindo você ou atrapalhando o seu caminho? Como isso está impedindo você?
- Do que você tem medo?
- O que está em risco para você?
- O que é mais importante para você do que atingir essa meta?
- O que tornaria esse o momento certo para você fazer isso?
- O que você tem agora que pode estar atrapalhando, nessa semana, no próximo mês, nos próximos 3 meses etc.?
- O que você gostaria de fazer?

- O que você é capaz de fazer para superar ____ ou atingir a sua meta?
- O que você está disposto a fazer para superar ____ ou atingir a sua meta?
- O que você deseja fazer para superar _____ ou atingir a sua meta?
- O que posso fazer para ajudá-lo melhor hoje (ou em nosso programa de coaching)?
- O que posso fazer melhor para ajudá-lo hoje (ou em nosso programa de coaching)?
- Como seria a sua vida se você não atingisse esse objetivo?
- Como seria a sua vida se você alcançasse esse objetivo?
- Qual é o melhor cenário se você atingir esse objetivo?
- Qual será o pior cenário se você não atingir esse objetivo?
- O que pode estar errado nesse objetivo?
- O que pode estar certo nesse objetivo?
- O que será necessário para você atingir essa meta?
- O que seria necessário para você estar pronto para mudar?
- Qual motivador é importante o suficiente para ajudá-lo a alcançar esse objetivo?
- O que você/nós pode(mos) aprender com isso?
- Qual é a solução aqui?
- Na próxima semana, o que você poderia pensar ou fazer que o levaria adiante?
- O que você tentou e conseguiu realizar em sua vida que seja semelhante a esse objetivo?
- Quais são algumas novas possibilidades que você não considerou antes?

Reflexões perceptivas

Fazer muitas perguntas seguidas de qualquer tipo pode fazer com que o cliente se sinta interrogado. As reflexões perceptivas são outra forma de escuta. Elas permitem que os clientes escutem o que estão dizendo do ponto de vista de outra pessoa. Muitas vezes, esse processo é mais provocativo e transformacional do que a investigação, porque faz com que os clientes se conectem mais profundamente com suas emoções e com a verdade do assunto.

CASO DE COACHING

Investigação aberta

O Coach Carl está conversando com Wendy Well para ver o que ela aprendeu com seus objetivos na última semana. "Conte-me o que aconteceu com seu objetivo de comer saladas no almoço na semana passada. O que foi bem?" ele pergunta.

"Eu comi salada no almoço todos os dias da semana passada. Experimentei colocar novas fontes de proteína todos os dias e até tentei não colocar molho na salada", responde ela.

"Parece que a experiência correu bem", diz Carl. "O que você gostou nisso?"

"Eu fiquei realmente surpresa porque, com a combinação certa dos itens, a salada foi tão gratificante quanto o hambúrguer ou a pizza que eu normalmente comia", ela respondeu.

"Bom. O que você fará com esse aprendizado na próxima semana?", ele pergunta.

"Eu gostaria de almoçar salada de segunda a quinta, na próxima semana. Porém, na sexta-feira, é aniversário do meu colega de trabalho e sei que teremos pizza para comemorar. Mesmo assim, acho que vou experimentar vegetais em vez de calabresa na pizza", ela diz.

Quando os coaches fazem perguntas, os clientes pensam objetivamente e formulam a resposta antes de responderem. A região "CEO" (ou analítica) do cérebro (principalmente o córtex pré-frontal esquerdo) é ativada à medida que as pessoas são atraídas para suas mentes analíticas.

Quando os coaches parafraseiam e refletem perceptivamente o que pensam que os clientes estão dizendo, os clientes reagem com uma resposta mais profunda e emocional gerada a partir da região límbica do cérebro, em que as emoções, as recompensas e a ludicidade são reguladas. A combinação de perguntas e reflexões pode integrar o uso de regiões cerebrais superiores e inferiores.

O objetivo das reflexões perceptivas é suscitar ideias e conversas no cliente que apoiem a mudança. Em vez de o coach defender a mudança, o cliente é incentivado a pegar a bola e correr com ela. Quando o argumento para a mudança vem do cliente e não do coach, pode-se fazer um progresso rápido rumo aos resultados desejados.

Não é importante focar em fazer reflexões "certas" ou "perfeitas". Se a reflexão for certa, os clientes concordam. Se estiver errada, os clientes discordam. De qualquer forma, a reflexão impulsiona os clientes e os envolve na busca por mais autoconsciência, maior bem-estar e sua "melhor versão".

A reflexão mais simples é reafirmar o que o cliente diz mais ou menos com suas próprias palavras. Como no espelho, esses reflexos simples permitem que os clientes se vejam com mais clareza e façam ajustes, se assim o desejarem. Outras reflexões mais complexas são intencionalmente concebidas para serem mais evocativas. Elas comunicam não apenas que o coach está ouvindo ativamente, mas também que ele está percebendo fatos que o cliente pode estar ignorando. Elas podem servir para fazer com que a perspectiva de mudança pareça maior, mais brilhante ou mais convidativa. Elas permitem que os clientes parem e considerem se desejam dedicar mais tempo a essas questões.

Exemplos de reflexões perceptivas simples

Wendy Well: "Estou preocupada em estabelecer alguma meta de corrida porque não corro desde o ensino médio."

Coach Carl: "Você está preocupada em correr porque já faz muito tempo desde a última vez que correu."

Wendy Well: "Estou ansiosa para definir alguma meta de corrida porque não corro desde o colégio, mas costumava gostar muito."

Coach Carl: "Você se lembra de gostar de correr no ensino médio e está ansiosa para se sentir assim novamente."

Wendy Well: "Estou tão feliz por ter definido essa meta de corrida. Não me sinto tão bem desde o ensino médio."

Coach Carl: "Você está feliz por ter definido a meta porque correr faz você se sentir bem."

No Capítulo 6, *Como Aproveitar a Motivação para Desenvolver Autoeficácia*, descrevemos formas adicionais de reflexões perceptivas: empatia, foco amplificado, foco de dupla face e mudança de foco.

Ferramentas adicionais de construção do relacionamento

Juntas – a escuta ativa, as perguntas abertas e as reflexões perceptivas – são ferramentas de coaching de alto impacto; aqui, temos várias outras ferramentas para melhorar o progresso do cliente.

Reenquadramento positivo

O reenquadramento positivo significa enquadrar as experiências do cliente em termos positivos. Depois que a conversa toma um rumo positivo, é mais fácil participar de *brainstorming*, planejamento de ações e avanços. É uma tendência humana natural olhar, enfocar e falar sobre problemas. Na verdade, muitas pessoas que procuram o coaching diriam que precisam de ajuda para resolver algum problema. "Estou acima do peso", "Estou fora de forma" e "Estou estressado", são as três queixas mais comuns na arena de saúde e do bem-estar.

Semana após semana, muitos clientes também desejam iniciar a conversa de coaching com algum problema como sendo o assunto do dia. Por exemplo: "Estraguei a minha dieta", "Não os fiz exercícios como disse que faria", e "Não reservei tempo para mim esta semana". Coaches habilidosos evitam a tentação de responderem a tais reclamações com alguma análise da causa raiz do problema, o que pode ser desmoralizante, esmagador e contraproducente.

Em vez de inspirar e capacitar a mudança, a análise de problemas pode sobrecarregar as pessoas com mais razões para não mudarem. Sem descartar os problemas das pessoas, os coaches habilidosos sabem como reformular a conversa em termos positivos.

Às vezes, os clientes precisam ser lembrados de que os contratempos são parte essencial do processo de mudança. Ao aprenderem a andar, quase sempre os bebês caem. Não são fracassos, mas lições essenciais que os ajudam a aprender a andar. Ao encorajar os clientes a reformularem positivamente, o coach pode capacitá-los não apenas a voltarem ao caminho certo, mas também a evitarem que se apeguem a sentimentos de fracasso, mesmo que pensem que fracassaram.

CASO DE COACHING

Quando compartilha sua experiência ao trabalhar em suas metas na semana passada, Wendy Well fica frustrada e desapontada.

"Eu tinha certeza de que conseguiria comer salada no almoço na maioria dos dias da semana passada. Tive uma experiência muito boa com isso na semana anterior, mas, nesta semana, estraguei tudo! Estou com muita raiva de mim mesma!"

"Parece que você está desapontada e frustrada porque realmente queria se sentir bem-sucedida com essa meta", Carl responde. "Conte-me sobre as boas escolhas que você fez na semana passada."

"Bem, escolhi colocar vegetais na pizza que comemos na festa de sexta-feira", ela reflete.

"E o que de bom resultou disso?", Carl pergunta curioso.

"Sabe, eu realmente gostei dos pimentões-banana; nem senti falta da calabresa", ela lembra com um sorriso.

Silêncio

Um fato é certo: se o coach está falando, ele não está ouvindo. Dada a importância de ouvir no coaching, é vital que os coaches se sintam confortáveis com o silêncio. Quando os clientes estiverem falando, não os interrompa e/ou pense no que dizer em seguida. Depois de fazer uma pergunta, não fale novamente antes que o cliente responda. Esteja preparado para as surpresas do silêncio! É um presente maravilhoso e uma ferramenta fundamental no coaching. Nas sessões de coaches habilidosos, os clientes falam mais que o dobro dos coaches. Nicola Stevens (2005) incentiva os coaches a se lembrarem do mote "ESPERE – Por que estou falando?" (*WAIT – Why am I talking?*, p. 161).

O silêncio evoca uma exploração mais profunda, enviando a mensagem fortalecedora sem palavras: "Acredito que você pode descobrir isso indo mais fundo." Muitas vezes, o silêncio levará a novos insights e mudanças direcionais que os clientes e coaches talvez nunca tenham previsto. O silêncio apoia o cliente proporcionando sensação de autonomia e envia a mensagem de que o coach está confiante na competência do cliente.

Humor e ludicidade

Embora o coaching seja um negócio sério, com objetivos definidos nos quais as pessoas realmente investem, isso não significa que a conversa de coaching em si precise ter um tom sério. Na verdade, um tom consistentemente sério pode fazer com que os clientes tenham medo das sessões de coaching e, por fim, não consigam se conectar e progredir.

Quanto mais o coach conseguir fazer os clientes rirem e verem o lado mais leve de seus desafios e oportunidades, mais eles se abrirão para mudanças. A abordagem lúdica pode tornar os clientes mais abertos à experimentação e à tentativa e correção. Tenha cuidado para não brincar sobre algo que possa fazer o cliente se sentir vulnerável. Use a empatia para distinguir entre as áreas que são propícias ao humor e aquelas que podem fazer seu cliente se sentir pior se forem tratadas com muita leviandade. Certifique-se de que os clientes nunca pensem que você está rindo deles. É um jogo justo, porém, rir de si mesmo!

Defesa

Os coaches sempre defendem a capacidade dos clientes de atingirem os seus objetivos, especialmente quando lhes falta autoeficácia. Quando o coach tem uma atitude otimista e enérgica, combinada com uma perspectiva positiva, os clientes são mais capazes de encontrar coragem para a mudança. O coaching é um relacionamento que inspira esperança. Dave Buck (2004), presidente da CoachVille, descreve essa dinâmica da seguinte forma: "A certeza do coach é maior que a dúvida do cliente." É essa dinâmica que atrai os clientes para os coaches habilidosos. Quando os clientes estão com dificuldades, os coaches lhes garantem que diferentes pessoas avançam em direção ao domínio da saúde, da boa forma física ou do bem-estar em velocidades diferentes e em momentos distintos de suas vidas. Quando estiverem prontos, eles podem e terão sucesso. Como coach, trabalhe para facilitar um movimento do cliente de cada vez e em velocidade que seja confortável, mas desafiadora. Essa é a "zona de fluxo" que permitirá aos clientes atingirem os objetivos que estabeleceram para si próprios.

CASO DE COACHING

O Coach Carl enaltece Wendy Well:

- No início da sessão de coaching: "Estou ansioso para falar com você hoje, Wendy. Você está muito envolvido em nosso trabalho juntos e estou sempre ansioso para ver quais insights você tem."
- Durante a sessão de coaching: "Que emocionante saber que você estava

disposta a continuar sua experiência com vegetais. Você é persistente!"

- No final da sessão de coaching: "Hoje os seus pontos fortes de curiosidade e compaixão por si mesma estavam definitivamente presentes."

Concentre-se e exalte continuamente as mudanças positivas, sem insistir muito nas negativas. Coaching trata de possibilidades, ação e aprendizado, não de culpa e vergonha.

Solicitação de contribuições e sugestões

É importante pedir aos clientes que compartilhem informações e façam sugestões sobre como o processo de coaching pode ser mais produtivo e agradável. Solicitar informações constrói o relacionamento coaching, deixando claro para o cliente que o coach está totalmente dedicado ao sucesso do cliente. Pergunte frequentemente: "O que foi mais valioso na sessão de hoje?" e "Como as nossas sessões poderiam funcionar melhor para você?". Ouça o que não é dito, mas é transmitido no tom e nas hesitações do cliente. Peça esclarecimentos se parecer que pode haver um problema ou mudança na energia. Mantenha anotações privadas e acompanhe os pontos levantados o mais rápido possível.

A maioria dos novos coaches tem clientes que desaparecem em ação, não comparecem às sessões de coaching ou somem sem explicação. Ao solicitar aos clientes, no início do programa de coaching, para ser o primeiro a saber se algo não estiver funcionando, haverá abertura para falar das preocupações deles, em vez agir como se não estivessem ali. Ao receber críticas, ouça e responda às necessidades que não são atendidas pelo cliente. Agradeça aos clientes pela contribuição e use-a para melhorar como coach. Consulte um mentor ou participe de supervisão de coaching para desenvolver estratégias de melhoria. Nunca tire conclusões precipitadas; sempre peça percepções, interpretações e pontos de vista do cliente.

CASO DE COACHING

Wendy Well tem se saído tão bem em suas metas alimentares que o Coach Carl decide não perguntar como ela se saiu na semana. Ele teme que ela fique entediada com o relacionamento coaching se eles continuarem falando sobre o mesmo assunto toda semana ou, pior ainda, pareça um chato. Wendy foi para a sessão de coaching ansiosa para falar sobre seus objetivos alimentares, porque ela fez um grande avanço em sua compreensão do que a levava a lanchar à tarde. Ela ficou desapontada porque Carl nem sequer perguntou sobre esses objetivos hoje, porque ela não tem mais ninguém em sua vida com quem possa explorar esse tipo de assunto. "Espero que Carl não esteja ficando entediado comigo, já que estou trabalhando no mesmo objetivo alimentar há várias semanas", ela receia.

Referências bibliográficas

Baumeister, R., & Leary, M. R. (1995). The need to belong: Desire for interpersonal attachments as a fundamental human motivation, *Psychological Bulletin, 117*(3), 497–529.

Buck, D. (2004). The language of coaching. In *So just what is coaching, anyway?*

Retrieved October 16, 2008 from http://www.lazarconsulting.com/resources.interview.042805.html

De Haan, E. (2008). *Relational coaching.* West Sussex, England: John Wiley & Sons.

Dotlich, D., & Cairo, P. (1999). *Action coaching: How to leverage individual performance for company success.* San Francisco: Jossey-Bass.

Empathy. (n.d.). In *Merriam Webster's online dictionary* (11th ed.). Retrieved April 1, 2014 from http://www.merriam-webster.com/dictionary/empathy

Gallwey, W. T. (2000). *The inner game of work.* New York: Random House.

Hammerness, P., & Moore, M. (2012). *Organize your mind, organize your life.* New York: Harlequin.

International Association of Coaching. (2014). *Coaching masteries.* Retrieved March 25, 2014 from http://www.certifiedcoach.org/index.php/get_certified/the_iac_coaching_masteries_overview/

International Coach Federation. (2014). *Coaching competencies.* Retrieved March 25, 2014 from http://coachfederation.org/credential/landing.cfm? ItemNumber=2206&navItemNumber=576

Kabat-Zinn, J. (2005). *Coming to our senses: Healing ourselves and the world through mindfulness.* New York: Hyperion.

Norcross, J., & Lambert, M. (2010). Evidence-based therapy relationships. In J. Norcross (Ed.), *Evidence-based therapy relationships* (pp. 1–4). Rockville, MD: Substance Abuse and Mental Health Services Administration.

Perry, J. (2005). *The fan club game: Tap your most powerful resource; enjoy a full-filling practice.* Laguna Hills, CA: CreativeU Publishing.

Pity. (n.d.). In *Merriam Webster's online dictionary.* Retrieved April 1, 2014 from http://www.merriam-webster.com/dictionary/pity

Rogers, C. R. (1995). *On becoming a person: A therapist's view of psychotherapy.* New York: Houghton Mifflin.

Ryan, R., Patrick, H., Deci, E., & Williams, G. (2008). Facilitating health behaviour change and its maintenance: Interventions based on self-determination theory. *The European Health Psychologist,* 10, 2–5.

Silsbee, D. (2008). *Presence-based coaching.* San Francisco: Jossey-Bass.

Stevens, N. (2005). *Learn to coach: The skills you need to coach for personal and professional development.* Oxford, United Kingdom: How To Books.

Sympathy. (n.d.). In *Merriam Webster's online dictionary* (11th ed.). Retrieved April 1, 2014 from http://www.merriam-webster.com/dictionary/sympathy

Tschannen-Moran, M. (2004). *Trust matters: Leadership for successful schools.* San Francisco: Jossey-Bass.

U.S. Department of Health and Human Services. (n.d.). *Health information privacy.* Retrieved April 1, 2014 from http://www.hhs.gov/ocr/privacy/hipaa/understanding/coveredentities/index.html

Wolever, R., Simmons, L., Sforzo, G., Dill, D., Kaye, M., Bechard, E., . . . Yang, N. (2013). A systematic review of the literature on health and wellness coaching: Defining a key behavioral intervention in healthcare. *Global Advances in Health and Medicine,* 2(4), 38–57.

Zeus, P., & Skiffington, S. (2000). *The complete guide to coaching at work.* New York: McGraw-Hill.

Capítulo 3

Presença Coaching

"A presença é mais do que apenas estar lá."

MALCOLM FORBES

OBJETIVOS

Depois de ler este capítulo, você será capaz de:

- Definir a presença coaching
- Distinguir entre as habilidades de "fazer" e "ser" de coaching
- Descrever os pontos fortes do caráter e seu papel no coaching
- Discutir as escolhas, estruturas e práticas que apoiam o coaching habilidoso.

Definição da presença coaching

Tim Gallwey (2000) define coaching como "a arte de criar um ambiente, por meio de conversação e de um modo de ser, que facilita o processo pelo qual a pessoa pode avançar rumo às metas desejadas de maneira satisfatória". Gallwey prossegue observando que isso "requer um ingrediente essencial que não pode ser ensinado: cuidar não apenas dos resultados externos, mas também da pessoa que está sendo treinada" (p. 177).

Essa definição destaca que o coaching apoia o crescimento e a mudança do cliente não apenas pelo que os coaches fazem (eles têm conversas com os clientes), mas também por quem os coaches são (uma forma de estar com as pessoas). O coaching se preocupa não apenas com os resultados, mas também com a pessoa que busca alcançá-los. Ambos sempre andam de mãos dadas. A *presença coaching*, portanto, é uma forma de estar com os clientes (plenamente atento, empático, caloroso, calmo, entusiasmado, divertido e corajoso) que facilita o crescimento e a mudança por meio da conexão. A falta da presença completa de coaching junto aos clientes prejudica o impacto das sessões de coaching. Se a parceria com o cliente não for bem-sucedida, isso poderá ter menos a ver com as técnicas do que com a natureza da presença do coach.

A International Coaching Federation (ICF) também reconhece a presença coaching como uma competência central de coaching: é a "capacidade de estar totalmente consciente e de criar um relacionamento espontâneo com o cliente, empregando um estilo aberto, flexível e confiante". Para tanto, a ICF indica que o coach profissional precisa:

- Estar presente e flexível durante o processo de coaching, dançando conforme a música no momento
- Acessar a intuição da pessoa e confiar no conhecimento interior da pessoa: "seguir o instinto"
- Estar aberto a não saber e a assumir riscos
- Ver muitas maneiras de trabalhar com o cliente e escolher a que for mais eficaz no momento
- Usar o humor de forma eficaz para criar leveza e energia
- Mudar perspectivas com confiança e experimentar novas possibilidades para ações próprias
- Demonstrar confiança ao trabalhar com emoções fortes, conseguir se autogerir e não ser dominado ou enredado pelas emoções dos clientes.

É por isso que é tão importante que os coaches desenvolvam suas próprias estruturas fortalecedoras ou princípios filosóficos em seu trabalho com os clientes. Thomas Leonard (2002), fundador do movimento de coaching de vida moderno, ficou famoso por sugerir as seguintes noções:

1. Tudo tem solução ou não tem.
2. O risco é sempre redutível.
3. Em geral, existe maneira melhor.
4. O sucesso é um subproduto.
5. As emoções são os nossos mestres.
6. Pressentimentos são inteligência superior.
7. A resposta não está em lugar nenhum.
8. A autoconfiança pode ser arranjada.
9. Os problemas são oportunidades imediatas.
10. As pessoas estão fazendo o melhor que podem, mesmo quando não parecem.

Estruturas nas quais os coaches se apoiam capacitam os clientes em movimento, crescimento e conexão. Elas sustentam o que é descrito como a "qualidade de presença" que leva a relacionamentos "que promovem o crescimento" ou "que melhoram o crescimento" (Jordan et al., 2004). Os clientes aprendem e crescem não apenas por causa daquilo que os coaches fazem, mas também por causa de quem os coaches estão sendo.

Habilidades de ser

A presença coaching é desenvolvida por meio da prática do uso de qualidades relacionais chamadas "habilidades de ser", as quais são as habilidades que os coaches usam na construção de relações que promovem crescimento e também que representam o modo de ser do coach quando ele (ou ela) está sendo mais autêntico(a).

Quando os coaches cultivam uma forte presença coaching, baseada em habilidades, apresentam uma energia calma e confiante que é irradiada para os clientes. "Não faça nada, apenas fique ali!" é um ditado budista que expressa esse entendimento. Ao modelar as habilidades de ser e a confiança do coach na capacidade do cliente de ter sucesso, o coach passa da competência de coaching para o domínio de coaching. A energia do domínio infunde nos clientes a autoeficácia de que eles precisam para avançarem com sucesso com sua visão e suas metas.

Essas habilidades incluem qualidades críticas como mindfulness, empatia, calor, afirmação, calma, entusiasmo, ludicidade, coragem e autenticidade. Descrevemos essas qualidades de ser como "habilidades" porque podem ser escolhidas, valorizadas e fortalecidas no decorrer do desenvolvimento profissional do coach (Figura 3.1).

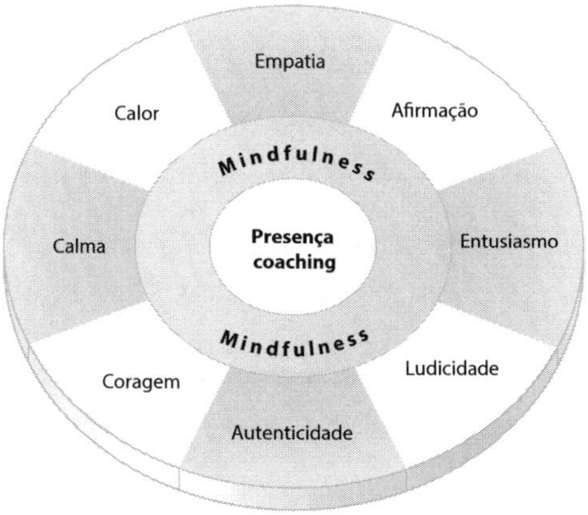

Figura 3.1 Ilustração de como as habilidades de "ser" da presença coaching se relacionam entre si. Em torno do cerne da presença coaching está o mindfulness, que determina como o coach se apresenta para fazer o coaching e como as outras habilidades são engajadas. Em torno do perímetro, as habilidades de ser estão dispostas de forma a mostrar as conexões, bem como as distinções entre elas.

Mindfulness

O coaching habilidoso requer mindfulness ou a consciência sem julgamento do que está acontecendo no momento presente. "Quando alguém está em atenção plena, está ativamente engajado no presente e sensível tanto ao contexto quanto à perspectiva. A condição de presença (atenção plena) é, ao mesmo tempo, o resultado e a causa contínua de perceber ativamente coisas novas" (Langer e Carson, 2006).

Estar totalmente consciente e desperto dessa forma é pré-requisito para tudo o que o coach faz. Se o coach não estiver atento, ele (ou ela) não será suficientemente habilidoso(a) para ajudar os clientes a se engajarem em um relacionamento coach-cliente profundo que lhes permitirá alcançarem suas visões e suas metas. É tarefa do coach prestar total atenção enquanto suspende o julgamento e usa empatia, investigação e reflexões. Neste sentido, o mindfulness requer dois componentes: autorregulação para prestar atenção no momento e postura de curiosidade, abertura e aceitação.

Um bom ponto de partida para desenvolver o mindfulness é começar a sintonizar os sinais enviados pelo nosso corpo, que trabalham incessantemente para chamar a nossa atenção. Emoções negativas e sensações físicas indicam que algumas de nossas necessidades não estão sendo atendidas, enquanto emoções positivas e sensações físicas são sinais de que estão.

A inteligência corporal consiste em ter consciência, conhecimento e engajamento em hábitos de saúde que geram energia física e prosperidade (Gavin e Moore, 2010). Para desenvolver tanto a inteligência emocional quanto corporal e aumentar o mindfulness, alguém pode mover a atenção consciente para um "conjunto cerebral" que a psicóloga Shelley Carson, de Harvard, chama de estado cerebral de "consciência aberta" (Figura 3.2).

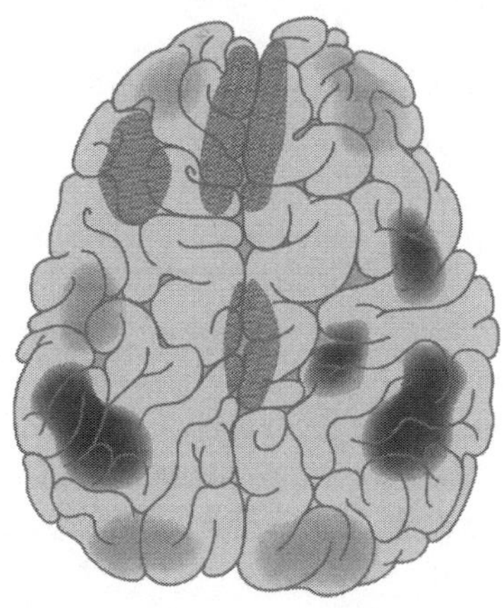

Figura 3.2 Observe que o córtex pré-frontal está em *cinza-médio pontilhado*, o que significa que sua atividade é baixa. Nesse estado, o cérebro não está pensando, analisando ou planejando; em vez disso, a atenção se move profundamente e volta para as regiões sensoriais, ou de "experiência", do cérebro. Dentro da conversa de coaching, esse estado de experiência leva ao engajamento significativo e conectado com o cliente. (Fonte: www.organizeyourmind.com.)

Embora não exista um único ponto forte identificado como mindfulness pelo Questionário de Forças de Assinatura de Valores em Ação (VIA, do inglês *Values-in-Action*), um estudo descobriu que os seguintes pontos fortes, em ordem decrescente de correlação, têm uma relação positiva significativa com o mindfulness: autorregulação, bravura, integridade, perspectiva, cidadania e inteligência social (Silberman, 2007). Essas correlações sugerem linhas intrigantes de pesquisa e desenvolvimento. Por exemplo, Silberman discute maneiras pelas quais o mindfulness pode "cultivar vários pontos fortes simultaneamente", talvez por sua capacidade de acalmar a "conversa mental".

Empatia

No contexto de coaching, a empatia é definida como a compreensão respeitosa da experiência de outra pessoa, inclusive seus sentimentos, necessidades e desejos. É a dinâmica relacional central que leva ao movimento e ao crescimento no coaching. O coach empático entende e se conecta com os clientes sem compartilhar as experiências, ficar fisgado ou ser sequestrado por emoções que emergem de dentro ou a partir do cliente.

Assim como o mindfulness, a empatia permite ao coach suspender todos os julgamentos, análises, sugestões, histórias ou motivações para consertar os fatos em favor de se conectar e compreender o que está vivo e surgindo para outro ser humano no momento presente. Alguém empático é:

- Curioso sem ser exigente
- Interessado sem ser intrusivo
- Compassivo sem ser condescendente
- Persistente sem ser impaciente.

A empatia busca apenas compreender e valorizar a experiência da outra pessoa com respeito e compaixão. É a intenção de "chegar" aonde o outro está vindo e nada mais (Jordan et al., 2004). Quando o cliente percebe que seus sentimentos e necessidades são importantes e que está sendo ouvido e levado a sério pelo coach, cria-se uma zona de novas possibilidades. Dá trabalho nutrir e manter essa intenção. No interesse de serem úteis, os coaches são especialmente propensos a aconselhar, educar, consolar, tranquilizar, explicar, corrigir e resolver problemas. Embora tais comportamentos possam, por vezes, ser apropriados e úteis nas conversas de coaching, eles interferem e não se alinham com a postura de empatia.

CASO DE COACHING

Em que cenário você acha que Wendy recebeu empatia?

Cenário 1

Wendy Well: Estou com muita raiva! O meu chefe me disse que eu tenho que trabalhar em um turno de 10 horas esta semana, o que significa que não posso fazer a minha caminhada noturna e que não vou conseguir comer de forma saudável.

Coach Carl: Bem, certamente existe uma maneira de você atingir as suas metas. Não desista agora; você trabalhou tanto e teve tanto sucesso! Você não pode ter a atitude de tudo ou nada. Que tal caminhar pela manhã?

Cenário 2

Wendy Well: Estou com muita raiva! O meu chefe me disse que eu tenho que trabalhar em um turno de 10 horas esta semana, o que significa que não posso fazer a minha caminhada noturna e que não vou conseguir comer de forma saudável.

Coach Carl: Você está com raiva e desapontada porque está muito orgulhosa de si mesma a por ser consistente com os seus planos de exercícios e alimentação. Você está frustrada porque está com dificuldade de pensar em estratégias para manter isso quando a sua programação muda. O que mais você está sentindo?

Por último, a empatia é boa para o coach e para o cliente. Cultivar intencionalmente a atenção sem julgamento leva à conexão, o que leva à autorregulação e, em última análise, a maiores ordem e saúde (Shapiro et al., 2006).

Calor

Existe uma relação recíproca entre calor e empatia. Sem calor, todas as tentativas de empatia falharão. Isso porque a empatia requer o desejo sincero e de coração de se conectar com outro ser humano. Expressões obrigatórias de empatia serão reveladas como inautênticas. Da mesma forma, sem empatia, todas as tentativas de calor falharão. Isso porque o calor requer a consciência do que os outros estão sentindo e necessitando no momento presente.

O calor vem daquilo que os psicólogos chamam de "consideração positiva". Ele tem o poder de abrir os clientes, assim como a luz do sol tem o poder de abrir as flores. Falta ou excesso de calor, porém, pode angustiar os clientes, assim como pouco ou muito sol pode danificar as flores. O calor deve ser adaptado adequadamente para cada situação. O segredo é irradiar a quantidade certa de calor da maneira certa, para que os nossos clientes se aqueçam e o processo de coaching fique energizado.

O calor gera engajamento total. É a qualidade de ser contagiante que anima conversas, relacionamentos e circunstâncias.

Quando o coach e o cliente se aproximam, suas energias se elevam, ideias são geradas, luzes acendem e novas possibilidades são criadas. Quando o coach expressa carinho genuíno para com o cliente, ele atende à necessidade profundamente enraizada de conexão, a serviço da autodeterminação.

Afirmação

Quando o coach distribui o dom da afirmação, ele transmite aceitação e apreciação dos pensamentos, sentimentos e escolhas do cliente. Isso não é o mesmo que afiliação, que implica alinhamento e concordância com os pensamentos, sentimentos e escolhas do cliente. Os coaches habilidosos estendem a afirmação infalível a si mesmos e aos outros, pois saem de uma estrutura que reconhece a perfeição em todas as situações. Como diria um biólogo, "cada célula está fazendo o melhor que pode com os recursos que tem".

Como toda e qualquer situação pode ser perfeita, mesmo quando, obviamente, não é? Cada um pode ser perfeito porque cada momento é o único que pode acontecer a qualquer momento. Não há como chegar a nenhum momento futuro senão por meio do momento presente. Nem há como o momento presente ser diferente do que é, dados todos os momentos passados. Afirmação e aceitação têm a ver com combinar mindfulness e empatia. Se vemos todas as situações tão perfeitamente projetadas para o nosso próprio movimento e crescimento, então poderemos abraçar cada situação de onde ela vem e para onde nos leva. Viver plenamente no momento presente torna a perfeição fácil de afirmar.

Essa é a postura que os coaches habilidosos geralmente assumem na vida, principalmente com seus clientes. Eles não menosprezam a si mesmos nem aos outros. Em vez disso, provêm continuamente da estrutura transacional do "Estou OK, você está OK" (Harris, 2004). A noção de que as coisas não estão bem é dissipada pelo reconhecimento de que todos os pensamentos, palavras e ações prejudiciais são expressões de necessidades não atendidas. Ao escutar as necessidades subjacentes aos pensamentos, às palavras e às ações, os coaches habilidosos podem permanecer infalivelmente afirmativos no relacionamento consigo mesmos e com os outros.

Tais perspectivas permitem que os coaches reformulem a energia negativa e as circunstâncias desafiadoras como oportunidades positivas de movimento e crescimento. Carol Kauffman, PhD, professora clínica assistente na Harvard Medical School, conta a história de uma jovem asiática com distúrbio alimentar que chegou a uma sessão sentindo-se deprimida. Ela contou que gastou 40 dólares em comida no almoço, que vomitou em um beco (e não foi a primeira vez que ela fez isso.) Quando levantou a cabeça, notou um morador de rua não muito longe, sentado no chão. Mortificada e totalmente envergonhada, ela pensou: "Meu Deus, essa pessoa não tem 40 dólares para gastar em comida, e veja o que eu acabei de fazer." Ao ouvir isso, a doutora Kauffman respondeu: "Todos nós temos um beco escuro. Aquele em particular é o seu, mas todos nós temos algum. Todos temos coisas em nossas vidas das quais nos envergonhamos. Você não está sozinha e nem é horrível. Você é humana."

Em vez de permitir que a cliente se afundasse em culpa e vergonha (na posição de "não estar OK"), a dra. Kauffman reformulou positivamente o incidente e validou sua cliente. Ampliar a afirmação infalível, independentemente da situação, significa ajudar os clientes a responderem às experiências da vida sem dramatizar. Até que possamos aceitar todas as situações como perfeitamente concebidas para o nosso próprio movimento e crescimento, não existe forma de sermos felizes e produtivos na vida.

Tomados em conjunto, empatia, calor e afirmação promovem uma importante qualidade necessária para o coaching habilidoso. Isso não acontece por meio de conselhos especializados, ensino, consolação, explicação ou correção. Acontece com presença e conexão.

Calma

A palavra "calma" vem de raízes gregas e latinas que se referem ao "calor escaldante" ou ao "calor do dia". Encontrar um lugar de descanso nesses contextos é a energia da calma, demonstrada e exercida pelos coaches habilidosos. É uma energia que vem da conexão e da confiança no desenrolar da vida, seja no nível mais pessoal ou universal.

"A minha certeza é maior que a sua dúvida", diz Dave Buck, de CoachVille. Essa ideia representa não apenas uma abordagem que os coaches habilidosos adotam com os clientes, mas também a forma de estarem no mundo. A energia calma no fogo é a força que vem de saber que nunca é tarde para fazer a diferença. É isso que permite que os socorristas lidem com as emergências de maneira eficaz. Em vez de se dissolverem no meio do caos e da angústia, eles mantêm a perspectiva e o equilíbrio no momento.

Coaches com energia calma são capazes de dar um passo atrás e observar o frenesi emocional em si mesmos e em seus clientes, criando alguns graus de liberdade em relação aos gatilhos automáticos, o que lhes permite evitarem respostas automáticas como medo e ansiedade; em vez disso, percebem a emoção, estão presentes e fazem a escolha sobre a resposta (Shapiro et al., 2006).

Os coaches habilidosos fazem o mesmo em suas vidas e no trabalho. Eles deixam de lado as vozes interiores, as negativas que interferem na sensação de paz com eles mesmos, com o mundo e com o trabalho. No início de cada dia, antes de cada sessão de coaching e em muitos outros momentos da vida, eles reivindicam a energia calma para fazerem a diferença e talvez até para gerarem avanço. Eles acreditam e têm confiança em quem são e no que fazem. Ao estarem presentes e abertos ao desenrolar das coisas que estão por vir, eles agregam significado, propósito e valor. Não é necessariamente fácil, mas é possível de ser feito.

Entusiasmo

Esta energia é diferente da energia da calma. É, por natureza, otimista e esperançosa. Antecipa o melhor e, como resultado, muitas vezes, gera o melhor. É semelhante à energia da infância, quando a criança está antevendo alguma atividade ou ocasião especial (como ir ao zoológico ou viajar de avião), animada com energia e cheia de entusiasmo.

Em seu livro *The Art of Possibility*, Roz e Ben Zander (2002) escrevem a respeito da importância do "brilho nos olhos" na determinação do nível de engajamento das pessoas. O entusiasmo é visto e sentido em olhos brilhando e sorrisos brilhantes. Apesar dos desafios óbvios da vida, os coaches habilidosos irradiam entusiasmo de maneira a gerar conversas para mudanças. É quase impossível coaches cheios de entusiasmo não infundirem essa energia nas sessões de coaching.

Pode não ser possível irradiar energia estimulante a cada minuto de cada dia, mas os coaches habilidosos fazem isso com mais frequência. É o que torna a prática de coaching bem-sucedida! As pessoas querem se aproximar e aproveitar a energia atrativa do entusiasmo. É reforço próprio e em espiral ascendente. O entusiasmo apoia a resiliência e a autoeficácia a serviço dos resultados de coaching.

Uma estratégia simples para aumentar o entusiasmo sem mudança total na vida é cultivar a gratidão. Perceber, lembrar e celebrar os fatos bons que acontecem são antídotos poderosos para a pátina das coisas ruins que tende a se acumular com o tempo. Ao compreender isso, os coaches habilidosos alimentam sua própria atitude de gratidão por meio de práticas diárias positivas que constroem felicidade, equilíbrio e autoestima.

Assim como existe a relação recíproca entre dar e receber empatia, também existe a relação entre dar e receber entusiasmo. Quanto mais coisas os coaches fizerem para preencher suas próprias vidas com entusiasmo, mais entusiasmo eles terão para compartilhar com os outros. Essa é uma área em que o autocuidado se traduz clara e diretamente na eficácia de coaching. Não é possível o coach treinar com maestria quando está sobrecarregado, cansado, estressado, esgotado ou desesperado. Sem as ações que fazem a vida valer a pena, inclusive ter tempo adequado para descanso e recuperação, é difícil, se não impossível, partilhar energia estimulante com outras pessoas.

Ludicidade

Assim como empatia, calor e afirmação andam juntas, o mesmo acontece com a ludicidade e o entusiasmo. Podem ser energias distintas, mas, mesmo assim, se apoiam mutuamente. Na verdade, é impossível manter o entusiasmo sem a ludicidade. A ludicidade acende nossa energia e engajamento com a vida.

Assim como a ludicidade está subjacente ao entusiasmo, o humor e a curiosidade estão subjacentes à ludicidade. Sem a capacidade de rir, especialmente diante das ironias, incongruências e adversidades da vida, raramente encontraríamos energia para brincar. As crianças riem centenas de vezes por dia; os adultos mais velhos, em média, cerca de 17 vezes por dia. Os coaches habilidosos e outros adultos saudáveis sabem rir e se divertir (Balick e Lee, 2003; Wooten, 1996).

Talvez seja por isso que os clubes do riso, que começaram na Índia, tenham se transformado em um movimento global. Esses grupos, que normalmente se reúnem pela manhã, passam por uma série de padrões de risadas que eventualmente dão lugar (depois do aquecimento inicial) a uma epidemia de risos, risadas e gargalhadas espontâneas. Os participantes relatam que se sentem revigorados, relaxados, revitalizados e rejuvenescidos pela experiência.

O coaching é algo sério, mas isso não significa que seja austero. A menos que nos comportemos e apareçamos com uma certa leveza de ser, os clientes temerão o coaching e não conseguirão seguir em frente como poderiam.

Coragem e autenticidade

Para muitos coaches, talvez a forma mais desafiadora de ser envolva coragem e autenticidade. A palavra "coragem" pode evocar imagens de julgamento, conflito e agressividade. No entanto, ser corajoso não significa ser ruim, cruel ou ameaçador. Trata-se de nomear o que está presente para despertar a consciência do cliente, criar conexão e gerar movimento.

Os coaches habilidosos que entendem a diferença entre ser gentil e autêntico são capazes de expressar com ousadia suas observações, sentimentos, necessidades e solicitações a serviço dos resultados do cliente. Eles têm um jeito genuíno de assumirem a responsabilidade e de tornarem as conversas reais. Em conjunto com todos os outros pontos fortes de coaching, os coaches habilidosos têm a capacidade de conversação destemida que sacode e agita as coisas sem ofender, violar, culpar, envergonhar ou humilhar alguém.

Abordar os clientes com coragem e autenticidade pode ser difícil e intimidante no início, mas, ao esclarecer o que "precisa ser dito", os coaches podem levar os clientes adiante de maneira dinâmica e poderosa. Isso porque a verdade é contagiante e ressonante. Desde que permaneçamos com observações precisas, livres de avaliações, e reflitamos honestamente o que estamos vivenciando e vendo, permitimos que nossos clientes ganhem honestamente uma nova consciência e compreensão de quem são e o que estão enfrentando. Como resultado, os clientes podem reunir coragem para atenderem mais plenamente às suas necessidades.

Guy Corneae expressa essa dinâmica na introdução de *Being Genuine: Stop Being Nice, Start Being Real* de Thomas d'Ansembourg (2007), um guia de comunicação para conversas corajosas e autênticas:

> Expressar a verdade respeitando os outros e respeitando a si mesmo... Essa é a jornada [que este livro nos convida a percorrer], ao sugerir que mergulhemos diretamente no âmago de como entramos em diálogo conosco mesmos e com os outros. Nele aprendemos a reprogramar o modo como nos expressamos. Feito isso, surge a alegria de estarmos mais perto dos outros e de nós mesmos. Existe a alegria de estarmos abertos aos outros. E, no cerne desse processo, existe a possibilidade de abrirmos mão das confusões familiares, até mesmo confortáveis, com as quais tantas vezes nos contentamos, em vez de termos acesso a um universo de escolha e liberdade (p. 1).

Essa é a chave para conversas autênticas e corajosas no coaching e na vida em geral. Ter coragem no coaching significa compartilhar o que está sendo percebido, sentido, necessitado e desejado. Muitas vezes, leva tempo para atingir esse nível mais profundo de conexão, mas vale a pena. Interações respeitosas e genuínas com nossos clientes podem provocar a mudança que eles buscam.

Transmissão da presença coaching

A presença coaching é transmitida de várias maneiras, inclusive pela escolha de palavras, o fraseado, o ritmo, a linguagem corporal, as expressões faciais e a entonação. Uma variedade de fatores se combina de diferentes maneiras para que cada coach torne o coaching eficaz. Os coaches habilidosos usam bem a voz, tanto no coaching presencial quanto por telefone. Às vezes, eles usam a voz para criarem animação com energia estimulante. Outras vezes, eles usam a voz para acalmarem a situação com energia calmante. De qualquer forma, a presença coaching é transmitida quando a voz é usada da maneira certa, no momento certo.

O silêncio também é parte importante da presença coaching. Transmite conforto, respeito e amplitude para a experiência do cliente. Sentimentos, necessidades e desejos podem demorar um pouco para virem à tona e se tornarem claros. Quando os coaches se sentem confortáveis com o silêncio, a presença dele se torna mais evocativa.

Uma característica universal da presença coaching é a dança entre a atenção e a intenção no momento presente. Embora a presença coaching possa parecer graciosa e até mesmo fácil nas mãos do coach habilidoso, isso jamais acontece por acidente. São necessárias uma intenção clara e muita prática. Quanto mais coaching tivermos em nosso currículo, mais forte será a nossa presença.

Nada disso funciona a menos que os coaches estejam prontos, dispostos e capazes de se engajar. Quando os coaches estão exaustos, suas forças os abandonam. Quando os coaches estão descansados, todos os pontos fortes entram em jogo. Prestar atenção ao ritmo de trabalho e descanso, de saída e entrada de energia, é parte essencial da autogestão para transmitir presença coaching.

Um fator-chave a considerar é o fluxo de energia no campo entre coaches e clientes. Quando a presença é transmitida de forma artística, coaches e clientes se aproximam com total engajamento. Essa inclinação pode ser vista nos olhos e ouvida na voz, pois um fator leva espontaneamente a outro. Se um ou outro estiver se inclinando ou se afastando, algo não está funcionando. É hora de o coach tentar uma abordagem diferente.

Presença coaching como sinfonia de forças

Os coaches trazem sua presença única para os relacionamentos e as conversas de coaching. Como não existem dois coaches exatamente iguais, não existem dois coaches que tenham vindo exatamente das mesmas estruturas ou que usem as habilidades básicas de coaching exatamente da mesma maneira. Quem o coach é vai influenciar e, em muitos aspectos, determinar como ele (ou ela) se conecta, como se movimenta com os clientes e como dança intuitivamente, gerando novas possibilidades e impulso para a frente.

Um jeito de pensar a presença é como a expressão de uma sinfonia única de talentos e forças de caráter, que são as aptidões ou capacidades que os coaches mais valorizam e utilizam com maior habilidade. Em vários estudos, a investigação mostrou uma relação direta entre o engajamento das forças de caráter de uma pessoa e sua eficácia, bem como felicidade, tanto na vida como no trabalho. Isso é verdade tanto para os coaches quanto para qualquer outra pessoa. Quanto mais o coach usar e abusar de seus próprios pontos fortes, mais poderoso e eficaz será o coaching. Isso não quer dizer que os pontos fortes sejam os únicos fatores que geram a presença coaching. No entanto, na fase inicial da evolução como coach, é comum a pessoa se sentir sobrecarregada com o tanto que há para aprender e praticar. É vital que os novos coaches descubram ou se reconectem com os pontos fortes pessoais e os utilizem para promoverem sua presença como coaches.

Para engajar plenamente os nossos talentos e as forças de caráter, é útil saber quais eles são. Uma das contribuições mais significativas da Psicologia Positiva nos últimos 10 anos foi o desenvolvimento de esquemas de classificação para as forças humanas que são semelhantes tanto em forma como em função aos do *Manual Diagnóstico e Estatístico de Transtornos Mentais*, 5ª edição (DSM-5, do inglês *Diagnostic and Statistical Manual of Mental Disorders*). O que o DSM-5 representa para as doenças mentais, os modelos emergentes de pontos fortes, talentos e virtudes são para o bem-estar mental e emocional. Um modelo de pontos fortes é o StrengthsFinder, um modelo popular nos locais de trabalho desenvolvido pela organização Gallup (Rath, 2007).

Peterson e Seligman (2004) desenvolveram um modelo diferente, identificando 24 pontos fortes de caráter, agrupados em seis grandes categorias chamadas virtudes que emergem consistentemente ao longo da história e da cultura. As virtudes são sabedoria, coragem, humanidade, justiça, temperança e transcendência. Uma pesquisa online gratuita conhecida como VIA Signature Strengths Questionnaire gera um relatório que identifica as forças de caráter de uma pessoa em ordem de classificação (de 1 a 24). Os cinco principais pontos fortes são chamados de "força de caráter", que interagem entre si e influenciam principalmente a presença da pessoa no mundo.

A seguir, resumimos e organizamos as 24 forças de caráter (Peterson e Seligman, 2004), acrescentando as perspectivas de coaching. Todos os pontos fortes e as perspectivas de coaching são valiosos, e não existe nenhuma combinação "certa" das forças de caráter quando se trata do coaching habilidoso. Os pontos fortes e as perspectivas de coaching impactam todos os aspectos da presença e da prática, inclusive quem são os coaches, como se apresentam no coaching, quem atraem como clientes e como facilitam o movimento e o crescimento dos clientes.

Sabedoria e conhecimento

Forças cognitivas que implicam a aquisição e o uso de conhecimento.

1. Criatividade (originalidade, engenhosidade). Pensar em maneiras novas e produtivas de fazer algo; inclui realização artística, mas não se limita a ela.

Perspectiva de coaching: "Adoro pensar fora da caixa com os meus clientes, gerando maneiras novas e produtivas, e até mesmo divertidas, de fazermos algo."

2. Curiosidade (interesse, busca por novidades, abertura à experiência). Interessar-se por toda a experiência contínua por si só; achar assuntos e tópicos fascinantes; exploração e descoberta.

Perspectiva de coaching: "Adoro explorar todas as facetas de uma situação, especialmente as melhores situações que elas têm a oferecer, para ampliar e desenvolver os pontos fortes do cliente."

3. Mente aberta (julgamento, pensamento crítico). Pensar nos fatos e examiná-los de todos os lados; não tirar conclusões precipitadas; ser capaz de mudar de ideia à luz das evidências; pesar todas as evidências de forma justa.

Perspectiva de coaching: "Em vez de tirar conclusões precipitadas, adoro pensar nos fatos, adotar perspectivas diferentes com os meus clientes, examinando-os de todos os lados, sem urgência."

4. Amor pelo aprendizado. Dominar novas habilidades, tópicos e corpos de conhecimento, seja por conta própria ou formalmente; obviamente relacionados à força da curiosidade, mas indo além dela para descrever a tendência de acrescentar sistematicamente ao que se sabe.

Perspectiva de coaching: "Adoro aprender coisas novas e ajudar os meus clientes a aprenderem algo novo, aproveitando o que sabemos agora para dominar habilidades, tópicos e corpos de conhecimento desconhecidos no futuro."

5. Perspectiva (sabedoria). Ser capaz de fornecer conselhos sábios a outras pessoas; ter formas de ver o mundo que façam sentido para si e para as outras pessoas.

Perspectiva de coaching: "Adoro dar sentido à experiência, tanto para mim quanto para os meus clientes, de maneira significativa e proposital."

Coragem

Forças emocionais que envolvem o exercício da vontade para cumprir metas diante de oposição, externa ou interna.

6. Bravura (valor). Não recuar diante de ameaças, desafios, dificuldades ou dor; defender o que é certo, mesmo que haja oposição; agir com base em convicções, mesmo que impopulares; inclui bravura física, mas não se limita a ela.

Perspectiva de coaching: "Estou disposto a falar a verdade com amor, levando meus clientes a assumirem responsabilidades, mesmo quando isso possa ser desconfortável."

7. Persistência (perseverança, diligência). Terminar o que se começa; persistir no curso de ação apesar dos obstáculos; "entregar"; ter prazer em completar tarefas.

Perspectiva de coaching: "Fico com os meus clientes até terminarmos o trabalho. Nada é impossível; algumas coisas demoram um pouco mais."

8. Integridade (autenticidade, honestidade). Falar a verdade e de forma mais ampla, apresentar-se de forma genuína; não ser pretensioso; assumir a responsabilidade pelos próprios sentimentos e ações.

Perspectiva de coaching: "Procuro ser genuíno em todas as minhas comunicações com os clientes, especialmente quando sinto que podem existir sentimentos, necessidades e desejos abaixo da superfície que desejam ser expressos."

9. Vitalidade (entusiasmo, ânimo, vigor, energia). Abordar a vida com entusiasmo e energia; não fazer algo pela metade, nem deixar no meio do caminho; viver a vida como uma aventura; sentir-se vivo e ativado.

Perspectiva de coaching: "Amo a vida e faço tudo, inclusive coaching, com entusiasmo e energia. A vida é uma aventura que procuro viver e compartilhar com total engajamento. As pessoas acham isso contagiante."

Humanidade

Pontos fortes interpessoais que envolvem cuidar e apoiar os outros.

10. Amor. Valorizar as relações próximas com os outros, em particular aquelas em que a partilha e o cuidado são retribuídos; estar perto das pessoas.

Perspectiva de coaching: "Adoro me sentir próximo das pessoas e ter relacionamentos de apoio mútuo. O calor é uma assinatura do meu estilo de coaching."

11. Bondade (generosidade, carinho, cuidado, compaixão, amor altruísta, "bondade"). Fazer favores e boas ações aos outros; ajudá-los; cuidar deles.

Perspectiva de coaching: "Adoro ajudar as pessoas e fazer algo bom por elas. Costumo entrar em contato com os meus clientes de maneiras especiais e afetuosas que tocam o coração."

12. Inteligência social (inteligência emocional, inteligência pessoal). Estar ciente dos motivos e sentimentos das outras pessoas e de si mesmo; saber o que fazer para se encaixar em diferentes situações sociais; saber o que motiva as outras pessoas.

Perspectiva de coaching: "Posso compreender e navegar facilmente pelos sentimentos, necessidades e desejos das pessoas (inclusive aqueles que estão abaixo da superfície). As pessoas dizem que eu 'me conecto com respeito': essa é a marca registrada do meu coaching."

Justiça

Pontos fortes cívicos que fundamentam a vida comunitária saudável.

13. Cidadania (responsabilidade social, lealdade, trabalho em equipe). Trabalhar bem como membro de um grupo ou de uma equipe; ser leal ao grupo; fazer a sua parte.

Perspectiva de coaching: "Os meus clientes sempre estão em primeiro lugar e pensam em mim como parte de sua equipe. Adoro ser parceiro na facilitação do crescimento."

14. Equidade. Tratar todas as pessoas da mesma forma, de acordo com noções de igualdade e justiça; não permitir que sentimentos pessoais influenciem as decisões sobre os outros; dar a todos uma chance justa.

Perspectiva de coaching: "Não é a minha agenda, mas a agenda do meu cliente, que conta. Eu deixo as minhas opiniões pessoais de fora da equação enquanto procuro modelar a equidade em todas as minhas negociações."

15. Liderança. Encorajar um grupo, do qual se faz parte, a realizar tarefas e, ao mesmo tempo, manter boas relações dentro do grupo; organizar atividades em grupo e ver que elas acontecem.

Perspectiva de coaching: "O meu modelo é ser o líder no trabalho e minha vida pessoal, e eu demonstro a minha liderança aos meus clientes, incentivando-os e apoiando-os a serem líderes em suas vidas."

Temperança

Pontos fortes que protegem contra o excesso.

16. Perdão e misericórdia. Perdoar aqueles que erraram; dar às pessoas uma segunda chance; não ser vingativo.

Perspectiva de coaching: "Aceito os meus clientes exatamente onde eles estão e do jeito que são. Jamais julgo e jamais sugiro que meu cliente esteja errado; em vez disso, exploro e aprecio a lição em todas as situações."

17. Humildade/modéstia. Deixar que as próprias realizações falem por si; não buscar os holofotes.

Perspectiva de coaching: "Embora eu 'faça o que falo' quando se trata do meu próprio caminho de desenvolvimento, jamais chamo atenção para mim mesmo ou me coloco no pedestal. Somos todos aprendizes no meu livro."

18. Prudência. Ter cuidado com as próprias escolhas; não assumir riscos indevidos; não dizer ou fazer algo que, mais tarde, possa ser lamentado.

Perspectiva de coaching: "Adoro desenhar estratégias viáveis com os clientes. Quero que os meus clientes tenham sucesso, e isso exige o estabelecimento de metas específicas, mensuráveis, acionáveis, realistas e com cronograma."

19. Autorregulação (autocontrole). Regular o que se sente e faz; ser disciplinado; controlar os apetites e as emoções.

Perspectiva de coaching: "O silêncio é meu amigo. Adoro dedicar o meu tempo para refletir sobre os meus pensamentos e os meus sentimentos e, em seguida, dizer as palavras certas no momento certo para levar os meus clientes adiante. Também sou um modelo de autorregulação no meu bem-estar pessoal."

Transcendência

Pontos fortes que forjam conexões com o universo maior e fornecem significado e propósito.

20. Apreciação da beleza e excelência (admiração, encanto, elevação). Perceber e apreciar a beleza, a excelência e/ou o desempenho qualificado em todos os domínios da vida, da natureza à arte, à matemática e às ciências e à experiência cotidiana.

Perspectiva de coaching: "Meus clientes nunca param de me surpreender. Adoro reconhecer a beleza, a excelência e a habilidade deles. Não importa onde estejam na jornada, sempre existe algo para comemorar e saborear."

21. Gratidão. Estar atento e agradecido pelos acontecimentos bons; reservar um tempo para expressar agradecimentos.

Perspectiva de coaching: "Trago à vida uma 'atitude de gratidão' que os meus clientes geralmente adotam e passam a compartilhar. Que dádiva é estar vivo, trabalhar junto e aprender novas maneiras de vivenciar o bem-estar!"

22. Esperança (otimismo, mentalidade futura, orientação futura). Esperar o melhor no futuro e trabalhar para alcançá-lo; acreditar que um bom futuro é algo que pode ser realizado.

Perspectiva de coaching: "Eu sempre acredito na capacidade de o meu cliente se tornar o que ele tem de melhor. Eu sei que esse eu está nele, não importa o que aconteça, e adoro trazer isso à tona em toda sua plenitude."

23. Humor (ludicidade). Gostar de rir e provocar; levar sorrisos para as outras pessoas; ver o lado da luz; fazer (sem necessariamente contar) piadas.

Perspectiva de coaching: "Não faltam risadas quando se trata das minhas sessões de coaching. Adoro tornar o aprendizado divertido, agradável e significativo. Aprendemos até a rir dos nossos erros ao longo do caminho."

24. Espiritualidade (fé, propósito, religiosidade). Ter crenças coerentes sobre os propósitos e os significados mais elevados do universo; saber onde alguém se enquadra no esquema mais amplo; ter crenças sobre o sentido da vida que moldam a conduta e proporcionam conforto.

Perspectiva de coaching: "Vejo os meus clientes participando de uma narrativa muito maior que inclui os propósitos e os significados do universo. Adoro fazer essa conexão com os meus clientes e observar os mistérios se desenrolando."

Habilidades de ser vinculadas a pontos fortes

Quando o coach confia em seus pontos fortes, é mais fácil acessar as habilidades que sustentam o relacionamento coaching forte, conectado e autêntico. A boa notícia é que os pontos fortes e as habilidades estão conectados:

- *Mindfulness está relacionado a*: autorregulação, coragem, integridade, perspectiva, cidadania e inteligência social
- *Empatia está relacionada a*: inteligência social, autorregulação, amor, curiosidade, mente aberta, perspectiva, perdão e misericórdia e espiritualidade
- *Calor está relacionado a*: vitalidade, amor, inteligência social, bondade, gratidão, perdão e misericórdia e humildade/modéstia
- *Afirmação está relacionada a*: apreciação da beleza e excelência, gratidão, gentileza, esperança, criatividade e perspectiva
- *Calma está relacionada a*: espiritualidade, bravura, integridade, mente aberta, perspectiva, autorregulação e prudência
- *Entusiasmo está relacionado a*: vitalidade, humor, gratidão, curiosidade, amor pelo aprendizado, bravura, persistência e apreciação da beleza e da excelência
- *Ludicidade está relacionada a*: humor, curiosidade, criatividade, vitalidade, esperança, espiritualidade e perspectiva
- *Coragem e autenticidade estão relacionadas a*: integridade, bravura, inteligência social, imparcialidade e persistência.

Referências bibliográficas

Balick, M. J., & Lee, R. (2003). The role of laughter in traditional medicine and its relevance to the clinical setting: Healing with ha! *Alternative Therapies, 9*(4), 88–91.

d'Ansembourg, T. (2007). *Being genuine: Stop being nice, start being real.* Encinitas, CA: PuddleDancer Press.

Gallwey, W. T. (2000). *The inner game of work.* New York: Random House.

Gavin, J., & Moore, M. (2010). Body intelligence: A guide to self-attunement. *IDEA Fitness Journal, 7*(11), 42–49.

Harris, T. A. (2004). *I'm OK—you're OK.* New York: HarperCollins.

International Coach Federation. *Core competencies.* Retrieved March 25, 2014 from http://coachfederation.org/credential/landing.cfm?ItemNumber=2206&navItemNumber=576

Jordan, J. V., Walker, M., & Hartling, L. M. (Eds.). (2004). *The complexity of connection: Writings from the Stone Center's Jean Baker Miller Training Institute.* New York: The Guilford Press.

Langer, E., & Carson, S. (2006). Mindfulness and self-acceptance. *Journal of Rational-Emotive & Cognitive-Behavior Therapy, 24*(1), 29–43.

Leonard, T. (2002). *The fifteen frameworks: Hallmarks of the certified coach.* Retrieved November 1, 2008 from http://www.coachville.com/15frame.html

Peterson, C., & Seligman, M. E. P. (2004). *Character strengths and virtues: A handbook and classification.* New York: Oxford University Press.

Rath, T. (2007). *Strengths finder 2.0.* New York: Gallup Press.

Shapiro, S. L., Carlson, L., Astin, J., & Freedman, B. (2006). Mechanisms of mindfulness. *Journal of Clinical Psychology, 62*(3), 373–386.

Silberman, J. (2007). *Mindfulness and VIA signature strengths.* Retrieved April 26, 2015 from http://positivepsychologynews.com/news/jordan-silberman/20070327179

Wooten, P. (1996). Humor: An antidote for stress. *Holistic Nursing Practice, 10*(2), 49–56.

Zander, R. S., & Zander, B. (2002). *The art of possibility.* New York: Penguin Books.

Capítulo 4

Como Expressar Compaixão

"Se ao menos ouvíssemos com a mesma paixão que sentimos quando somos ouvidos."

HARRIET LERNER

OBJETIVOS

Depois de ler este capítulo, você será capaz de:

- Descrever o impacto das emoções negativas na aprendizagem cerebral
- Descrever como a compaixão apoia a autodeterminação
- Definir a empatia e discutir como ela se relaciona com a compaixão
- Descrever o protocolo de empatia chamado comunicação não violenta (CNV)
- Definir os quatro componentes principais da CNV: observações, sentimentos, necessidades e solicitações.

Como os coaches lidam com as emoções negativas do cliente

Os estados emocionais e o equilíbrio das emoções negativas e positivas têm enorme impacto na capacidade de aprendizagem do cérebro. Os coaches auxiliam os clientes no desenvolvimento de estados emocionais ideais para apoiar a aprendizagem. O primeiro passo em direção à "mente organizada" é domar a overdose de frenesi emocional negativo com a qual muitas pessoas lidam diariamente (Hammerness e Moore, 2012). As emoções negativas reduzem a capacidade de o cérebro aprender, adquirir novos conhecimentos e competências, prejudicando a função do córtex pré-frontal, prejudicando o acesso à memória de trabalho que é a matéria-prima da criatividade. Isso interfere na curiosidade, na agilidade cognitiva e no pensamento criativo e estratégico.

Um estudo sobre empatia médica (Hojat et al., 2011) concluiu que os pacientes cujos médicos têm pontuações de empatia elevadas eram significativamente mais propensos a terem um bom controle dos níveis de colesterol e de açúcar no sangue em comparação aos pacientes de médicos com pontuações de empatia baixas. A compaixão do coach dá uma contribuição importante para ajudar os clientes a lidarem com suas emoções negativas. A maioria das pessoas, especialmente aquelas com doenças crônicas e que se sentem mal com relação à sua contribuição pessoal no processo de doença, tem uma crítica interior vocal, uma voz que diz "Eu não consigo fazer isso", "Eu não sou suficientemente bom" e "Eu fracassei". A autocrítica é uma fonte poderosa de negatividade que esgota os recursos do cérebro, dificultando o avanço.

Quando os coaches irradiam calor, paciência e empatia, os clientes são mais capazes de deixar o passado para trás, de se aceitarem e de sentirem autocompaixão. Pode ser difícil para os profissionais de a saúde serem pacientes e empáticos quando as pessoas não fazem progressos e, no entanto, a aceitação e a empatia são essenciais quando os coaches precisam ajudar os clientes a afrouxarem o controle das emoções negativas e do diálogo interior.

Kristin Neff (2011), uma psicóloga que estuda autocompaixão e que iniciou um movimento de autocompaixão, estudou o valor da autocompaixão como método para processar bem as emoções negativas e o sofrimento. A autocompaixão pelas emoções negativas leva a uma motivação mais leve e suave que melhora a capacidade do cérebro de aprender e mudar. Infelizmente, o medo de falhar e de ser um fracasso não é uma fonte ideal de motivação. Em contraste, a fórmula da autocompaixão de Neff é um excelente guia para os coaches; ela começa com a aceitação consciente das emoções negativas, seguida pela conexão sincera com outras pessoas que compartilham emoções negativas semelhantes e, por fim, pela bondade consigo mesmo, talvez cruzando as mãos sobre a área do coração por um momento.

Goleman (2006) sugere que existem dois tipos de reações emocionais: a via secundária e a via elevada. As reações secundárias ocorrem automaticamente, do tipo como quando ouvimos um barulho repentino durante a noite e o nosso coração dá um salto. As reações elevadas ocorrem quando reavaliamos a situação, interrompendo a liberação adicional de hormônios do estresse, adrenalina e cortisol. A reavaliação acalma a amígdala hiperativa (a voz interior "ai, ui"). Quando reavaliamos os acontecimentos, é mais provável que nos lembremos do conteúdo desses acontecimentos. Quando conseguimos distinguir conscientemente o evento das nossas interpretações dele, estamos preparando o terreno para a reavaliação otimista. O processo de reavaliação é uma questão de tomar consciência de interpretações muitas vezes inconscientes, trazer filtros relevantes (valores, crenças, cultura) para a consciência e introduzir mudanças positivas nas nossas perspectivas.

A tarefa do coach é apoiar os clientes a tornarem a reavaliação um processo consciente e contínuo. As reavaliações otimistas são importantes na construção dos recursos internos do cliente. A reavaliação não consiste em suprimir emoções. De fato, a supressão leva a níveis mais elevados de emoções negativas e ao agravamento dos sintomas da doença. Também somos vulneráveis a erros e maus julgamentos quando a função cerebral é prejudicada pelo medo. A conversa de coaching pode trazer esse processo muitas vezes inconsciente para a mente consciente, em que pode ser nomeado e normalizado. Acalmar a amígdala nomeando a ameaça permite uma atividade mais construtiva na parte do cérebro que resolve problemas.

Fredrickson (2009) mostrou que as emoções positivas melhoram a atenção, a mente aberta, a criatividade e a capacidade de alcançarmos uma perspectiva estratégica. Além disso, quando somos capazes de atingir e manter uma relação entre as emoções positivas e as emoções negativas acima de

3:1, o nosso nível de resiliência aumenta para ativar a nossa capacidade de adaptação e mudança. As emoções positivas são vitais para o aprendizado do cérebro no momento e para o sucesso da mudança do cliente ao longo do tempo.

Em cada sessão de coaching, os coaches criam um oásis para os clientes, calmo, atento, positivo e sem distrações. Os coaches também ajudam os clientes a se tornarem mais autocompassivos em relação às suas emoções negativas e às críticas internas, e a desenvolverem o nível de emoções positivas necessário à curiosidade e à criatividade, levando a novos insights e possibilidades. Os coaches apoiam os clientes a aprenderem, a partir de seus experimentos comportamentais, a substituir por curiosidade a conversa interna negativa que pode advir da percepção do fracasso.

Como explorar a autoestima

A autoestima, a crença de que alguém tem valor e dignidade como pessoa, ou autorrespeito saudável, é uma necessidade básica importante do ser humano. Ela nos leva a estabelecer um padrão elevado para as nossas conquistas e, então, medir o nosso desempenho. Na dose certa e com voz positiva, é uma poderosa fonte de motivação produtiva, que nos estimula a alcançarmos grandes feitos. No entanto, se o desempenho ficar aquém do padrão interno, esse impulso pode se transformar em crítica interna e em uma fonte poderosa de emoções negativas. Como resultado, pode ter impacto negativo na capacidade de melhorar e manter o bem-estar.

Os benefícios da autoestima elevada (Baumeister et al., 2003) incluem:

- Facilitar maior resiliência por meio da persistência diante do desafio
- Estimular iniciativa
- Promover liderança, pois aqueles com estima maior estão mais dispostos a falar em situações de grupo
- Ter relação com os sentimentos de felicidade.

Pessoas com baixa autoestima são "mais propensas do que outras a adoecerem ou a sofrerem outros problemas físicos relacionados a eventos diários estressantes" (Baumeister et al., 2003, p. 27). Além disso, pessoas com baixa autoestima podem se beneficiar mais da terapia em vez do coaching, e o encaminhamento apropriado deve ser considerado.

No entanto, existe um movimento crescente de que o foco na promoção da autoestima elevada, amplamente enfatizado na cultura americana em meados do século XX, também não é de todo bom. A autoestima elevada também pode levar a mais resultados indesejáveis:

- Narcisismo acoplado à agressão
- Foco aumentado a respeito da comparação social
- Visão inflacionada de como os outros percebem a pessoa com autoestima elevada
- Disposição para ser mais crítico em relação aos outros
- Maior disposição para experimentar comportamentos de saúde potencialmente arriscados.

Quando a estima se baseia na comparação social, e não no verdadeiro sentido de valor, fica difícil evitar a mentalidade crítica, com a rotulação dos outros como "bons", "maus", "melhores" ou "piores". Além disso, à medida que os outros progridem, as metas do cliente precisariam mudar continuamente para acompanhar o aumento da concorrência. Quando a autoestima se baseia na comparação que o cliente faz de si mesmo com os outros no ambiente deles, suas metas são motivadas pelo sucesso (ou fracasso) dos outros e não pela própria motivação.

A autoestima contingente é vivenciada por pessoas preocupadas com questões de valor e estima e que veem seu valor como dependente de atingir certos padrões, de parecer de certas maneiras ou de alcançar certas metas (Ryan e Brown, 2003). Isso é especialmente prejudicial no contexto dos comportamentos e das metas de saúde e bem-estar se os clientes forem motivados por fatores externos, como o desejo de agradarem e parecerem dignos dos outros, em vez de experimentarem motivação autônoma.

Quando fatores externos são instigadores de mudança, juntamente com pensamentos como "Eu quero agradar você" ou "Eu vou ter problemas se não fizer isso", o aprendizado, a criatividade e o desempenho das tarefas diminuem. No coaching, se a autoestima do cliente depender da percepção do coach, dos elogios recebidos do coach e do sucesso de alguma meta, a pressão para atender às expectativas mina o sucesso e diminui o entusiasmo autêntico.

Autocompaixão: como sofrer de modo saudável e amenizar a autocrítica

Kristin Neff (2011) propõe que a autocompaixão inclui três elementos: bondade própria, senso de humanidade comum e mindfulness.

A bondade própria requer o reconhecimento de que a experiência humana inclui inevitavelmente sofrimento, dor de cabeça, constrangimento, decepção e fracasso. Quando alguém pratica a bondade consigo mesmo em meio a tais provações, escolhe ser gentil e misericordioso, em vez de raivoso e autocrítico. Essa gentileza pode precisar ser acompanhada pela disposição de ser vulnerável e de ser verdadeiramente visto, com imperfeições e tudo.

Brené Brown (2012) sugere que a vergonha é gerada por julgamentos severos e autocríticos e quase sempre é mantida escondida e secreta para ocultar a vulnerabilidade. Felizmente, o bom relacionamento coaching baseado na confiança e na autenticidade pode ajudar o cliente a estar mais disposto a vivenciar e compartilhar a vulnerabilidade seguida da bondade consigo mesmo.

Ter a sensação de que fazemos parte de uma experiência humana comum, em vez de nos sentirmos isolados e individualizados, também contribui para maior autocompaixão. Quando o cliente tem ciência de que provavelmente não está sozinho ao vivenciar tais sentimentos negativos, fica mais fácil aceitá-los.

Além disso, é importante reconhecer que a situação da pessoa é impactada tanto pelo ambiente quanto pela escolha individual. O contexto social e o ambiente (pessoas, lugares, situações) em que o cliente vive são igualmente importantes de abordar quando consideramos a mudança de comportamento e quando identificamos soluções para uma experiência de vida melhor.

A autocompaixão envolve abertura para se experimentar toda a gama das emoções humanas, para que elas sejam reconhecidas e honradas sem supressão, prevenção, exagero ou ruminação. A prática do mindfulness permite a abordagem observacional e sem julgamento dos pensamentos e dos sentimentos.

A autocompaixão leva à autodeterminação

Os benefícios da autocompaixão são numerosos, especialmente relacionados à necessidade de autodeterminação do cliente. Primeiro, experimentar a ligação com os outros, reconhecendo a interligação de toda a humanidade, apoia a necessidade mais básica do relacionamento. Quando os comportamentos são motivados pelo amor, e não pelo medo, é mais provável que os sentimentos de confiança e de segurança se instalem. O frenesi é domesticado, levando a um coração e a uma mente mais calmos. Quando o cliente está calmo, é mais capaz de fazer escolhas sábias e intencionais, informadas pela inteligência emocional. A autonomia é apoiada quando alguém é encorajado a ser reflexivo e a fazer escolhas alinhadas com seus valores, suas necessidades e suas motivações. Melhores escolhas comportamentais levam a maior probabilidade de sucesso ou domínio de experiências, o que fecha o círculo na construção da confiança ou do sentido de competência para a tarefa seguinte.

Comunicação não violenta: um modelo para expressar compaixão

Várias ferramentas úteis de apoio à compaixão, tanto para o cliente quanto para o coach, podem ser encontradas no trabalho da estrutura de comunicação não violenta, de Marshall Rosenberg. Desde os anos 1960, Rosenberg estudou e desenvolveu um método para expressar empatia, uma ferramenta crítica para se sentir compaixão. O método de Rosenberg, chamado CNV, leva um momento para ser aprendido e uma vida inteira para ser dominado (Rosenberg, 2005, 2006).

A conexão empática pode trazer os clientes à tona, ajudando-os a reconhecerem seus sentimentos e suas necessidades, levando a uma consciência mais profunda do cliente e a um relacionamento coaching mais conectado. Uma vez que isso é conseguido, não há limite para as ações construtivas que o cliente pode realizar e para as mudanças de comportamento que ele pode fazer.

Empatia

A empatia é a compreensão respeitosa da experiência de outra pessoa, inclusive seus sentimentos, suas necessidades e seus desejos. Não é um prelúdio ao trabalho de coaching: é o trabalho de coaching. A partir da compreensão respeitosa e apreciativa das experiências do cliente, o coach apoia o cliente na expansão de sua consciência, criando abertura e facilitando a mudança. Todos os relacionamentos coaching devem começar com a premissa de que a mudança é facilitada pelo espaço relacional calmo, seguro e livre de julgamentos, no qual as pessoas são livres para compartilharem honestamente seus pensamentos, seus sentimentos, suas necessidades e seus desejos, sem medo de julgamento, ridicularização ou pressão. Isso é especialmente verdadeiro quando os clientes enfrentam o conflito aparentemente insolúvel entre o que desejam e onde se encontram atualmente. Quanto mais o cliente se sentir "preso" e incapaz de se mover, mais importante será os coaches expressarem empatia e apreciarem o desconforto de ficar "em cima do muro".

Embora os coaches reconheçam amplamente a importância de criarem esse espaço relacional generativo com os clientes, por vezes, fica difícil manter uma postura calma, segura e livre de julgamento diante de comportamentos de risco para a saúde. Fica ainda mais difícil quando esses comportamentos persistem, apesar dos melhores esforços do coach de apoiar a autorresponsabilidade e a mudança de comportamento. Como coach, é tentador pressionar fortemente o cliente para que a mudança aconteça. É importante lembrar, no entanto, que isso pode, na verdade, interferir na empatia e provocar resistência à mudança.

Muitas vezes, as pessoas confundem a empatia com pena e simpatia. Compreender essa distinção é importante para que os coaches aprendam. No contexto do coaching, a simpatia significa a identificação com a experiência de alguém, principalmente no nível emocional. Simpatizar com alguém significa "Eu sinto a sua dor" ou "Eu compartilho a sua alegria". Simpatizar com alguém que se sente triste pode nos deixar tristes. O mesmo vale para todas as outras emoções, tanto positivas quanto negativas. Isso porque as emoções são contagiosas.

Embora esse "contágio emocional" seja uma dinâmica partilhada por todos os animais (De Waal, 2006) – a utilização de algumas dessas mesmas faculdades da empatia –, isso não envolve escutar com todo o ser. Na verdade, quase sempre a simpatia interfere na escuta, pois volta a nossa atenção mais para os nossos próprios sentimentos, necessidades e desejos do que para os do outro. O resultado pode ser ignorar as necessidades e os desejos dos clientes. É por isso que, embora expressar pena e simpatia às vezes possa ajudar, isso não tem o poder transformacional da empatia.

A pena também não é útil no relacionamento coaching, pois significa lamentar a experiência de alguém, em geral por causa de dificuldades circunstanciais. Por exemplo, podemos ter pena de uma criança faminta ou de um membro marginalizado da sociedade. Essa tristeza pode levar a ações de caridade, como dar assistência ou demonstrar misericórdia. Embora úteis, essas ações, que resultam de ver e relacionar as pessoas como vítimas, em geral, não servem para capacitá-las. A pessoa que tem pena de alguém comunica com efeito "Eu sinto pena de você". Essa atitude mina a autoestima e não tem lugar no coaching. Poucas pessoas gostam de sentir pena, por mais difícil que seja a situação. O coaching surge da crença na capacidade de o cliente aprender e crescer em qualquer situação. A pena vai contra essa estrutura, implicando resignação fatídica.

Ter empatia não é sentir pena de alguém: trata-se de compreender e respeitar de onde a pessoa está saindo. A empatia necessita tanto da consciência emocional como da cognitiva para apreciar a experiência da pessoa, para se conectar respeitosamente e para dar voz ao que as pessoas podem estar sentindo, precisando e desejando. A empatia requer envolvimento total e apreciação profunda. Não existe pressa ou julgamento na empatia; em vez disso, existe uma zona segura, calma e sem culpa, em que as pessoas podem descobrir e desenvolver as suas verdades. Enquanto a simpatia normalmente não é arbitrária e brota em nós involuntariamente, de modo que às vezes é útil e às vezes não, a empatia valoriza a emoção como um convidado. Seu impacto é abrir os clientes para aprendizado, crescimento e mudança significativos.

Quando somos empáticos, na verdade, dizemos "Eu respeito a sua dor" ou "Eu celebro a sua alegria". Para fazer isso, reconhecemos a emoção pelo que ela é e apreciamos o que ela tem a nos ensinar. Isso exige que aprendamos e usemos a linguagem da empatia. Expressar empatia exige de nós o desenvolvimento de uma linguagem diferente. Requer o envolvimento consciente da inteligência emocional e a dança intuitiva do diálogo. É preciso verdadeiro controle, especialmente quando as pessoas expressam sua dor de maneira hostil ou destrutiva.

CASO DE COACHING

Wendy Well: Estou passando por momentos muito difíceis com meu gerente. Acho que vou ser demitida do meu emprego. Então, como vou me dar ao luxo de comer todos os alimentos saudáveis que estamos discutindo?

Coach Carl (com pena): Ah, coitadinha! É simplesmente terrível a maneira como o seu gerente trata você! Você deveria ganhar um prêmio só por aguentar isso!

Coach Carl (com simpatia): Entendo perfeitamente. Eu me lembro de quando trabalhei para alguém assim há cerca de 10 anos. É muito frustrante não ser compreendido. Eu me lembro como se fosse ontem, mas superei e você também pode superar isso.

Coach Carl (com empatia): Parece um momento difícil. Estou percebendo como você está preocupada, ao mesmo tempo que deseja realmente manter o seu impulso positivo.

Como expressar empatia por meio da comunicação não violenta

O modelo de CNV para expressar empatia assume quatro distinções importantes:

1. Faça observações, não avaliações. Ao limitar as nossas descrições ao que pode ser percebido pelos cinco sentidos (visão, audição, paladar, olfato e tato) em momentos e lugares específicos, evitamos a tendência de julgar, exagerar, interpretar, generalizar, dramatizar, assumir ou criticar. Por exemplo, "Eu não fiz exercícios na semana passada" é uma avaliação; "Eu fui à academia uma vez na semana passada" é uma observação.
2. Expresse sentimentos, não pensamentos. Muita gente tem o hábito de confundir pensamentos e sentimentos. Embora gramaticalmente corretas, nenhuma das frases a seguir expressa sentimentos: "Eu me sinto um fracasso", "Eu sinto que isso é inútil", "Eu sinto que o meu chefe é controlador", e "Eu me sinto inadequado". São pensamentos disfarçados de sentimentos, e não são úteis para expressar empatia. A CNV se refere a eles como "falsos sentimentos".
3. Identifique necessidades, não estratégias. A distinção entre necessidades humanas universais e estratégias específicas para atender a essas necessidades representa o cerne da CNV. "As necessidades são mais do que aquilo sem o qual não podemos viver. Elas representam nossos valores, vontades, desejos e preferências para uma experiência mais feliz e significativa como ser humano. Embora tenhamos necessidades diferentes em quantidades diferentes em momentos diferentes, elas são universais em todos nós", como a necessidade de competência, conexão, segurança ou amor (New York City Nonviolent Communication [NYNVC], 2014). Embora gramaticalmente corretas, nenhuma das frases a seguir expressa necessidades universais: "Eu preciso que você pare na loja", "Eu preciso malhar todos os dias" e "Eu preciso continuar esse projeto". São estratégias para atender às necessidades universais. Elas não representam as necessidades em si.
4. Faça solicitações, não exigências. Depois de esclarecermos os sentimentos e as necessidades subjacentes, é hora de confirmarmos o nosso entendimento ou de concordarmos com alguma ação. De qualquer forma, a CNV usa a linguagem do pedido: "Você estaria disposto a me dizer o que me ouviu dizer?" ou "Quais acordos você estaria disposto a fazer em relação aos exercícios na próxima semana?". É importante respeitar tanto a autonomia da pessoa quanto a possibilidade do momento.

Sustentando o método de Rosenberg está a consciência da conexão causal entre os sentimentos pessoais e as necessidades universais (ou seja, "Quando as necessidades universais são atendidas, as pessoas se sentem bem. Quando elas não são atendidas, as pessoas se sentem mal"). Quase sempre esses sentimentos e essas necessidades estão abaixo da superfície. Nenhuma mudança é possível até que essas necessidades sejam plena e respeitosamente reconhecidas e expressas.

As listas da Tabela 4.1 são representativas, mas não exaustivas (Tschannen-Moran, 2012).

Tabela 4.1 **Sentimentos relacionados às necessidades.**

Quando as necessidades *não estão* sendo atendidas	Quando as necessidades *estão* sendo atendidas
Hostil Animoso, antagonista, antipático, apavorado, com aversão, com desdém, com desprezo, com ódio, desventurado, enjoado, enojado, frio, horrorizado, invejoso, ranzinza, vingativo	**Animado** Bobo, encantado, extático, exuberante, exultante, feliz da vida, tonto
Bravo Enfurecido, indignado, irado, irritado, lívido, louco, raivoso, ressentido, revoltado, ultrajado	**Empolgado** Animado, ansioso, apaixonado, empolgado, enérgico, entusiasmado, maravilhado, revigorado, vivo
Incomodado Aborrecido, agitado, amargo, chateado, consternado, descontente, enfadado, exasperado, frustrado, impaciente, importunado, incomodado, irritadiço, irritado, rabugento, ressentido, taciturno, tenso	**Inspirado** Abismado, arrebatado, assombrado, deslumbrado, elevado, emocionado, espantado, radiante, surpreso, surpreendido
Chateado Abalado, agitado, alarmado, ansioso, apreensivo, desconcertado, desconfortável, desorientado, embaraçado, enervado, inquieto, nervoso, perplexo, perturbado, tumultuado, turbulento	**Alegre** Abismado, agradado, alegre, contente, divertido, encantado, extasiado, exultante, feliz, jovial, jubiloso, radiante, risonho, satisfeito, sorridente
Tenso Amargo, angustiado, ansioso, apreensivo, esgotado, estressado, impaciente, inquieto, irritado, nervoso, neurastênico, oprimido, perturbado, preocupado, pressionado	**Descontraído** À vontade, aberto, confortável, despreocupado
Amedrontado Acanhado, aflito, alarmado, apavorado, apreensivo, assustado, aterrorizado, cauteloso, com pressentimento, desconfiado, em pânico, hesitante, instável, medroso, melindrado, nervoso, petrificado, preocupado, reservado, sensível, tímido, trêmulo	**Curioso** Alerta, aventureiro, enlevado, estimulado, fascinado, indagador, interessado, intrigado

(continua)

Tabela 4.1	Sentimentos relacionados às necessidades. *(Continuação)*
Quando as necessidades *não estão* sendo atendidas	**Quando as necessidades *estão* sendo atendidas**
Vulnerável Cauteloso, cuidadoso, desamparado, desconfiado, frágil, indefeso, inseguro, relutante	**Confiante** Autoconfiante, fortalecido, orgulhoso, protegido, seguro
Confuso Ambíguo, atordoado, cético, confuso, desnorteado, dilacerado, hesitante, intrigado, obscuro, perdido, perplexo, perturbado	**Engajado** Absorto, alerta, ardente, curioso, concentrado, encantado, envolvido, extasiado
Envergonhado Arrependido, com remorso, constrangido, contrito, culpado, decepcionado, desgraçado, humilhado, mortificado, vexado	**Esperançoso** Ansioso, encorajado, otimista
Agoniado Ansioso, ciumento, invejoso, melancólico, nostálgico, saudoso	**Grato** Agradecido, emocionado, reconhecido, tocado
Cansado Abatido, apático, cansado, desgastado, esfalfado, esgotado, exausto, fatigado, letárgico, sonolento	**Renovado** Animado, descansado, enérgico, recuperado, rejuvenescido, restaurado, revivido
Desconectado Alienado, apático, desapegado, descomprometido, desinteressado, desprendido, distante, distraído, entediado, entorpecido, frio, indiferente, indolente, insensível, letárgico, removido, retraído, solitário	**Afetuoso** Amigável, amoroso, caloroso, compassivo, confiante, de coração aberto, próximo, simpático, terno
Triste Abatido, cabisbaixo, com o coração pesado, debilitado, decepcionado, deprimido, desamparado, desanimado, desesperado, desolado, enfraquecido, entristecido, infeliz, magoado, melancólico, sem esperança, sombrio, tristonho	**Pacífico** Calmo, centrado, feliz, lúcido, quieto, sereno, suave, tranquilo
Chocado Assustado, aterrorizado, consternado, descrente, horrorizado, perplexo, surpreso	**Aliviado** Complacente, confiante, sereno, tranquilo
Sofrido Abatido, agoniado, angustiado, com o coração partido, devastado, enlutado, magoado, miserável	**Contente** Alegre, feliz, realizado, satisfeito

Fonte: De Tschannen-Moran, 2012.

Mais exemplos estão incluídos em *The Introduction to NVC*, de Greg Kendrick (2007) e em outros resumos (p. ex., Lamb, 2002). A questão não é memorizar e citar essas listas, mas tomar consciência do valor gerador de se conectar com os sentimentos e as necessidades das pessoas de forma calma, segura e livre de julgamentos. Quer os clientes compareçam à sessão de coaching com energia positiva ou negativa, ter seus sentimentos e necessidades reconhecidos pode aprofundar a ligação e acelerar o progresso da sessão.

A Figura 4.1 retrata o modelo de comunicação CNV. Esse modelo funciona igualmente bem como formato para expressar gratidão e celebração (quando as necessidades estão sendo atendidas) e para solicitar compreensão e acordos (quando as necessidades não estão sendo atendidas). Ambas as dinâmicas são as duas faces da mesma moeda. Para expressar sentimentos em vez de pensamentos e necessidades em vez de estratégias, é útil dispor de um vocabulário repleto de palavras de sentimentos e necessidades.

A ambivalência que o cliente pode expressar no coaching é uma experiência universal no processo de mudança e deve ser bem-vinda e explorada. Superar a ambivalência pode ser um verdadeiro desafio quando os clientes são inervados por avaliações, pensamentos, estratégias e exigências. É útil lembrar que, por trás de cada avaliação, existe uma observação, por trás de cada pensamento, um sentimento, por trás de cada estratégia, uma necessidade, e por trás de cada exigência, um pedido. Ficar curioso sobre observações, sentimentos, necessidades e solicitações subjacentes é a chave para desenvolver e expressar empatia. A empatia calorosa é um dom incrível que pode impulsionar a conversa de maneiras inesperadas e dinâmicas. Como Carl Rogers disse certa vez: "A empatia é muito boa" (Rosenberg, 2005). É a chave da construção do capital emocional que sustenta comportamentos positivos e promotores de saúde.

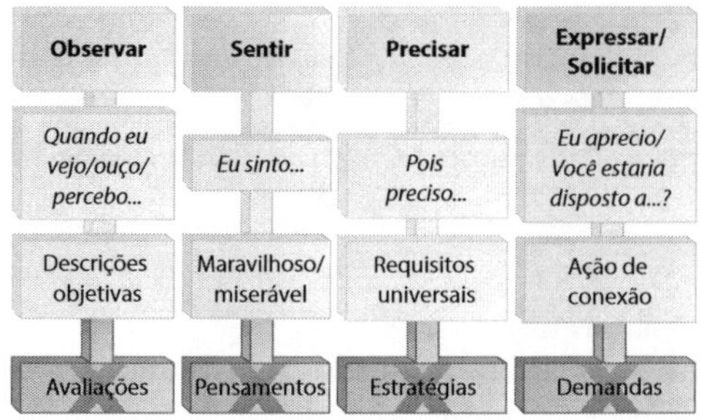

Figura 4.1 Modelo de comunicação não violenta.

Papel da empatia para o coach

A consciência dos próprios sentimentos e necessidades é crucial se os coaches quiserem ser uma presença empática para seus clientes. A prática de coaching consciente inclui a prática intencional de reconhecer os próprios sentimentos e necessidades fora e dentro do relacionamento coaching. Quando os coaches acham difícil demonstrar empatia, isso provavelmente significa que eles próprios não estão recebendo empatia suficientemente. Tanto a empatia própria regular como a empatia mútua entre outras pessoas significativas são práticas essenciais para a presença coaching autêntica, pois o coach não será capaz de estar totalmente presente com o cliente, a menos que possa ir para o trabalho livre de distrações devido a necessidades não atendidas.

Ao se conectarem profundamente com os seus próprios sentimentos e suas próprias necessidades ou com as dos outros (a ponto de lamentar quando as necessidades não são satisfeitas e celebrar quando são), os coaches desenvolvem a musculatura da empatia e abrem caminho para a autenticidade relacional (Jordan, 2004). O coach habilidoso dedica sua atenção ao desenvolvimento da inteligência emocional necessária para identificar os seus próprios sentimentos e as necessidades que motivam esses sentimentos.

Este ser humano é como uma casa de hóspedes.
Cada manhã, uma nova chegada.

Uma alegria, uma depressão, uma maldade,
alguma consciência momentânea vem
como um visitante inesperado.

Receba bem e entretenha a todos!
Mesmo que eles sejam uma multidão de tristezas,
que varre violentamente a sua casa
vazia dos móveis,
ainda assim, trate cada hóspede com honra.
Ele pode estar purificando você
para um novo deleite.

O pensamento sombrio, a vergonha, a malícia,
encontre-os na porta rindo,
e convide-os para entrar.

Seja grato por quem vier,
pois cada um foi enviado
como um guia do além.

Rumi

Referências bibliográficas

Baumeister, R. F., Campbell, J. D., Krueger, J. I., & Vohs, K. D. (2003). Does high self-esteem cause better performance, interpersonal success, happiness or healthier lifestyles? *Psychological Science in the Public Interest*, 4(1), 1–44.

Brown, B. (2012). *Daring greatly: How the courage to be vulnerable transforms the way we live, love, parent and lead.* New York: Gotham.

De Waal, F. (2006). *Primates and philosophers: How morality evolved.* Princeton, NJ: Princeton University Press.

Fredrickson, B. (2009). *Positivity: Groundbreaking Research Reveals How to Embrace the Hidden Strength of Positive Emotions, Overcome Negativity and Thrive.* New York: Crown Publishers.

Goleman, D. (2006). *Emotional intelligence.* New York: Bantam Books.

Hammerness, P., & Moore, M. (2012). *Organize your mind, organize your life.* Buffalo, NY: Harlequin.

Hojat, M., Louis, D. Z., Markham, F. W., Wender, R., Rabinowitz, C., & Gonnella, J. S. (2011). Physicians' empathy and clinical outcomes for diabetic patients. *Empathy*, 86(3), 359–364.

Humphrey, H. (2000). *Empathic listening.* In Empathy Magic Home Page. Retrieved October 16, 2008 from http://empathymagic.com/articles/Empathic%20Listening%20'0061.pdf

Jordan, J. V., Walker, M., & Hartling, L. M. (Eds.). (2004). *The complexity of connection: Writings from the Stone Center's Jean Baker Miller Training Institute.* New York: The Guilford Press.

Kendrick, G. (2007). *An introduction to nonviolent communication (NVC).* In Celebrate Empathy with LifeTrek coaching. Retrieved October 16, 2008 from http://www.celebrateempathy.com/NVC_Intro.pdf

Lamb, R. (2002). *Communication basics: An overview of nonviolent communication.* Albuquerque, NM: Center for Nonviolent Communication.

Neff, K. (2011). *Self-compassion: The proven power of being kind to yourself.* New York: William Morrow.

New York City Nonviolent Communication. *Needs list.* Retrieved April 26, 2015 from http://www.nycnvc.org/needs.htm

Rosenberg, M. S. (2005). *Nonviolent communication: A language of life.* Encinitas, CA: PuddleDancer Press.

Rosenberg, M. S. (2006). The nonviolent communication training course: Home study course. Louisville, CO: Sounds True.

Ryan, R., & Brown, K. (2003). Why don't need self-esteem: On fundamental needs, contingent love, and mindfulness. *Psychological Inquiry, 14*(1), 27–82.

Tschannen-Moran, B. (2012). *Expressing Empathy with Nonviolent Communication.* Retrieved April 26, 2015 from http://www.schooltransformation.com/wp-content/uploads/2012/06/Expressing_Empathy.pdf

Capítulo 5

Celebração da Nossa Melhor Versão

"Jamais um desejo lhe é concedido sem também lhe ser concedido o poder de torná-lo realidade."

RICHARD BACH

OBJETIVOS

Depois de ler este capítulo, você será capaz de:

- Definir a Psicologia Positiva
- Definir o papel da Psicologia Positiva na relação de coaching
- Citar e discutir os cinco princípios básicos da Investigação Apreciativa
- Nomear e discutir cada etapa do Ciclo 5-D da Investigação Apreciativa
- Descrever o processo do uso da Investigação Apreciativa para facilitar o desenvolvimento da visão positiva (ou futuro desejado) do cliente na sessão de coaching.

Psicologia Positiva

Quando Martin Seligman se tornou presidente da American Psychological Association (APA) em 1998, ele teve a visão de um novo domínio da Psicologia. Em vez de colocar o foco principalmente no que aflige a mente humana (p. ex., neurose, ansiedade, depressão), Seligman propôs que a Psicologia voltasse mais atenção para as condições que permitem às pessoas se desenvolverem, para o que faz as pessoas se sentirem engajadas, realizadas, autênticas e significativamente felizes. Esse movimento ficou conhecido como Psicologia Positiva e forneceu importantes aplicações aos coaches, como um corpo de conhecimentos baseados em evidências para apoiar o processo de mudança de comportamento e promover níveis mais elevados de bem-estar. Esse movimento levou Martin Seligman e seu colega Christopher Peterson a realizarem a exploração profunda e completa dos pontos fortes e das virtudes do caráter, compreendendo o que está certo com os seres humanos, e não principalmente o que está errado.

Os pontos fortes e as estratégias baseadas nos princípios da Psicologia Positiva, como o otimismo e a gratidão, estão cada vez mais ligados não apenas a maior bem-estar mental, mas também a maior bem-estar físico. O otimismo está ligado a melhores resultados de saúde, que vão desde maior proteção contra o câncer e doenças cardiovasculares, até menos constipações (Seligman, 2011). As emoções positivas também estão correlacionadas com maior longevidade. Danner et al. (2001) descobriram que níveis mais elevados de emoção positiva expressos nas autobiografias de jovens freiras (que usaram palavras como "alegria" e "gratidão") estavam correlacionados com vidas mais longas; essas freiras viveram até 10 anos a mais que aquelas que expressaram níveis mais baixos de emoções positivas e níveis mais elevados de emoções negativas.

Ficou demonstrado que o estresse crônico e as emoções negativas que o acompanham têm impacto negativo na saúde, enquanto as emoções positivas a longo prazo podem impedir as pessoas de adoecerem, afetando favoravelmente a morbilidade e a mortalidade. Pessoas felizes também são mais propensas a adotarem comportamentos saudáveis. Positividade e saúde são uma via de mão dupla: a boa saúde gera positividade, e a positividade gera boa saúde, em uma espiral ascendente.

Em seu livro *Positivity*, Barbara Fredrickson (2009) resume sua carreira de pesquisa de 25 anos com foco no estudo das emoções positivas. Felicidade é colocar o foco no alvo para o estado de ser da pessoa, momento a momento, dia a dia, semana a semana, mês a mês. Os dados mostram que 80% das pessoas estão abaixo da proporção ideal de emoções positivas e negativas, o que pode estar contribuindo para a epidemia de comportamentos de estilo de vida pouco saudáveis. Com emoções mais positivas, as pessoas são mais saudáveis e têm recursos para mudarem e crescerem, recuperando-se das adversidades. Pessoas positivas prosperam e se encontram em espirais ascendentes. Com menos emoções positivas que negativas, as pessoas apenas sobrevivem, ou até definham, caindo em espirais descendentes.

Uma nova visão da Psicologia Positiva

Conforme o movimento da Psicologia Positiva amadurece, também amadurece a perspectiva sobre suas metas. Nas fases iniciais, houve forte foco no aumento da felicidade por meio de emoções positivas, engajamento e significado: o objetivo final era sentir-se bem. Os críticos do movimento da felicidade sugerem que a vida é mais do que felicidade ou apenas sentir-se bem. Por exemplo, Gruber et al. (2011) sugerem que existe perigo no movimento da felicidade porque a vida de sucesso inclui emoções positivas e negativas; em outras palavras, o equilíbrio das emoções é importante. As emoções negativas desempenham o importante papel de nos informar sobre perigos ou necessidades não atendidas, nossas ou de outras pessoas.

Seligman (2011) introduziu, então, o modelo PERMA de bem-estar, com cinco componentes para expandir seu pensamento inicial:

- Emoção positiva (*positive emotion*)
- Engajamento (*engagement*)
- Relacionamentos (*relationships*)
- Significado (*meaning*)
- Realização (*achievement*).

Fredrickson (2009) também vai além da felicidade para colocar o foco no desenvolvimento. Ela afirma que as pessoas que se desenvolvem não apenas se sentem bem, mas também fazem o bem. Elas têm o apelo ou senso de propósito e são altamente engajadas na vida. Pessoas positivas dão aos outros o que têm de melhor para alcançarem o melhor futuro possível. Fredrickson afirma que o caminho para a felicidade é se desenvolver por meio do cultivo da positividade, a fim de ser perfeitamente resiliente diante da negatividade. Consequentemente, a positividade é uma necessidade, não um luxo; é um componente essencial da boa saúde e do bem-estar.

Como o coaching promove positividade?

Um mecanismo de ação importante para o coaching é que os coaches constroem positividade ajudando os clientes a definirem o que os faz prosperar, identificar, cultivar, desenvolver e obter emoções mais positivas e alcançar metas importantes. Esses aspectos do relacionamento coaching mantêm a espiral de positividade para cima. A positividade é um mecanismo de ação fundamental para a resiliência e a satisfação com a vida (Fredrickson, 2009). Diariamente, somos lembrados de que a resiliência diante de adversidades menores ou significativas é essencial para o bem-estar humano, e não apenas algo agradável de se ter.

O coaching gera positividade ao promover a capacidade, os recursos e os processos necessários para a mudança bem-sucedida. O coaching ajuda os clientes a identificarem o que os faz desenvolver, construindo as dez principais emoções positivas de Fredrickson (2009):

- Inspiração: conectar saúde e bem-estar a algum propósito superior e a um significado de vida
- Esperança: criar uma visão do futuro, identificar pequenos passos adiante que pareçam factíveis e desenvolver a mentalidade experimental do cientista
- Orgulho: descobrir pontos fortes e talentos e apreciar o sucesso no cumprimento das metas
- Interesse: definir metas que engajem e sejam desafiadoras, mas que não produzam ansiedade
- Amor: fomentar a confiança, o relacionamento e a conexão com o coach e aproveitar o apoio social
- Admiração: identificar modelos e heróis inspiradores
- Diversão: rir de si mesmo e de situações
- Alegria: melhorar a consciência e o prazer de progredir
- Gratidão: apreciar as dádivas da vida, inclusive os desafios
- Serenidade: parar para saborear momentos de contentamento.

Investigação Apreciativa: ferramenta para celebrar o que há de melhor

A Investigação Apreciativa é uma filosofia e também uma abordagem para motivar a mudança e melhorar o bem-estar, a qual se concentra em explorar e amplificar o que há de melhor em uma pessoa ou situação. Foi desenvolvida inicialmente no final dos anos 1980 como um processo de mudança transformacional para organizações e grupos por David Cooperrider e seus colegas do Departamento de Comportamento Organizacional da Weatherhead School of Management da Case Western Reserve University em Cleveland, Ohio (Cooperrider e Whitney, 2005; Hammond, 1998; Whitney e Trosten-Bloom, 2003). Desde então, foi adotada por muitas outras disciplinas, inclusive a Psicologia Positiva, a Sociologia e o Coaching.

A Investigação Apreciativa não concentra o foco em fraquezas e problemas a serem corrigidos; em vez disso, os clientes são incentivados a reconhecerem os pontos fortes e a imaginarem possibilidades para superar e suplantar seus problemas. Considerando o valor da construção de emoções positivas, a Investigação Apreciativa é valiosa ferramenta de coaching para descobrir e celebrar o que há de melhor e o que poderia ser melhor.

Carl Jung (1962), um psiquiatra do século XX, fundador da Psicologia Analítica, descreve a visão apreciativa dos desafios desta maneira:

> Os maiores e mais importantes problemas da vida são todos, em certo sentido, insolúveis... Eles jamais poderão ser resolvidos, apenas superados... Esse "crescimento", como o chamei anteriormente, em experiências posteriores foi visto como consistindo em um novo nível de consciência. Algum interesse mais elevado ou mais amplo surgiu no horizonte da pessoa e, a partir dessa ampliação de visão, o problema insolúvel perdeu sua urgência. Não foi resolvido logicamente em seus próprios termos, mas desapareceu quando confrontado com uma tendência de vida nova e mais forte (p. 91f).

Cinco princípios da Investigação Apreciativa

Com base nos insights de Jung, a Investigação Apreciativa oferece cinco princípios (Figura 5.1) que sustentam sua prática (Cooperrider e Whitney, 2005).

Princípio Positivo

Ações e resultados positivos brotam de energia e emoção positivas. O Princípio Positivo afirma que energia e emoção positivas perturbam as espirais descendentes, transformando as aspirações das pessoas em uma força dinâmica para a mudança transformacional. A energia e as emoções positivas ampliam o pensamento, expandem a consciência, aumentam as habilidades, criam resiliência, compensam as negativas, geram novas possibilidades e criam uma espiral ascendente de aprendizagem e crescimento. Quando identificam, valorizam e amplificam os pontos fortes, as pessoas vão além da resolução de problemas para fazerem mudanças ousadas. Demonstrando "por que é bom sentir-se bem", suas ações se tornam positivamente carregadas, e resultados positivos são evocados (Fredrickson, 2003).

O Princípio Positivo afirma que ações e resultados positivos resultam da força

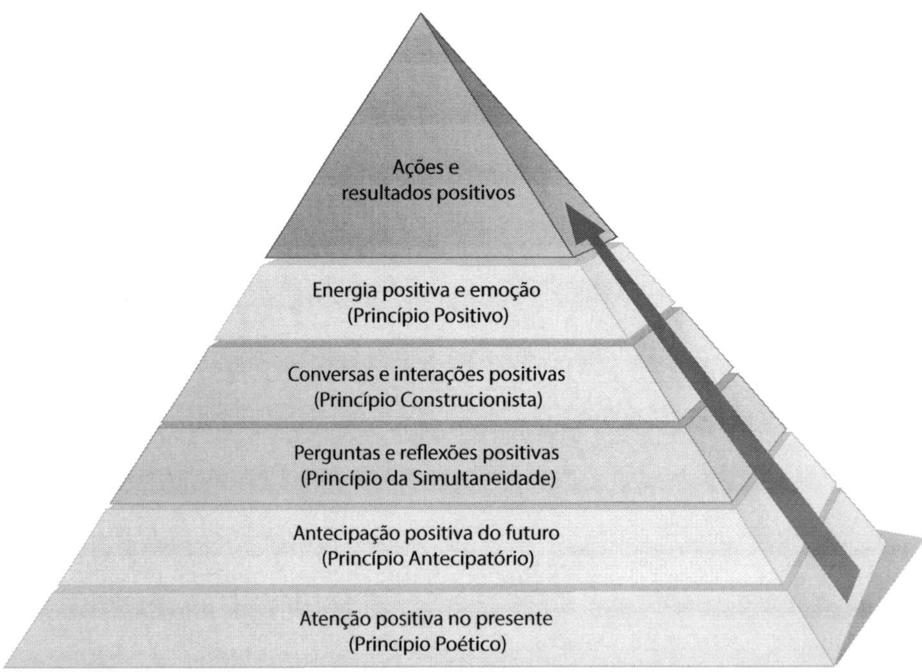

Figura 5.1 Os cinco princípios da Investigação Apreciativa levam a ações e resultados positivos.

desequilibrada gerada por energia e emoção positivas. A primeira lei do movimento de Newton afirma que objetos em repouso tendem a permanecer em repouso, enquanto objetos em movimento tendem a permanecer em movimento, a menos que sejam influenciados por alguma força desequilibrada. Aplicando essa lei aos sistemas humanos, o Princípio Positivo sustenta que energia e emoção negativas associadas a identificação, análise, reparação ou correção de fraquezas carecem de força suficiente para transformar os sistemas e impulsioná-los em novas direções. Na melhor das hipóteses, essas análises de causa raiz apenas corrigirão os problemas. Na pior das hipóteses, causarão uma espiral descendente.

Princípio Construcionista

Energia e emoção positivas brotam de conversas e interações positivas. O Princípio Construcionista afirma que energia e emoção positivas são geradas por meio de conversas e interações positivas, levando a ações e resultados positivos. A partir de nossas conversas e interações com outras pessoas, criamos as realidades em que vivemos. "Palavras criam mundos" é o lema da Investigação Apreciativa em geral e do Princípio Construcionista em particular.

Mais do que qualquer outro dos demais cinco princípios, o Princípio Construcionista deixa clara a importância do contexto social e do ambiente na criação do momento presente e na mudança dos momentos futuros. O trabalho interior e o diálogo interno, por si sós, não são suficientes. Diferentes ambientes geram diferentes verdades e diferentes possibilidades. Eles até geram diferentes dimensões de experiência individual. Como Rosamund Stone Zander e Benjamin Zander (2000) resumem o Princípio Construcionista: "Está tudo inventado! Então, poderíamos também inventar uma história ou estrutura de aprendizagem que melhore a nossa qualidade de vida e a vida daqueles que nos rodeiam" (p. 12). Os clientes podem inventar essas histórias e estruturas em conversas com seus coaches.

Princípio da Simultaneidade

Conversas e interações positivas brotam de perguntas e reflexões positivas. O Princípio da Simultaneidade faz a seguinte afirmação: as conversas e as interações se tornam positivas no instante em que fazemos uma pergunta positiva, contamos uma história positiva ou partilhamos uma reflexão positiva. Perguntas e reflexões positivas são elas mesmas a mudança que buscamos. Não são apenas o prelúdio da mudança: elas são a mudança. Elas não apenas iniciam o processo que leva a um futuro positivo; mais do que disso, questões e reflexões positivas criam, simultaneamente, um presente positivo. Ao mudarmos as conversas e interações em uma direção positiva, podemos criar um presente positivo. Conversas positivas com o coach podem criar um mundo positivo para o cliente.

As perguntas e as reflexões usadas na conversa de coaching são fatídicas. Segundo Jacqueline Bascobert Kelm (2005), "Não existem questões 'neutras'. Cada investigação nos leva a algum lugar, mesmo que seja de volta ao que acreditávamos originalmente. Habitar esse espírito de admiração pode transformar as nossas vidas, e a pergunta positiva incondicional é uma das maiores ferramentas que temos para esse fim" (p. 54).

Princípio Antecipatório

Perguntas e reflexões positivas brotam da antecipação positiva do futuro. O Princípio Antecipatório afirma que, quando há uma antecipação positiva em relação ao futuro, tudo se inclina nessa direção. A antecipação positiva do futuro é uma força proléptica que energiza o presente. A palavra "prolepse" significa, literalmente, "um olhar para o futuro".

O Princípio Antecipatório afirma que é necessária uma imagem específica e positiva do futuro para impactar a dinâmica do presente. Quanto mais concreta e real a imagem, mais anseio e movimento ela cria. De acordo com Warren Bennis e Burt Nanus (1985), "A visão é um alvo que acena" (p. 89). Margaret Wheatley (1999) descreve a visão como um campo (p. 53ff). Como tal, é "um poder, não um lugar, uma influência, não um destino". É mais bem servido, então, imbuindo o presente com "mensagens visionárias combinadas com comportamentos visionários" (Wheatley, 1999). A antecipação se torna a marca registrada e o arauto da mudança.

Equipado com o vislumbre de como tudo parece em seu melhor estado, o cliente se tornará mais criativo, engenhoso e resiliente, encontrando maneiras de fazer tudo acontecer. As perguntas e reflexões que o coach escolhe fluem da perspectiva do coach em relação ao cliente. É crucial que o coach adote um sentimento de esperança sobre as possibilidades positivas na vida do cliente.

Princípio Poético

A antecipação positiva do futuro brota da atenção positiva no presente. O Princípio Poético afirma que, quanto mais se atentar às dimensões positivas do momento presente, mais positivas serão as intenções para os momentos futuros. O foco nos problemas gera mais problemas; o foco nas possibilidades gera possibilidades. Com emoções positivas, a visão se amplia e, a partir dessa mente ampliada, surge mais flexibilidade, sintonia com os outros, criatividade e sabedoria (Fredrickson, 2013a,b). Ver e prestar atenção à poesia da vida é inspirador. Não que os problemas desapareçam. Em vez disso, outros fatos se tornam mais importantes. A poesia da vida evolui para uma espiral de imaginação positiva.

Formando a base da pirâmide, sobre a qual todos os outros princípios são construídos, o Princípio Poético conecta esperança com atenção plena e intenção com atenção. Tornar-se consciente daquilo que acrescenta riqueza, textura, profundidade, beleza, significado e energia à vida desperta o magnífico potencial da vida. É como se a vida se tornasse uma grande obra de poesia, repleta de significado esperançoso e de avanço em direção ao crescimento e à mudança positivos.

Ciclo 5-D da Investigação Apreciativa

Os cinco princípios da Investigação Apreciativa resultaram em desenvolvimento de um processo de mudança transformacional que funciona tanto com grandes grupos como com indivíduos. Embora o processo tenha sido descrito de várias maneiras, o Ciclo 5-D (definição, descoberta, sonho [*dream*], projeto [*design*], destino; Figura 5.2) é o mais comum e facilmente lembrado (Watkins e Mohr, 2001).

Definição

O processo começa garantindo um acordo entre o coach e o cliente sobre o que o cliente deseja aprender (escolha do tópico) e como o cliente deseja aprender (escolha do método). A eficácia do processo de Investigação Apreciativa depende de o acordo ser claro e apropriado.

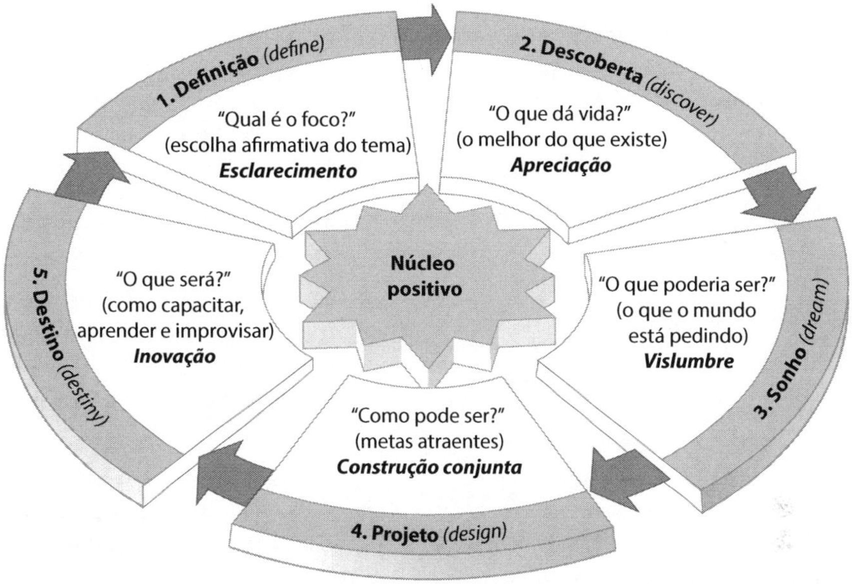

Figura 5.2 O Ciclo 5-D da Investigação Apreciativa ajuda a guiar os clientes, por meio de um processo transformacional, para alcançarem suas metas.

Alguns clientes podem não estar prontos, dispostos ou capazes de implementar a abordagem baseada nos pontos fortes para a mudança transformacional. Tenha uma noção disso percebendo o quanto eles querem falar sobre seus problemas e suas dores. Expresse compaixão como ponto de entrada para levar a conversa adiante. Na ausência de avanço depois de um período de tempo razoável, os clientes podem progredir mais com um terapeuta ou conselheiro, desenvolvendo formas de curar ou processar emoções e experiências negativas.

CASO DE COACHING

Coach Carl: É ótimo me reconectar com você novamente, Wendy. Qual é o tema mais importante para nos concentrarmos nos 30 minutos que temos juntos?

Wendy Well: Boa pergunta. Ao final da nossa sessão, eu realmente gostaria de ter um esquema de planejamento para administrar a minha alimentação enquanto estiver de férias na próxima semana.

Descoberta

Uma vez claro o acordo de aprendizagem, o próximo passo é ajudar os clientes a descobrirem exemplos promissores dos resultados desejados, tanto passados como presentes. A Investigação Apreciativa pressupõe que, na vida e na situação de cada pessoa, algumas questões estão sempre funcionando, mesmo que possam estar enterradas e precisem ser desenterradas. Exemplos, imagens e histórias vivificantes que apoiam o acordo de aprendizagem sempre podem ser descobertos.

Para facilitar o processo de descoberta, a Investigação Apreciativa desenvolveu um protocolo de entrevista apreciativa que pode ser adaptado e utilizado pelos coaches em qualquer momento do processo de coaching. É particularmente eficaz quando os clientes estão desanimados ou paralisados.

O protocolo de Investigação Apreciativa inclui quatro descobertas:

1. *A melhor experiência.* Mesmo quando as pessoas trazem desafios aparentemente intratáveis para a sessão de coaching, é importante incentivá-las a olharem para as questões a partir de um quadro apreciativo e sob a luz da curiosidade e do interesse. Todas as situações têm beleza e valor, por mais difíceis que sejam. "Conte-me uma história sobre a melhor experiência que teve ao lidar com problemas desse tipo no passado" é um exemplo de uma forma de transformar déficits em superávits. Essas histórias ajudam os clientes a lembrarem que suas vidas não são problemas a serem resolvidos, mas mistérios a serem vividos, e os coaches podem instantaneamente mobilizar a concentração e a energia do cliente. Embora coaching seja um trabalho importante, o coach de sucesso equilibra a natureza séria da mudança de comportamento com a capacidade de tornar o processo leve e divertido, suscitando o sentimento de aventura. Os princípios e as práticas da Investigação Apreciativa permitem que os coaches façam exatamente isso. O coach que se esforça para permanecer positivo, antecipar a grandeza, reformular a realidade, evocar insights e compartilhar histórias (os cinco princípios) permite que os clientes experimentem o coaching como algo que traz à tona o que há de melhor neles, e não o pior. Por meio dos processos de definição de ambições, da descoberta de pontos fortes, do sonho de possibilidades, da concepção de estratégias e da entrega dos produtos (as cinco práticas), tanto o coach como o cliente têm os seus espíritos energizados e elevados. As questões podem ser pesadas, mas o processo de Investigação Apreciativa pode aliviar a carga no decorrer do avanço. Usar o humor, o riso e a diversão na Investigação Apreciativa energiza o processo de mudança de comportamento para que as soluções se expandam em escopo, sustentabilidade e eficácia.

A Investigação Apreciativa pode ser usada semana após semana nas sessões de coaching, pois as pessoas sempre têm novas experiências, valores, condições e desejos para conversar. Em vez de iniciar a sessão de coaching perguntando "Então, como foi desde a última vez que nos encontramos?", faça uma pergunta inicial mais positiva que use Investigação Apreciativa, do tipo "Então, qual foi a sua melhor experiência (ou a sua melhor experiência de aprendizado) desde a última vez que nos encontramos?". O coach pode mudar o quadro do período de tempo ou mudar o foco, mas deve sempre permanecer em um quadro positivo (New e Rich-New, 2003).

CASO DE COACHING

Coach Carl: Conte-me sobre uma época, talvez nas férias, em que você foi capaz de fazer escolhas saudáveis apesar das tentações.

Wendy Well: Oh, já faz muito tempo. Sabe, agora que pensei nisso, eu me saí muito bem há algumas semanas na festa surpresa de aniversário dos meus pais.

2. *Valores fundamentais.* A Investigação Apreciativa enfatiza experiências vivificantes, valores fundamentais, condições geradoras e desejos sinceros, pois energiza os clientes a aprenderem a fazer novas contribuições e a expressarem novas maneiras de estarem no mundo. Esse é o combustível do destino. O desafio é permitir que os clientes não apenas cumpram suas promessas, mas também que possam ir além delas. Isso acontece quando os clientes aprendem a experimentar, inovar e improvisar para que possam realizar ações maiores, mais ousadas e melhores a serviço de seus sonhos. Os projetos exigem aprendizado, diálogo e atualização contínuos para serem realizados e gratificantes.

CASO DE COACHING

Coach Carl: Então, algumas semanas atrás, você se deparou com algumas tentações em uma festa durante um período estressante e atarefado, mas fez escolhas saudáveis. Parabéns! Quais foram os motivos que levaram você a fazer a escolha de comer bem então?

Wendy Well: Um dos motivos é que eu queria ter ótimas lembranças da festa. Eu planejava isso há 1 ano. Eu não queria pensar naquela noite e ficar chateada com o que tinha escolhido comer.

3. *Condições generativas.* O coach habilidoso fica atento à dinâmica mais ampla em jogo na vida do cliente, e não apenas à meta ou à tarefa imediata. A Investigação Apreciativa evita intervenções fragmentadas ao reconhecer a totalidade do todo. Por exemplo, uma das consequências mais impactantes do Princípio Construcionista para o coaching está na área do autoaperfeiçoamento. As pessoas não mudam por si mesmas, apenas de dentro para fora; em vez disso, a mudança também acontece de fora para dentro, à medida que conversamos com outras pessoas. Como o autoaperfeiçoamento é influenciado pelos relacionamentos, é importante usar a Investigação Apreciativa para abrir a conversa e incluir ambientes, sistemas, comunidades, organizações, redes, movimentos, relacionamentos, processos, políticas, práticas, estruturas e recursos.

CASO DE COACHING

Coach Carl: Você confiou em seus pontos fortes de autorregulação e perspectiva para fazer escolhas com as quais sabia que se sentiria bem mais tarde. O que mais ajudou você a ser saudável naquele dia?

Wendy Well: Como eu estava planejando e realmente administrando a festa, não achei que conseguiria comer muito durante o evento de qualquer maneira. Então, cerca de 2 horas antes de começar, pedi ao meu marido que me trouxesse uma salada de frango grelhado de um restaurante na esquina. Isso me impediu de sentir muita fome no final da noite.

4. *Os três desejos.* "Conte-me sobre as suas esperanças e os seus sonhos para o futuro. Se você encontrasse uma lâmpada mágica e um gênio lhe concedesse três desejos, quais seriam?

O propósito dessas descobertas é aumentar a energia e fortalecer a autoeficácia dos clientes por meio do reconhecimento vívido de experiências de domínio. Quanto mais diretas, pessoais e relevantes forem as experiências de domínio, maior será seu impacto positivo na motivação e na abordagem do cliente para a mudança.

CASO DE COACHING

Coach Carl: Ótimo planejamento! Ao pensar em suas férias, quais os três desejos que você tem para criar memórias ideais sem arrependimento?

Wendy Well: Quero saborear a minha comida, quero saborear lentamente cada mordida, e não me arrepender de nada que comi no final do dia.

A fase de descoberta da Investigação Apreciativa pode ser vista como a mais importante da sessão de coaching. Ela eleva a autoconfiança e estabelece a base para tudo o que se segue. Por isso é tão importante não se apressar no processo de descoberta para chegar ao estabelecimento de metas. O Princípio da Simultaneidade deixa claro que fazer perguntas apreciativas não é o prelúdio do trabalho de coaching: é o trabalho de coaching. A investigação sobre o que acontece quando o cliente funciona da melhor forma é transformacional por si só. Não só constitui a base para a mudança, é a mudança que ele procura.

Sonho (*dream*)

Depois que os clientes descobrem o melhor "do que é", é hora de incentivá-los a imaginar o melhor "do que poderia ser". As descobertas da última fase são utilizadas para criar o sonho que se baseia na história do cliente, pois amplia o potencial do cliente. Indo além do nível dos três desejos mágicos para o nível das propostas realistas mas provocativas sobre o futuro, o sonho será ainda maior do que o cliente teria imaginado sem a fase de descoberta ter sido realizada.

No processo de criação de sonhos, a Investigação Apreciativa incentiva o uso das atividades dos hemisférios tanto esquerdo como direito do cérebro. O Princípio Poético vai além das limitações da análise usando histórias, narrativas, metáforas e imagens para dar vida aos sonhos.

Várias considerações impactam o processo de criação dos sonhos. A primeira é a questão do apelo ou chamado: o que a vida está chamando o cliente para ele ser ou se tornar? A segunda é a questão da energia: quais possibilidades geram entusiasmo para o cliente? A terceira é a questão do apoio: Qual é o núcleo positivo que apoia o cliente?

Não se deixe ser seduzido pela criação de possibilidades provocativas para o cliente. "O cliente encontra as respostas. O cliente encontra as respostas. O cliente encontra as respostas." Incentive os clientes a gerarem as suas próprias possibilidades pensando fora da caixa, sem levar em conta as consequências. Depois que os clientes acessam os seus próprios recursos criativos, os coaches podem ou não oferecer ideias adicionais para consideração. Em cada instância, o cliente tem a escolha de criar o sonho, o projeto e o destino.

Quando o sonho se torna um alvo que acena e um campo antecipatório que envolve e apoia o que o cliente tem de melhor, é hora de passar para o projeto.

CASO DE COACHING

Coach Carl: Esses três desejos são muito claros. Estou curioso: qual é a sua meta mais profunda aqui? Como isso se encaixa na sua meta de vida mais ampla?

Wendy Well: Nossa! Se conseguir viver sem arrependimentos nas férias, uma época em que as pessoas geralmente baixam a guarda e não têm regras, eu posso fazer qualquer coisa na "vida real".

Projeto (*design*)

A fase de projeto do processo de Investigação Apreciativa vai dar asas ao sonho, trabalhando para alinhar a infraestrutura do cliente com o sonho. Os clientes são solicitados a fazerem propostas e a definirem metas sobre como o sonho se manifestaria em termos de hábitos, procedimentos, sistemas, tecnologia, funções, recursos, relacionamentos, finanças, estruturas e partes interessadas. O que mudaria se a infraestrutura de um cliente estivesse alinhada com seu sonho? Descrever essas mudanças detalhadamente é o trabalho fundamental da fase de projeto.

É importante tornar a fase de projeto o mais detalhada e pessoal possível. Incentivar os clientes a assumirem compromissos, ofertas e solicitações com algum horizonte próximo, talvez o prazo de 1 ou 2 semanas, é relevante tanto para essa como para a fase final do processo.

- Os compromissos representam ações que os clientes prometem realizar em resposta às solicitações de outros
- As ofertas representam ações que os clientes realizam voluntariamente
- As solicitações representam ações que os clientes buscam de outras pessoas para implementarem o projeto com sucesso.

CASO DE COACHING

Coach Carl: Parece que o seu sonho de férias se encaixa bem nos seus sonhos maiores. Você gostaria de começar a criar um plano para suas férias?

Wendy Well: Absolutamente.

Coach Carl: Qual é o compromisso que você está pronta para assumir?

Destino

O propósito da Investigação Apreciativa é elevar tanto a energia positiva como a autoeficácia dos clientes, a fim de ajudá-los na realização dos seus destinos. Não é apenas um processo de bem-estar; é também um processo de ação que realiza sonhos e torna o devaneio (o ato de sonhar) intrínseco ao modo de estar no mundo do cliente. Ao desenvolver um "olhar apreciativo", os clientes aprendem a fazer do Ciclo 5-D a sua abordagem preferida para problemas e oportunidades, a fim de cumprirem os seus destinos. Eles aprendem a inovar continuamente para alcançarem níveis ainda mais elevados de desempenho e satisfação com a vida.

Valor da Investigação Apreciativa no coaching

A Investigação Apreciativa é uma ferramenta valiosa para energizar, motivar e mobilizar o cliente para a mudança de comportamento. Começa com a presunção de que tudo é possível (Princípio Construcionista) e então emprega uma metodologia (o Ciclo 5-D) para ajudar os clientes a fazerem isso acontecer, elevando assim a autoestima e a autoeficácia. Os aumentos na positividade e na autoeficácia levam naturalmente às fases de sonho, projeto e destino. Quando bem-feita, a crescente energia e a motivação para a mudança gerada pela fase de descoberta do processo de Investigação Apreciativa são palpáveis. A consideração antecipada das melhores experiências, dos valores fundamentais, das condições geradoras e dos desejos sinceros por meio da investigação vívida do passado e do presente aumenta a prontidão, a disposição e a capacidade de o cliente avançar rumo ao futuro. "E agora, o quê?" e "Como vamos indo?" são as questões operativas das fases posteriores. A Investigação Apreciativa gera uma espiral ascendente expansiva que permite aos clientes montarem com sucesso a pirâmide de mudança de comportamento. Ao passar pelo Ciclo 5-D diversas vezes, clientes e coaches criam sonhos e projetos além daqueles inicialmente imaginados como possíveis.

O protocolo de Investigação Apreciativa é um ótimo ponto de partida, especialmente quando os clientes não têm o foco claro. Pode acender as brasas do desejo até o fogo arder intensamente. Também pode apoiar o aprendizado e o desenvolvimento de clientes específicos. Por exemplo, em vez de pedir aos clientes uma história genérica de melhor experiência relacionada à saúde e bem-estar, peça-lhes uma história de melhor experiência especificamente relacionada às suas visões positivas (ou aos futuros desejados). Essa aprendizagem direcionada a partir de um quadro positivo pode acelerar dramaticamente o processo de mudança de comportamento.

A Investigação Apreciativa exige que os clientes usem uma mistura de atividades analíticas e atividades criativas. Não basta encorajar os clientes a identificarem e a se comprometerem com metas SMART (metas que sejam específicas, mensuráveis, acionáveis, realistas e programadas, ou *specific, measurable, actionable, realistic, timelined*). Não importa quão bem elaborada seja a estratégia, a abordagem puramente analítica falhará se não for complementada por um processo que envolva o coração do cliente e desperte sua imaginação. As metas SMART também devem ser metas convincentes.

Para esse fim, a Investigação Apreciativa incentiva os clientes a serem criativos, imaginando, articulando e projetando seus sonhos para o futuro. Os clientes podem usar figuras, imagens, metáforas, arte, movimento, música e/ou histórias (Princípio Poético). Quanto mais criativos forem os sonhos, melhor quando se trata de defender o caso e gerar energia para a mudança. Quase sempre os clientes gostam do convite para usarem todo o seu ser no desenvolvimento de seus sonhos e projetos para o futuro. Não existe fim para o que eles irão inventar, uma vez que tenham permissão e incentivo para serem criativos (p. ex., mudar a posição do corpo, fazer desenhos, moldar massa de modelar, ficar em pé em mesas, passar por cima de linhas, escrever poesia, tocar sinos, cantar músicas, alongar os músculos, controlar a respiração, contar histórias, gritar afirmações e imaginar visualizações).

É tentador pensar que o resultado do uso da Investigação Apreciativa no coaching é um plano claro com os próximos passos detalhados. Embora frequentemente seja esse o caso, não é o único, nem o resultado final. A Investigação Apreciativa põe em marcha a abordagem apreciativa e inovadora para aprendizagem ao longo da vida. A fase de destino do Ciclo 5-D foi descrita como a volta ao ciclo repetidas vezes, perpetuamente. Quando os clientes aprendem a definir-descobrir-sonhar-planejar os sonhos, como a sua forma de estarem no mundo, eles acabam concretizando seu destino à medida que crescem e se tornam o que têm de melhor. O Ciclo 5-D não é apenas uma ferramenta ou técnica para os coaches dominarem, é também, e mais importante, um modo de vida. Ao usar e compartilhar a Investigação Apreciativa com nossos clientes, capacitamos espirais ascendentes de desenvolvimento pessoal e organizacional ao longo da vida.

Resolução de problemas

É da natureza da mente humana ampliar para ver o que não está funcionando, para perceber, analisar e resolver problemas.

No entanto, isso não significa, necessariamente, que seja a melhor ou mais eficaz estratégia a utilizar. Na verdade, enfrentar os problemas, muitas vezes, provoca desânimo e resistência, em vez de fomentar o encorajamento e a disponibilidade para a mudança. Essa percepção foi o que levou ao desenvolvimento da Investigação Apreciativa como forma de resolver problemas pela porta dos fundos. Em vez de enfrentar os problemas, a Investigação Apreciativa ajuda os clientes a superarem os problemas a partir do engajamento em impulsos de vida novos e mais fortes. No processo, problemas que antes pareciam esmagadores e intratáveis perdem sua energia e, por vezes, até desaparecem de vista.

Ao trabalhar nos desafios do cliente com a estrutura de Investigação Apreciativa, tenha em mente os passos descritos a seguir.

"Você tem o que é preciso para ser bem-sucedido"

Esta é a postura do grande coach. Se o coach não acreditar nas ambições e nas capacidades inatas do seu cliente, isso terá um impacto negativo no progresso rumo à melhoria da saúde e do bem-estar. Se o coach questiona os desejos e as capacidades do cliente ou não acredita que ele ou ela tem o que é preciso para ser bem-sucedido, então pode ser hora de encaminhar esse cliente para outro coach ou profissional de ajuda.

"A minha certeza é maior que a sua dúvida"

Grandes coaches vêm dessa estrutura, mas sabem que é melhor não apresentar esse argumento diretamente aos clientes. Provocamos ceticismo e resistência quando tentamos persuadir os clientes de que eles podem fazer algo. Evocamos confiança e movimento quando ficamos com os clientes na lama até que eles tenham clareza a respeito de onde querem ir, como querem chegar lá e como irão gerar a energia. O grande coach comunica uma energia calma de confiança, na qual os clientes podem construir e com a qual eles podem aprender.

Fale a verdade com amor

Se a definição de amor inclui "cuidado mútuo", é importante que os coaches tragam isso para o relacionamento coaching, especialmente em tempos de desafio. Sem cair na armadilha de defender a mudança, é importante que os coaches partilhem honestamente o que veem. Se houver um "elefante na sala" e o cliente não perceber, pode ser hora de ele ouvir o coach falar a verdade com amor. A energia para a mudança não é criada por autoavaliações ingênuas ou delirantes. Os clientes que não estão totalmente engajados, que não são honestos consigo próprios, que não cumprem suas promessas, que trabalham duro e/ou que não progridem, podem se beneficiar de coaches que reflitam essas percepções. Retornar ao Ciclo 5-D é outra forma de incentivar o cliente a seguir em frente.

Use a Investigação Apreciativa para lidar com a autossabotagem do cliente

Evite "brigar" com clientes que não estejam cumprindo suas metas ou que não estejam cumprindo suas promessas semana após semana. Em vez disso, use o Ciclo 5-D para garantir que as metas e as promessas sejam estimulantes para o cliente e dimensionadas adequadamente à capacidade do cliente. Definir metas ou fazer promessas porque seriam "boas para o cliente" representa algo que o cliente "deveria" fazer e geralmente fracassará com o tempo, como é o caso de metas que são projetadas para "agradar o coach". Estabelecer metas ou fazer promessas que ampliem as capacidades do cliente precisa incluir estratégias apropriadas de capacitação para ser estimulante e eficaz. Se depois de empregar essas estratégias e não provocar resistência o coach ainda não conseguir ajudar o cliente a seguir em frente, pode ser verdade que o cliente esteja enfrentando desafios que são mais profundos do que o coaching pode resolver. Nesse caso, talvez seja o momento de fazer algum encaminhamento terapêutico.

Faça o coaching do cliente e do ambiente

Projetar ambientes que apoiem as metas e as promessas do cliente é essencial para o sucesso do cliente. A abordagem de coaching baseada em pontos fortes não funciona isoladamente do ambiente do cliente. Na verdade, a fase de concepção da Investigação Apreciativa deixa clara a importância de estruturas de sistema completas, inclusive várias dinâmicas internas/externas e individuais/coletivas. Na fase de projeto do Ciclo 5-D, o papel do coach é garantir que o cliente não negligencie ou ignore qualquer aspecto do sistema. Por exemplo, o cliente pode precisar aprender novas habilidades, modificar seu ambiente para eliminar gatilhos ou reunir apoio social. Amigos, colegas e parentes podem fornecer apoio emocional, apoio prático, parceria ou ouvidos atentos.

Exemplos incluem:

- Praticar exercícios com alguém
- Telefonar para alguém diariamente ou várias vezes por semana
- Relatar regularmente o progresso a alguém
- Fazer as refeições em companhia com alguém e obter apoio para escolhas de apoio à saúde
- Compartilhar objetivos, registros alimentares e metas de exercícios
- Frequentar uma academia com um amigo ou cônjuge
- Solicitar ao cônjuge que cuide das crianças enquanto se exercita.

Fique em um quadro positivo

Novamente, é da natureza humana observar e colocar o foco seletivamente nos problemas. Temos o viés da negatividade; examinamos o ambiente em busca de informações negativas, mesmo que o evento negativo ocorra apenas uma vez (Hanson, 2009). É por isso que as manchetes chamam a nossa atenção quando se concentram em tragédias, terrorismo e escândalos.

O coach começa com empatia, apreciando o poder que o medo e a ansiedade têm sobre o cliente. Os coaches criam um ambiente de coaching seguro onde os clientes podem relaxar em vez de se distrair, examinando o ambiente em busca de perigo e outras negatividades. O medo também representa uma oportunidade para educar os clientes sobre a ciência do cérebro, para que compreendam que o cérebro está programado para ter medo instintivamente, mesmo que as emoções negativas sejam desproporcionais à ameaça real.

O Ciclo 5-D da Investigação Apreciativa muda o foco dos desastres de trem para os aspectos positivos do passado, do presente e do futuro. Quando os clientes passam a analisar falhas passadas ou presentes, é importante trazê-los de volta a um quadro apreciativo, de maneira suave, mas firme. Reconheça o problema e convide-os a vê-lo de uma perspectiva diferente. Duas perguntas possíveis a serem feitas para fazer a mudança de uma abordagem tradicional de resolução de problemas são: "Como isso contribuiu positivamente para o seu desenvolvimento?" e "De que outra forma você descreveria esta situação?". Quando o coach adota um quadro positivo, o cliente acabará por segui-lo. Ao usar o protocolo genérico de entrevista de Investigação Apreciativa, é possível despertar o interesse dos clientes nas dimensões afirmativas e vivificantes de suas próprias experiências.

É "tentativa e correção", e não "tentativa e erro"

A tentativa e correção, em vez da tentativa e erro, está subjacente à Investigação Apreciativa. O processo é análogo à experiência da aprendizagem humana quase universal de aprender a andar. Esses primeiros passos do bebê ocorrem depois de meses observando outras pessoas andando eretas. Esses modelos despertam nas crianças o desejo e a ambição de caminharem e, no momento apropriado do desenvolvimento, começam a encorajá-las. Eles colocam as crianças em pé, seguram suas mãos e as movem para a frente. Com os braços estendidos, eles animam e elogiam até os valentes bebês darem os primeiros passos sem apoio.

Ninguém ensina as crianças pequenas a andarem com instruções passo a passo. A biomecânica não é explicada para eles. Elas descobrem isso por si mesmas em um processo gradual de tentativa e correção. Depois dos primeiros passos, as crianças inevitavelmente caem. Isso não provoca críticas ou condenações. Ninguém considera isso um fracasso. Pelo contrário, as crianças são incentivadas e encorajadas a tentarem repetidamente até dominarem a habilidade.

Permitir que os clientes relaxem e experimentem diferentes estratégias sem medo do fracasso é o trabalho essencial não só da Investigação Apreciativa, mas também do coaching. Fazer o *brainstorming* das possibilidades provocativas usando o Ciclo 5-D é uma forma de isso acontecer. Tais possibilidades podem ser provocativas, em parte porque não se sabe se funcionarão ou não. Só o tempo dirá a partir do processo de tentativa e correção.

Compartilhar histórias é uma ótima maneira de incorporar a riqueza da "tentativa e correção" nas sessões de coaching. As histórias conseguem induzir as pessoas a descobrirem e a discernirem seus próprios significados e movimentos. Tal como a criança que observa as pessoas a caminhar, quando ouvimos as histórias uns dos outros, a nossa ambição desperta, evocando uma motivação mais forte para a mudança.

Reconheça o sucesso

Os clientes facilmente perdem de vista seu progresso quando enfrentam contratempos ou não alcançam suas metas tão rapidamente quanto desejam. Continue lembrando-os do progresso passado, não importa o quanto eles tenham feito. Por exemplo, "Há 3 meses, você não conseguia andar 1 km" ou "Antes de começarmos, você nem notaria que a refeição do restaurante era rica em calorias. Você está mais consciente dessas questões agora e o seu corpo está acostumado com alimentos mais leves. Esse é um grande passo!". Lembre-se de que os coaches habilidosos enaltecem os seus clientes em todas as conversas.

Uso da Investigação Apreciativa para transformar o relacionamento coaching

Como o coaching promove o desenvolvimento do cliente dentro de uma parceria de aprendizagem, é importante que os coaches solicitem feedback dos clientes. Muitos deles precisam de permissão para compartilhar honestamente seus sentimentos e desejos sobre a experiência de coaching. O protocolo da entrevista apreciativa pode ser modificado para encorajar a partilha honesta e obter feedback a partir de um quadro positivo. Por exemplo, em intervalos periódicos durante o programa de coaching, as seguintes perguntas poderiam ser utilizadas:

- "Qual foi a melhor experiência que você teve até agora durante o processo de coaching?"
- "Quais são os valores que você mais frequentemente me vê modelando como coach?"
- "Quais condições mais ajudaram você a alcançar as suas metas e seguir em frente?"
- "Se um gênio lhe concedesse três desejos em relação ao nosso relacionamento coaching, quais seriam?"

O feedback solicitado por meio desse quadro apreciativo é bastante diferente da crítica. Ao concentrar-se em experiências, valores, condições e desejos positivos e vivificantes, tanto o coach como o cliente são capacitados para serem honestos e para tornarem a relação de coaching tão produtiva e agradável quanto possível, motivando mudanças que se concentram na exploração e amplificação de pontos fortes.

Referências bibliográficas

Bennis, W., & Nanus, B. (1985). *Leaders: The strategies for taking charge.* New York: Harper & Row.

Cooperrider, D. L., & Whitney, D. (2005). *Appreciative inquiry: A positive revolution in change.* San Francisco: Berrett-Koehler Communications.

Danner, D. D., Snowdon, D. A., & Friesen, W. V. (2001). Positive emotions in early life and longevity: Findings from the nun study. *Journal of Personality and Social Psychology, 80,* 804–813.

Fredrickson, B. L. (2003). The value of positive emotions: The emerging science of positive psychology is coming to understand why it's good to feel good. *American Scientist, 91,* 330–335.

Fredrickson, B. L. (2009). *Positivity: Groundbreaking research reveals how to embrace the hidden strength of positive emotions, overcome negativity, and thrive.* New York: Crown.

Fredrickson, B. L. (2013a). *Love 2.0: Finding happiness and health in moments of connection.* New York: Penguin.

Fredrickson, B. L. (2013b). *Love 2.0: How our supreme emotion affects everything we feel, think, do and become.* New York: Hudson Press.

Gruber, J., Mauss, I., & Tamir, M. (2011). A dark side of happiness? How, when, and why happiness is not always good. *Perspectives on Psychological Science, 6*(3), 222–233.

Hammond, S. A. (1998). *The thin book of appreciative inquiry.* Bend, OR: Thin Book.

Hanson, R. (2009). *Buddha's brain: The practical neuroscience of happiness, love and wisdom.* Oakland, CA: New Harbinger.

Jung, C. G. (1962). *The secret of the golden flower: A Chinese book of life* (R. Wilhelm, Trans.). San Diego, CA: Harcourt Harvest Books.

Kelm, J. B. (2005). *Appreciative living: The principles of appreciative inquiry in personal life.* Wake Forest, NC: Venet.

New, B., & Rich-New, K. (2003). *Looking for the good stuff.* Cape Canaveral, FL: Clarity Works!

Seligman, M. (2011). *Flourish: A visionary new understanding of happiness and well-being.* New York: Free Press.

Watkins, J. M., & Mohr, B. J. (2001). *Appreciative inquiry: Change at the speed of imagination.* San Francisco: Jossey-Bass/Pfeiffer.

Wheatley, M. J. (1999). *Leadership and the new science.* San Francisco: Berrett-Koehler Communications.

Whitney, D., & Trosten-Bloom, A. (2003). *The power of appreciative inquiry: A practical guide to positive change.* San Francisco: Berrett-Koehler Communications.

Zander, R. S., & Zander, B. (2000). The art of possibility. New York: Penguin Putnam.

Capítulo 6

Como Aproveitar a Motivação para Desenvolver Autoeficácia

"Quer pense que pode ou que não pode, você está certo."

HENRY FORD

OBJETIVOS

Depois de ler este capítulo, você será capaz de:

- Descrever a diferença entre a motivação controlada e a motivação autônoma
- Definir a Entrevista Motivacional (EM) e discutir como ela é integrada ao coaching
- Citar as principais ferramentas de EM, inclusive as várias declarações de escuta reflexiva e o uso de parâmetros para evocar a prontidão para mudar
- Definir e discutir as quatro fontes de autoeficácia.

Aproveitar a motivação para desenvolver autoeficácia

Este *Manual* começou com uma descrição simples de Coaching: um relacionamento que promove crescimento, provoca motivação, aumenta a capacidade de mudança e facilita o processo de mudança por meio de visão, estabelecimento de metas e responsabilidade; na melhor das hipóteses, essa relação leva à mudança sustentável para o bem. Este capítulo concentra o foco em dois desses elementos-chave: "provoca motivação" e "aumenta a capacidade de mudança".

Você também deve se lembrar de que, no Capítulo 1, Parte 2, *Coaching Psicológico*, propusemos quatro mecanismos de ação do coaching. Descrevemos dois desses mecanismos como os motores gêmeos da mudança, a automotivação ("Eu quero fazer isso") e a autoeficácia ("Eu acredito que posso fazer isso"). Exploramos como esses dois mecanismos se baseiam na Teoria da Autodeterminação. Neste capítulo, vamos explorar outros construtos, teorias e modelos baseados na ciência, que contribuem para a discussão da motivação e da autoeficácia no coaching. Aprofundamos ainda mais a Teoria da Autodeterminação e abordamos os quatro princípios das EM. Exploramos as quatro fontes de autoeficácia definidas na Teoria Social Cognitiva (TSC ou SCT, do inglês *Social Cognitive Theory*). Também incluímos referências às primeiras pesquisas sobre o propósito e o significado da vida, Comunicação Não

Violenta (CNV), Investigação Apreciativa e Teoria do Fluxo. O Capítulo 7, *Prontidão para Mudar*, sobre o Modelo Transteórico, identifica outros processos de mudança relacionados à motivação e à autoeficácia.

O que significa estar motivado?

A motivação é a energia que pode levar alguém a:

- Começar um novo hábito ou aprender uma nova habilidade
- Dar passos em direção a uma meta
- Concentrar o foco em criar um hábito ou aprender uma habilidade para alcançar uma meta
- Manter um hábito ou uma habilidade
- Apreciar e saborear a conquista de metas.

No entanto, nem todos os tipos de motivação são criados iguais, e nem todas as estratégias para descobrir a motivação aumentam o impulso e o compromisso do cliente com a mudança.

Motivação controlada

A motivação pode vir de uma fonte externa com a boa intenção de motivar o cliente a fazer mudanças críticas de comportamento ou a mudar pensamentos prejudiciais. Fontes externas de motivação podem ter em mente os melhores resultados para o cliente, ao mesmo tempo que pressionam, encorajam ou mesmo exigem "conformidade" na mudança de comportamento. Palavras como "deveria", "deve" e "tenho que" implicam um padrão ou uma expectativa externa relacionada ao respeito próprio e à autoestima. Na frase "Eu sou uma pessoa boa ou má, dependendo se pratico um comportamento", está implícita uma forma de submissão interna, e isso contrasta com o desejo sincero pelo resultado do comportamento.

CASO DE COACHING

Motivação controlada

Coach Carl: Wendy, estou muito preocupado com o fato de você ainda fumar. Você tem feito grandes progressos na sua saúde nos últimos meses, mas essa é uma área que não melhorou e isso é preocupante. Sei que você se sentiria muito melhor e orgulhosa de si mesma se fizesse algum progresso nessa área, e tenho certeza de que conseguirá! Além disso, você está ciente do novo programa de incentivos do seu empregador? Se você se comprometer a participar do programa "Smoke Freedom" ("Livre da Fumaça") e permanecer ativa nele por 3 meses, receberá um vale-presente de 50 dólares. Não seria ótimo se pudéssemos dizer que conseguimos isso?

Wendy Well: Bem, acho que posso tentar.

Quando os clientes respondem à motivação externa com mudanças de comportamento, provavelmente eles serão levados a obedecer pelo desejo de agradarem outra pessoa ou de obterem a aprovação ou o respeito dessa pessoa. Eles também podem estar reagindo ao medo das consequências por não fazerem isso. Em outras palavras, a mudança de comportamento a longo prazo não resulta de maneira confiável da força, dos fatos ou do medo (Deutschman, 2007). É por isso que, por exemplo, muitos pacientes com doenças cardíacas frequentemente precisam de múltiplos procedimentos que poderiam ter sido evitados se mudanças no estilo de vida tivessem sido feitas.

Infelizmente, embora a motivação externa por vezes conduza à submissão, ela também conduz ao desafio enraizado na necessidade de autonomia da pessoa, na profunda necessidade de marchar ao som de seu próprio tambor, em vez de cumprir os desejos de outra pessoa. Quando alguém age de acordo com os desejos do outro, o sentido de autonomia fica comprometido. A necessidade de autonomia é tão forte que as pessoas podem resistir e se rebelar contra os conselhos dos especialistas sobre mudanças de estilo de vida saudável apenas para preservarem a autonomia. Pais de adolescentes conhecem esse fenômeno muito bem, e é universal, ao longo da vida, resistir a que lhe digam o que fazer, desde os primeiros passinhos de bebê até o momento em que, envelhecido, agarra-se à independência enquanto pode.

Edward Deci (2013), cofundador da Teoria da Autodeterminação, sugere que embora seja possível fazer com que as pessoas se comportem de maneira saudável por meio da sedução ou da coerção ou com uso de incentivos financeiros, o comportamento só durará enquanto os incentivos existirem. Isso significa que o consultor especializado ou o empregador que fornece a fonte externa de motivação pode não conduzir à motivação autogerada e até provocar resistência e desafio, tornando as pessoas menos propensas a se envolverem do que o fariam sem o motivador externo.

Motivação autônoma

Como o coach apoia o cliente na liberação de sua própria motivação sem uso de força, fatos, medo ou da boa e velha torcida? A resposta é: explorando a motivação autônoma do cliente.

A motivação autônoma consiste em se comportar com pleno senso de vontade, interesse e escolha. Quando as pessoas estão motivadas de forma autônoma, elas controlam suas escolhas e agem de maneiras que consideram interessantes, importantes, melhores ou de profundo valor (Deci, 2013).

Deutschman (2007) cita o trabalho do Dr. Dean Ornish, professor de Medicina na Universidade da Califórnia, em São Francisco, e fundador do Instituto de Pesquisa em Medicina Preventiva. Ornish (2002) também reconheceu a importância de uma motivação de maior qualidade que levasse em conta as dimensões psicológicas, emocionais e espirituais da mudança. Em seu trabalho com pacientes que tiveram ataque cardíaco, ele percebeu que os pacientes "cumpririam" as "ordens do médico" apenas por algumas semanas depois do evento e por medo (Ornish, 2002).

No entanto, a longo prazo, os pacientes deixariam de pensar na mortalidade, a negação voltaria e eles retornariam aos seus estilos de vida pouco saudáveis. Assim, Ornish (2002) adotou uma abordagem diferente: em vez de motivar os pacientes com o "medo de morrer", ele os apoiou na consideração de uma nova visão, com foco na "alegria de viver" e nos benefícios que advêm da vida. Ele reconheceu que a alegria é um motivador mais poderoso que o medo.

Quando a mudança de comportamento é intrínseca, os clientes experimentam prazer, algo que é divertido, desafiador e interessante. Esse tipo de motivação pode ter o foco no presente, saboreando no final do dia seu impacto no aqui e agora e em como foi bom ter feito escolhas saudáveis. Ou pode ter o foco no futuro, com o cliente sabendo que a mudança o levará a um futuro melhor, energizando-o para tornar o mundo um lugar melhor, aproximando-se da melhor versão de si e reconhecendo que a recompensa maior vem depois que o comportamento é sustentado.

De acordo com Deci (2013), os benefícios para as pessoas que experimentam motivação autônoma elevada são grandes. Eles incluem:

- Comportamentos novos e positivos persistem por mais tempo
- Eles são mais flexíveis e criativos
- O desempenho melhora
- As pessoas sentem mais prazer em fazer mudanças
- As pessoas têm melhor saúde física e relacionamentos pessoais de maior qualidade.

A autonomia é um impulso humano fundamental, como Deci e Ryan (2002) ensinaram: estamos programados para não gostar que nos digam o que fazer. Os clientes têm melhor desempenho quando são livres para fazerem alguma escolha autônoma. Essa é uma boa notícia, pois as pessoas também assumem a responsabilidade pela sua saúde quando agem de forma autônoma. O sistema de saúde dos EUA foi concebido para ser governado de cima para baixo e pelas autoridades, colocando o paciente no banco do passageiro enquanto o prestador de cuidados de saúde se senta no banco do motorista, determinando a agenda e fornecendo aconselhamento e educação. Isso priva o paciente da oportunidade de assumir o controle e se aprofundar para encontrar uma fonte sincera de motivação. O modelo de coaching, que começa por suscitar autonomia, pode ajudar a mudar essa dinâmica no sistema de saúde.

Quando há consciência da importância da necessidade de motivação autônoma, surgem resultados positivos. Por exemplo, Deci (2013) cita um estudo sobre cessação do tabagismo que analisou até que ponto a equipe médica apoiava a autonomia dos pacientes. Ao satisfazer as necessidades psicológicas fundamentais dos pacientes, a equipe ajudou os pacientes a se tornarem mais motivados de forma autônoma. Então, os pacientes se sentiram como mais competentes na capacidade de pararem de fumar.

CASO DE COACHING

Motivação autônoma

Coach Carl: Wendy, o que você pensa para a nossa sessão de hoje? Você levantou alguns tópicos em conversas anteriores: o desejo de descansar mais e o interesse em parar de fumar. Você gostaria de discutir algum desses assuntos ou existe algo mais que você gostaria de falar?

Wendy Well: Bem, há meses venho procrastinando a conversa sobre fumar. Eu sei que o meu empregador está realmente sendo rigoroso com os seguros e que o fato de eu ser fumante terá impacto.

Coach Carl: Então, por um lado, o seu empregador está incentivando todos os funcionários a pararem de fumar. Por outro lado, você tem uma escolha a fazer sobre o assunto. Isso é algo que você deseja discutir hoje ou há algo mais importante para você?

Wendy Well: Parar de fumar é realmente muito importante para mim. É muito difícil parar e, francamente, não suporto que me digam o que fazer.

Coach Carl: É frustrante quando você sente que não tem controle. Vejamos se você está no controle aqui. Será que parar é importante para você?

Os coaches se envolvem em escutar e refletir sem distrações, com a mentalidade aberta, atenta e curiosa, em vez de pregarem e prescreverem, o que desencadeia resistência e até mesmo desafio. Quase sempre os clientes ficam surpresos quando se conectam pela primeira vez com o desejo sincero de mudança: não se trata de "quilos na balança", trata-se da liberação do desejo de os clientes melhorarem a saúde para terem os recursos necessários para viver a vida que a maioria deles quer viver.

Entrevista Motivacional: modelo para aumentar a motivação e a autoeficácia

A EM é uma metodologia de aconselhamento que foi desenvolvida nos últimos 30 anos, inicialmente como uma nova abordagem para o tratamento de dependência. Os métodos de EM apoiam a obtenção da motivação autônoma, incentivando o cliente a encontrar suas próprias razões para mudar. Envolve conversas pró-mudança e evita o desencadeamento de conversas de resistência à mudança, que podem fazer com que o cliente resista a que lhe digam o que fazer.

No coaching, quanto mais os clientes defenderem a mudança (conversa pró-mudança), maior será a probabilidade de eles realmente fazerem mudanças. Por outro lado, quanto mais os coaches defenderem a mudança, maior será a probabilidade de a resistência do cliente aumentar e a motivação para a mudança diminuir.

A EM visa aumentar a motivação autônoma para a mudança com as seguintes estratégias desenvolvidas por seus fundadores, Rollnick e Miller (2012):

1. Engajamento: desenvolver estratégias de promoção de crescimento e construção de relacionamento que apoiem a autonomia do cliente.
2. Foco: ajudar os clientes a desenvolverem mais clareza em torno de seus valores e de suas metas.
3. Evocação: gerar conexão com as motivações e impulsos autônomos do cliente.
4. Planejamento: projetar planos de ação que apoiem a construção da autoeficácia.

A EM evita explicitamente a abordagem especializada de cima para baixo em favor de ajudar os pacientes a tomarem suas melhores decisões sobre por que, o que, como e se eles devem mudar (Pantalon et al., 2013). A seguir, serão explorados os quatro princípios das EM, integrando outras teorias e modelos que apoiam e ampliam esses princípios.

Entrevista Motivacional – Princípio 1: engajamento

A EM começa com a premissa de que o diálogo pró-mudança é facilitado pelo espaço relacional calmo, seguro e livre de julgamentos, no qual as pessoas se sentem seguras em partilhar honestamente seus pensamentos, sentimentos, necessidades e desejos, sem medo de julgamento, ridículo ou pressão. Isso é especialmente verdadeiro quando os clientes enfrentam o conflito aparentemente insolúvel entre boas razões para não mudar e boas razões para mudar. Quanto mais o cliente se sente "preso" e incapaz de seguir em frente, mais importante será os coaches expressarem empatia, validarem e apreciarem o desconforto. Quanto mais o coach rotular, avaliar, contar e exigir, menos engajado o cliente se tornará.

A EM sustenta que esforços como pressionar, importunar, estimular, impor e insistir para que os clientes façam mudanças são geralmente contraproducentes, pois encorajam o discurso de resistência em vez do discurso de mudança, o que dificulta o avanço da agenda do cliente e o trabalho de coaching em geral. Para invocar a empatia e deixar para trás os esforços promocionais, é útil reconhecer comportamentos de risco, do tipo fumar, como expressões de necessidades não satisfeitas do cliente. Nenhuma mudança é possível até e a menos que essas necessidades sejam plena e respeitosamente reconhecidas, expressas e apreciadas.

Lidar com a resistência

A EM sustenta que o discurso de resistência do cliente diz mais sobre a abordagem do coach do que sobre a prontidão do cliente para mudar. Uma forma de mostrar apoio à autonomia do cliente é "lidar com a resistência". O fato é que os clientes não resistem à mudança, mas resistem a serem mudados. Marshall Rosenberg (2005) descreve as abordagens criadoras de resistência como comunicação alienante da vida, observando que as seguintes formas de comunicação podem aumentar a resistência e interferir na empatia:

- Julgamentos moralistas
- Rótulos de diagnóstico
- Imagens inimigas
- Viagens de culpa
- Exigências
- Negação de escolha ou responsabilidade
- Recompensas e punições
- Comparações.

Holley Humphrey (2000) observa que os seguintes padrões de comunicação também interferem na empatia, quer sejam destinados a serem construtivos ou não. Isso porque eles vêm mais da pena e da simpatia do que da empatia.

- Aconselhamento: "Acho que você deveria...", "Como você não fez isso?..."
- Educação: "Isso pode se tornar uma experiência muito positiva para você se você simplesmente..."
- Consolo: "Não foi sua culpa, você fez o melhor que pôde"
- Superação: "Isso não é nada; espere até saber o que aconteceu comigo"
- Contação de histórias: "Isso me lembra do tempo..."
- Desligamento: "Anime-se. Não se sinta tão mal"
- Interrogação: "Quando isso começou?"
- Comiseração: "Oh, coitadinho"
- Explicação: "Eu teria ligado, mas..."
- Correção: "Não foi assim que aconteceu."

Todas essas abordagens aumentam a probabilidade dos discursos de resistência. O uso de empatia, investigação e reflexão aumenta a probabilidade de conversar sobre mudança. A empatia torna o campo relacional entre o cliente e o coach seguro e interessante, abrindo portas para novas possibilidades e facilitando mudanças. Em vez de discutir com os clientes ou combater o incêndio com fogo, a empatia ajuda a redirecionar e, assim, difundir a energia da resistência de forma construtiva.

Aprender a lidar com a resistência é uma habilidade essencial para o coaching habilidoso. Os coaches que refugam a resistência podem aumentar a resistência, fazendo com que os clientes retrocedam em sua prontidão para mudar. Quando o coach sente a tentação do "reflexo de correção" de confrontar a resistência diretamente, por exemplo, discutindo, diagnosticando, corrigindo ou usando qualquer outro padrão de comunicação que promova a resistência, é importante respirar fundo, estender a autocompaixão pela necessidade de mudança do cliente, e então explorar respeitosamente os sentimentos, as necessidades e os desejos subjacentes do cliente. Quanto mais curiosos ficarmos sobre esses sentimentos, essas necessidades e esses desejos subjacentes, enquanto suspendemos os nossos próprios julgamentos, interpretações, suposições, avaliações e agendas, maiores serão as hipóteses de desenvolvermos uma ligação vivificante e de facilitarmos o diálogo sobre mudanças.

As seguintes mudanças de perspectiva podem ajudar os coaches a lidarem com a resistência:

- *Da resistência do cliente ao desejo externo de conexão*. Quanto mais o coach tentar convencer o cliente ou buscar conformidade, mais o cliente resistirá à mudança. Em contraste, quanto mais o coach procurar compreender respeitosamente a experiência do cliente, mais aberto o cliente se tornará
- *De especialista confiável a inspirador de confiança*. Quanto mais o coach afirmar saber o que é melhor para o cliente, maior será a probabilidade de provocar resistência. Em contraste, quanto mais o coach acreditar na capacidade de o cliente aprender, mais confiante ele se tornará
- *Das causas às capacidades*. Quanto mais o coach procurar as causas dos problemas, mais problemas surgirão. Quanto mais o coach e o cliente procurarem capacidades de forma colaborativa, mais envolvente se tornará o processo de mudança
- *Da contraforça ao contrapeso*. Quanto mais vigorosamente o coach argumentar contra a ambivalência e a favor da mudança, mais o cliente reagirá. Quanto mais o coach contrabalançar a ambivalência do cliente com uma consciência apreciativa das boas razões para não mudar, mais conversas sobre mudança serão geradas.

Uma vez estabelecida a ligação empática, a EM incentiva os coaches a usarem questões abertas, declarações de escuta reflexivas, e também vários parâmetros para desenvolverem a consciência da lacuna que pode existir entre o comportamento atual e metas ou valores pessoais importantes. O coach não deve apontar discrepâncias, pois pode parecer julgamento. Isso pode desencadear resistência à mudança de comportamento. De preferência, os clientes devem ser encorajados a perceber as discrepâncias por si próprios. Quando o fizerem, experimentarão novos sentimentos, tomarão consciência de novas necessidades e expressarão novos desejos. Explorar as discrepâncias com empatia e curiosidade pode ajudar os clientes a se tornarem mais abertos e motivados para a mudança.

Investigação aberta

Junto com outros modelos utilizados pelos coaches, a EM alavanca todo o valor da investigação aberta. Lembre-se de que todas as questões na fase de descoberta da Investigação Apreciativa (relacionadas a melhores experiências, valores fundamentais, condições geradoras e desejos sinceros) são abertas. Essas questões permitem que os clientes assumam papel ativo na sessão de coaching, conforme exploram os impactos positivos e negativos dos seus comportamentos.

Alguns exemplos de questões abertas que evocam conversas sobre mudança são:

- Qual foi a melhor experiência que você teve com o comportamento futuro desejado?
- Quais preocupações você tem sobre o seu comportamento atual?
- Quais valores você procura viver em sua vida?
- Como o comportamento futuro desejado pode gerar benefícios no futuro?
- Como o seu comportamento atual pode levar a problemas no futuro?
- Quais mudanças você gostaria de fazer em sua rotina? (Miller e Rollnick, 2012.)

Conforme os clientes contam suas histórias e dão expressão às experiências completas deles, as discrepâncias que se tornam evidentes podem parecer esmagadoras. Se isso acontecer, o coach pode ajudar melhor o cliente expressando empatia e apreço pelas boas razões que levam à ambivalência.

Como a investigação aberta incentiva o cliente a processar sua experiência e a falar mais do que os coaches, o ideal, na sessão de coaching, é que mais questões sejam abertas do que fechadas.

Reflexões perceptivas

As declarações de escuta reflexiva funcionam como espelhos, permitindo que os clientes se vejam de novas maneiras e melhorem a motivação e a capacidade de mudança. Reflexões oportunas e provocativas (empatia por necessidades não satisfeitas, ampliação de tópicos que possam melhorar a motivação e a confiança) estão no centro do modelo da EM. Esta usa declarações de escuta mais reflexivas do que questões de qualquer tipo. Isso ocorre porque as questões tendem a gerar respostas dominadas pelo pensamento do lado esquerdo do cérebro, enquanto as reflexões exploram emoções e necessidades. Além disso, uma série de questões feitas em seguida pode levar as pessoas se sentirem interrogadas. A proporção ideal entre reflexões e questões ao longo da sessão é de cerca de 2:1. Essa também é uma boa regra para coaching.

As reflexões de empatia, ou "suposições de empatia", como são chamadas na linguagem da CNV, são particularmente valiosas para expressar empatia. "Quando pensamos nas palavras das pessoas, ouvindo como elas se conectam às nossas teorias, estamos olhando para as pessoas, não estamos com elas" (Rosenberg, 2005). A chave para estar "com" o cliente é ficar totalmente presente com ele, ouvindo os sentimentos que ele expressa e as necessidades que estão sendo atendidas ou não.

Entrevista Motivacional – Princípio 2: foco

O segundo princípio da EM é permitir a exploração com foco nas discrepâncias entre os valores e as metas declarados do cliente e seus comportamentos atuais. Esse princípio é mais restrito que o foco da sessão de coaching típica, na qual o coach e o cliente colaboram para determinar o foco e a programação da sessão. Em vez disso, esse princípio trata de direcionar o foco de forma mais restrita para a lacuna entre a situação atual do cliente, seus valores e suas metas. Isso pode ser apropriado se for oferecido primeiro ao cliente como uma das várias opções, e se ele (ou ela) optar por explorar essa discrepância como o próximo melhor passo.

Desenvolvimento da discrepância

Explorar o equilíbrio decisório, os prós e os contras de alguma mudança específica, é uma ferramenta útil para ajudar os clientes a refletirem se estão prontos, dispostos e capazes de fazer a mudança. Questões abertas e declarações de escuta reflexiva incentivam os clientes a considerarem cuidadosamente os prós e os contras da mudança. Quais são os custos e os benefícios de não mudar? Quais são os custos e os benefícios da mudança? A discussão sobre o equilíbrio decisório ajuda os clientes a apreciarem mais plenamente as fontes da sua motivação autônoma (os custos de não mudar, os benefícios da mudança) e o que é necessário para construir confiança (encontrar estratégias possíveis para lidar com os benefícios de não mudar e os custos de mudar).

Richard Botelho (2004), médico e especialista em EM, utiliza um sistema de classificação quantitativa (Figura 6.1), junto com a conversa sobre equilíbrio decisório em sua ferramenta para promover a conversa sobre mudança e aumentar a motivação. Os coaches podem usar essa ferramenta durante as sessões de coaching.

O coach pode ajudar o cliente a colocar o foco em uma coluna de cada vez (p. ex., colocar o foco primeiro em todas as razões para continuar o mesmo) ou usar a técnica chamada contraste mental, em que o cliente alternaria – primeiro, identifica o motivo para continuar o mesmo, e depois a razão para mudar, para a frente e para trás (Oettingen e Gollwitzer, 2010).

Primeiro, os clientes são solicitados a listarem os benefícios e as preocupações de não fazerem ou de fazerem alterações. Depois que as listas são geradas, os clientes são solicitados a avaliarem, em uma escala de 0 a 10 (sendo 10 o mais alto, e 0 o mais baixo), o que pensam e sentem sobre suas listas. Depois de analisarem as pontuações de pensamentos e sentimentos, então os clientes são solicitados a atribuírem pontuações compostas aos seus níveis de resistência e motivação para mudar.

Resposta para "continuar o mesmo"	Resposta para "fazer alguma mudança"
1. Quais são os benefícios de continuar o mesmo? (Liste o maior número possível.)	**2.** Quais são as suas preocupações em continuar o mesmo? (Liste o maior número possível.)
3. Quais são as suas preocupações em fazer alguma mudança? (Liste o maior número possível.)	**4.** Quais são os benefícios de fazer alguma mudança? (Liste o maior número possível.)

Depois de listar o maior número de razões possível, explore os seus pensamentos e os sentimentos sobre continuar o mesmo ou fazer alguma mudança. Para explorar os seus pensamentos, responda à questão: "Em uma escala de 0 a 10, o que penso sobre todas as razões que apresentei?" Para explorar os seus sentimentos, responda à questão: "Em uma escala de 0 a 10, quão bem eu me sinto em relação a todos os motivos que apresentei?" Por fim, olhando para as duas pontuações, responda à questão: "Em uma escala de 0 a 10, até que ponto estou pronto para fazer alguma mudança (pontuação de motivação) ou continuar o mesmo (pontuação de resistência)?"

Pontuação de pensamentos = ______ Pontuação de pensamentos = ______	Pontuação de pensamentos = ______ Pontuação de pensamentos = ______
Pontuação de resistências = ______	**Pontuação de motivações** = ______

0	1	2	3	4	5	6	7	8	9	10
Nenhuma	Baixa				Moderadamente alta					Muito alta

Figura 6.1 Ferramenta para desenvolver discrepâncias.

Reflexões perceptivas para o desenvolvimento de discrepâncias

Quatro reflexões poderosas usadas pelos profissionais de EM para desenvolver discrepâncias entre o futuro desejado e os comportamentos atuais são: reflexões simples, amplificadas, de dupla face e com mudança de foco. Cada uma pode ser usada em conjunto com uma reflexão de empatia em estilo de CNV, abordando os sentimentos e as necessidades do cliente.

Reflexões simples

Essas reflexões são como as imagens vistas em um espelho plano. A simples reflexão parafraseia e reafirma o que os clientes estão dizendo, usando suas próprias palavras, sem exageros, interpretações ou distorções. O impacto dessas reflexões simples pode ser surpreendentemente poderoso.

CASO DE COACHING

Wendy Well: Não tenho tempo para fazer exercícios. Os meus amigos e o meu marido também não!

Reflexão simples do Coach Carl: Parece que você, os seus amigos e o seu marido não têm tempo para fazer exercícios.

Wendy Well: Isso é verdade, exceto um dos meus amigos que é um corredor ávido. Não sei como ele consegue!

Reflexão empática do Coach Carl: Quando você diz que tem um amigo que é um corredor ávido, parece que você está impressionada e pode estar curiosa, imaginando como ele consegue encontrar tempo.

Reflexões amplificadas

Essas reflexões são como imagens vistas em um espelho côncavo ou convexo. Elas maximizam ou minimizam o que os clientes dizem, a fim de suscitar neles desacordo na direção do discurso de mudança. Ao refletir a intensidade aumentada ou diminuída da perspectiva do cliente, amplificando tanto o efeito quanto o resultado, os clientes podem reagir rapidamente com novos insights e razões para mudar. Para evitar ser manipulador, o coach deve usar declarações apenas a serviço das metas geradas pelo cliente. Para evitar ser zombeteiro ou condescendente, o coach deve fazer tais declarações em termos neutros.

CASO DE COACHING

Wendy Well: Não tenho tempo para fazer exercícios. Os meus amigos e o meu marido também não!

Reflexão amplificada do Coach Carl: Ouvi você dizer que você não conhece nenhuma pessoa próxima a você que tenha tempo para se exercitar e que parece impossível para você encaixar os exercícios na sua programação.

Wendy Well: Não é impossível eu fazer exercícios. É difícil encontrar tempo. De vez em quando consigo me exercitar e sei que existem pessoas por aí que se exercitam regularmente, então talvez eu possa descobrir uma maneira.

Coach Carl: Parece que você está curiosa e se sentindo um pouco energizada para encontrar alguma maneira de se exercitar com mais regularidade, aprendendo com a experiência de outras pessoas.

Reflexões de dupla face

Essas reflexões são como as imagens vistas em espelhos triplos: elas revelam múltiplas perspectivas ao mesmo tempo. Ao encorajar os clientes a olharem para diferentes facetas, talvez comparando uma declaração de resistência atual com alguma declaração de prontidão anterior, eles ganham perspectiva e tomam decisões diferentes sobre se e como querem avançar.

CASO DE COACHING

Wendy Well: Não tenho tempo para fazer exercícios. Os meus amigos e o meu marido também não!

Reflexão de dupla face do Coach Carl: Ouvi você dizer que não tem tempo para se exercitar e que os seus amigos e o seu marido também não. Mas também ouvi você dizer que o exercício faz você se sentir melhor e que o exercício regular seria bom para sua energia e saúde.

Wendy Well: Este é o problema. Eu quero fazer exercícios e isso faz com que eu me sinta melhor, mas prejudica o meu tempo com a família e os amigos. Se eu descobrisse como fazer as duas coisas, talvez conseguisse manter o exercício.

Coach Carl: Parece que você está se sentindo desanimada porque é difícil atender às suas necessidades de exercício e conexão, e valeria a pena encontrar alguma maneira.

Reflexões com mudança de foco

Essas reflexões são como as imagens que vemos em um periscópio. Desviam a nossa atenção de um assunto que provoca resistência para nos concentrarmos em outro ponto. Uma vez iniciada a conversa sobre mudança nessa área, o assunto que provoca resistência pode ser reconsiderado com mais sucesso.

É importante notar que, quando o coach emprega reflexões amplificadas e de empatia, é uma suposição sobre o que estimulará a conversa a respeito da mudança e quais sentimentos e necessidades podem estar por trás das palavras, da linguagem corporal ou do tom do cliente. Se a suposição está certa ou errada, não importa. O que importa é a integridade da intenção de gerar conversas sobre mudança e de se conectar com honestidade e empatia. Tais tentativas geram apreciação, consciência e movimento no cliente. Como quase sempre essas reflexões trazem à tona sentimentos fortes e necessidades profundas, é importante manter a linguagem da empatia até que os clientes se sintam reconhecidos e ouvidos.

CASO DE COACHING

Wendy Well: Não tenho tempo para fazer exercícios. Os meus amigos e o meu marido também não!

Reflexão com mudança de foco do Coach Carl: Parece desafiador ter tão pouco tempo para se exercitar. Estou me perguntando sobre a aula de dança que você começou com o seu parceiro. Você estava indo muito bem com isso. Lembro que você disse que estava gostando das aulas.

Wendy Well: Sim, essa foi a melhor decisão que tomei em muito tempo. Chega de ficar sentada em frente à TV nas noites de quinta-feira! Tem sido ótimo fazer algo ativo juntos. Podemos até adicionar uma segunda noite à programação.

Coach Carl: Parece que você está se sentindo feliz com a dança e com o tempo que passa com o seu parceiro, porque isso atende às suas necessidades de atividade física e conexão.

Entrevista Motivacional – Princípio 3: evocação

O terceiro princípio da EM centra-se em descobrir as razões da mudança do cliente. Incentivar o cliente a explorar o seu "porquê" autônomo por trás de alguma mudança de comportamento, especialmente com orientação para o futuro, pode criar a energia necessária para a mudança. Como disse Rumi: "O que você procura está procurando você."

Papel do significado na motivação

O sentido de propósito e significado da pessoa também pode ser uma base importante para razões de mudança. A busca por significado é a chave para a saúde mental e o desenvolvimento humano, inclusive a superação das adversidades. Por natureza, os seres humanos colocam o foco no significado, motivados pelo desejo de compreenderem o mundo em que vivemos e de procurar algo fora dele que exija a nossa devoção (Frankl, 2006).

Em sua pesquisa, Paul Wong (1987) descobriu que ter senso de significado, propósito de vida e controle de vida eram preditores de bem-estar psicológico e físico. Wong concluiu que o significado é necessário para a cura, a resiliência, o otimismo e o bem-estar. Uma nova e interessante direção de pesquisa em relação ao propósito levou ao estudo de Boyle et al. (2012), que descobriram que as pessoas com mal de Alzheimer que tinham forte sentido de propósito de vida eram menos afetadas por placas e emaranhados cerebrais do que as pessoas com mal de Alzheimer sem forte sentido de propósito. Embora os cérebros deles estivessem fisiologicamente doentes de forma semelhante, algo sobre ter "propósito" impedia que a doença se manifestasse completamente no declínio cognitivo.

CASO DE COACHING

Wendy Well: Parar de fumar é realmente muito importante para mim. É muito difícil parar de fumar e, francamente, eu não suporto que pessoas que não fumam me digam como fazer isso.

Coach Carl: É frustrante quando você sente que ainda não descobriu a melhor maneira de parar. Vamos ver o que está sob seu controle aqui. Acha que desistir é importante para você?

Wendy Well: Bem, isso faria com que o meu empregador parasse de me incomodar.

Coach Carl: Parece um bom motivo. Estou curioso sobre outros motivos que importam ainda mais. O que mais você vê como um benefício imediato?

Wendy Well: Eu provavelmente perderia essa tosse incômoda que me impede de dormir bem.

Coach Carl: E o que mais?

Wendy Well: Os meus colegas de trabalho não olhariam para mim como se eu estivesse com peste.

Coach Carl: Parece que isso é prejudicial para você. O que você gostaria que acontecesse?

Wendy Well: Eu me sinto um pouco excluída perto deles. Perco algumas conversas e algumas brincadeiras quando faço pausas para fumar durante o almoço, por exemplo.

Coach Carl: Você realmente quer sentir que não está perdendo nenhuma oportunidade de se conectar com eles. Quer se sentir incluída.

Wendy Well: Sim, é isso.

Coach Carl: Além do local de trabalho, que é apenas um aspecto da sua vida, o que o fato de não fumar significaria para você?

Os coaches ajudam os clientes a examinarem o maior valor e propósito por trás de qualquer mudança desejada, explorando o passado em busca de lições aprendidas, o presente para descobrir quais contribuições a mudança poderia trazer para o desempenho e o propósito de vida, e o futuro relacionado às contribuições potenciais para causas além da própria pessoa.

Análise da motivação com parâmetros

Os parâmetros de prontidão e confiança das EM são ferramentas úteis ao se explorar a motivação para a mudança (Figura 6.2).

Para evocar uma classificação de disposição, a EM pede aos clientes que avaliem o quão importante é fazer alguma mudança agora. O coach pode perguntar: "Em uma escala de 0 a 10, quão importante é para você mudar o seu ______ neste momento?"

Parâmetro da disposição

0	1	2	3	4	5	6	7	8	9	10
Não é nada importante			É tão importante quanto todo o resto							É a coisa mais importante da minha vida

Para evocar uma classificação de capacidade, a EM pede aos clientes que avaliem o quão confiantes estão em serem capazes de fazer alguma mudança agora. O coach pode perguntar: "Em uma escala de 0 a 10, quão confiante você está de que pode mudar o seu ______ neste momento?"

Parâmetro da confiança

0	1	2	3	4	5	6	7	8	9	10
Eu não acho que vou alcançar a minha meta					Eu tenho 50% de chance de atingir a minha meta					Eu definitivamente alcançarei a minha meta

Depois de explorar a importância e a confiança, pode ser útil perguntar diretamente sobre a disposição de o cliente mudar agora. O coach pode perguntar: "Em uma escala de 0 a 10, até que ponto você está pronto para mudar o seu ______ neste momento?"

Parâmetro da prontidão

0	1	2	3	4	5	6	7	8	9	10
Eu não estou pronto para mudar					Eu estou quase pronto para mudar					Eu estou totalmente pronto para mudar

Figura 6.2 Parâmetros de disposição, confiança e prontidão.

Esses parâmetros de pontuação permitem que os clientes pensem em voz alta e quantifiquem tópicos qualitativos que são difíceis de definir – a prontidão, a disposição e a capacidade de mudança deles. Para evocar disposição, a EM pede aos clientes que avaliem a importância de fazer a mudança agora.

O coach pode perguntar: "Em uma escala de 0 a 10, quão importante você diria que é mudar seu(sua) _____ neste momento?"

Com todos os três parâmetros, é valioso explorar com o cliente "O que o levou a não escolher um número menor?", "O que o ajudaria a chegar a um número maior?". Questões abertas como essas, seguidas de reflexões perspicazes, podem evocar conversas sobre a mudança e podem apoiar a mudança de comportamento.

Entrevista Motivacional – Princípio 4: planejamento

O princípio de planejamento das EM envolve a colaboração em um plano de ação apoiado no aumento da autoeficácia. A seguir, vamos explorar o tópico mais amplo da autoeficácia, antes de abordarmos os princípios de planejamento das EM.

Autoeficácia

A autoeficácia, a crença de que alguém tem a capacidade de iniciar e manter algum comportamento desejado, é um dos resultados mais importantes do coaching em combinação com melhorias na autoimagem (tornar-se a melhor versão de si) e na mudança duradoura de mentalidade e comportamento. O objetivo do coaching é que os clientes alcancem e sustentem as metas que os levaram ao coaching e se sintam confiantes em sua capacidade de atingirem novas metas no futuro, enfrentando bem os desafios à medida que surgem. Em outras palavras, os clientes devem ser capazes de aprender como aprender e mudar para que possam sair da parceria de coaching de forma autodirigida, motivada e confiante.

Teoria social cognitiva

Um recurso básico para compreender a autoeficácia é a TSC (**T**eoria **S**ocial **C**ognitiva [ou SCT, *Social Cognitive Theory*), lançada oficialmente em 1986 com a publicação do livro do inglês *Social Foundations of Thought and Action: A Social Cognitive Theory*], de Albert Bandura. Em outras palavras, a TSC afirma que o comportamento humano é determinado por três fatores que interagem entre si de forma dinâmica e recíproca: fatores pessoais (como aquilo que alguém acredita e como se sente sobre o que pode fazer), fatores ambientais (como as redes de apoio e os modelos de comportamento) e fatores comportamentais (como aquilo que alguém experimenta e realiza). A TSC recebe esse nome pois enfatiza a primazia dos processos cognitivos na construção da realidade e na regulação do comportamento.

O psicólogo Mihaly Csikszentmihalyi (2003) acredita que a autoeficácia aumenta quando se experimenta o fluxo: quando o desafio da tarefa e as habilidades para realizá-la são altos e quase iguais. Quando alguém está envolvido em uma tarefa que não combina com sua habilidade, a eficácia diminui e a ansiedade aumenta.

A autoeficácia é impactada pelos três fatores (pessoal, ambiental e comportamental), e o coaching habilidoso trabalha para alinhá-los. Bandura (1994, 1997) indica que é importante prestar atenção a quatro fontes de autoeficácia: estados fisiológicos/afetivos, persuasão verbal, experiências vicárias e experiências de domínio. Combinado com outros corpos de conhecimento – inclusive a Teoria da Autodeterminação, o Modelo Transteórico (MTT) de Mudança, a Investigação Apreciativa, a CNV, a EM e a Psicologia Positiva (emoções positivas, fluxo e pontos fortes) –, o trabalho de Bandura sobre a autoeficácia complementa a caixa de ferramentas de coaching, ao trazer uma estrutura unificada para essas teorias diferentes, mas sobrepostas.

Estados fisiológicos/afetivos: cultivo do *eustress* e minimização do *distress*

Nada é mais pessoal do que o corpo e os sentimentos, pois ambos podem interferir na autoeficácia. Por isso é tão importante ajudar os clientes a se sentirem física e emocionalmente confortáveis, em vez de se intimidarem com a perspectiva da mudança. As razões para a mudança acontecer se tornam motivacionais apenas quando envolvem a pessoa como um todo, inclusive as sensações físicas e as reações emocionais da pessoa, que podem sinalizar necessidades satisfeitas ou não satisfeitas. Em outras palavras, a maneira como as pessoas se sentem em relação à perspectiva de mudança tem impacto na autoeficácia delas. Quando sentem frio na barriga ou a garganta seca ao executarem uma tarefa, por exemplo, é mais provável que tenham baixa autoeficácia do que se a executassem sentindo-se relaxadas e confiantes. Isso pode parecer óbvio, mas a relação de causa e efeito ocorre nos dois sentidos: os estados fisiológicos afetam a autoeficácia e vice-versa, e os coaches trabalham para induzir ambos.

Se o estresse for definido como estímulo, então o *distress* representa estímulo demais ou bem pouco estímulo. Conforme observado anteriormente, o primeiro provoca ansiedade, enquanto o segundo produz tédio. Ambos são distressantes e, em casos extremos, podem gerar impactos negativos à saúde.

O *eustress*, literalmente definido como "estresse benéfico", ocorre na zona de fluxo. Nós nos sentimos engajados, mas não sobrecarregados, e no controle da nossa experiência, mas não entediados. Esse é o ponto ideal que os coaches procuram atingir com os clientes, tanto durante a sessão de coaching, desafiando os clientes a ampliarem o pensamento e o sentimento enquanto são afirmativos e empáticos para evitarem o *distress* (estresse excessivo) (Rosenberg, 2005), quanto depois da sessão de coaching, conforme os clientes buscam ativamente suas visões e suas metas.

Dar atenção respeitosa e compreensão aos estados fisiológicos/afetivos, tanto durante como entre as sessões de coaching, pode ajudar os coaches e os clientes a encontrarem esse ponto ideal. Por exemplo, durante as sessões de coaching, os coaches podem oferecer reflexões de empatia para suscitarem e se conectarem com o que os clientes podem estar sentindo e necessitando no momento. Os coaches também podem pedir aos clientes que mudem a posição do corpo, respirem ritmicamente, movam as mãos, andem, tracem um labirinto, olhem para algum objeto, façam desenhos, toquem música ou que se conectem de outras maneiras com seus estados fisiológicos/afetivos conforme diferentes ações estiverem sendo contempladas e revisadas.

Isso também se aplica aos estados fisiológicos/afetivos do próprio coach, pois muitas vezes refletem o que o cliente está sentindo e necessitando. Quanto mais conscientes os coaches se tornam de suas próprias sensações e de seus sentimentos no momento em que a sessão de coaching avança, mais objetivos os coaches se tornam em suas questões e intervenções.

Fazer com que os clientes prestem atenção aos seus estados fisiológicos/afetivos entre as sessões de coaching é igualmente vital para ajudá-los a seguir em frente. Perceber e compreender o que está acontecendo no nível emocional enquanto os clientes experimentam mudanças de comportamento pode ajudá-los a descobrir o que os enche ou que os drena de energia. A autoeficácia aumenta conforme os clientes fazem mais atividades que os enchem de energia. Os coaches ajudam os clientes a deixarem de lado a busca por ações pelo senso de obrigação ou pela ideia de que deveriam fazer, em favor de fazerem pelo senso de escolha e pela sensação de que é isso que eles valorizam e desejam. Quando o *locus* de controle muda do quadro externo para o interno, os clientes encontram mais energia, motivação e maior confiança para mudar.

Persuasão verbal: evocação de conversas sobre mudança

Muitos fatores ambientais diferentes impactam a autoeficácia. Dois dos mais importantes são: o que as pessoas nos dizem (persuasão verbal) e o que as pessoas fazem ao nosso redor (experiência vicária). A persuasão verbal não consiste em usar o "chapéu de especialista" e dizer aos clientes o que eles devem fazer. Isso normalmente gera resistência e ressentimento. Usar o chapéu de agradecimento e estimular o cliente a descobrir o que ele pode fazer, entretanto, é uma questão totalmente diferente. Contribuições assim tendem a enriquecer a vida e a gerar movimento conforme os clientes se convencem de que possuem o que é necessário para iniciarem e manterem o comportamento desejado.

No entanto, quanto mais os coaches tentam persuadir os clientes sobre o que devem fazer, mais resistência os coaches evocam, o que diminui a prontidão para a mudança. Para ajudar os clientes a serem persuadidos sem provocar resistência, os coaches transmitem confiança na capacidade de os clientes alcançarem sua visão e atingirem suas metas. Quando essa confiança é sincera e de coração, baseada nos pontos fortes do cliente, ajuda a reforçar a autoeficácia. Embora possa levar tempo e demandar muitas dessas contribuições verbais de vários fenômenos socialmente interativos, a inércia do cliente pode ser superada. Em outras palavras, a crença do coach no cliente aumenta a crença do cliente em si mesmo.

É trabalho do coach não apenas ajudar os clientes no equilíbrio decisório de pesar os prós e os contras, mas também de apoiá-los na aquisição da crença de que eles têm o que é preciso para seguirem em frente e que a vida os apoiará de maneiras maravilhosas, assim que eles iniciarem. Como mencionamos, Dave Buck, do CoachVille, enquadra o trabalho persuasivo do coaching em termos de: "A minha certeza é maior que a sua dúvida." Tal persuasão envolve todos os aspectos do ser, incluindo os domínios cognitivo, emocional, físico e espiritual. Ela depende do histórico e da credibilidade do coach e da qualidade do relacionamento coaching.

Albert Bandura (1997) alertaria contra a persuasão inautêntica ou irrealista, sugerindo que "torcer" por comportamentos que não são realistas prejudica o progresso do cliente e os esforços do coach. O reconhecimento de Bandura de que a persuasão verbal deve ser adequadamente dimensionada reflete a visão básica das etapas de mudança do Modelo Transteórico, e também o trabalho de Csikszentmihalyi sobre o fluxo. Os coaches habilidosos dançam com seus clientes para definir desafios apropriados e específicos da etapa e para identificar as habilidades relevantes a serem aprendidas ao longo do tempo. Quando isso acontece, a relação de coaching pode permanecer produtiva indefinidamente, pois sempre existem novos desafios a enfrentar e novas competências a aprender. A Investigação Apreciativa é uma estrutura e um processo especialmente poderoso para ajudar os clientes a se convencerem de que eles têm o que é preciso para fazerem o que desejam.

Ao evocarem as histórias de suas melhores experiências e ao explorarem seus valores fundamentais, seus pontos fortes, suas condições geradoras e seus desejos sinceros, os clientes se tornam capacitados para sonhar, projetar e concretizar seus destinos.

Quando os clientes expressam resistência, o MTT, a CNV e a EM são inestimáveis. A resistência pode advir da avaliação imprecisa do coach sobre a prontidão do cliente para mudar, da definição de um desafio que não corresponde à capacidade do cliente ou de obstáculos internos e externos formidáveis. A resistência também pode se desenvolver quando os coaches falam a partir da posição de especialista, dizendo aos clientes o que eles "precisam", "devem" ou "têm" de fazer para alcançarem suas metas. A EM utiliza muitas ferramentas que evitam provocar resistência, inclusive a expressão de empatia, silêncio, atenção, questões abertas, e também declarações de escuta reflexivas. Essas ferramentas de EM têm a capacidade de mudar o cliente do discurso de resistência para o discurso de mudança, aumentando assim a autoeficácia percebida do cliente.

Bandura (1994) observa que é muito mais fácil desencorajar do que encorajar alguém com as nossas palavras. Palavras erradas ditas na hora errada podem minar a confiança e produzir resultados decepcionantes. Usar o chapéu de especialista pode oprimir e intimidar, em vez de capacitar e inspirar. É melhor ouvir e permanecer em silêncio do que apertar os botões errados na tentativa de fazer algo fluir.

Experiências vicárias: observação de modelos similares

O primeiro *bungee-jump* comercial do mundo foi inaugurado em novembro de 1988, na ponte Kawarau, em Queenstown, na Nova Zelândia. A queda de 43 metros continua atraindo milhares de visitantes todos os anos, que acham fascinante observar o processo de alguém que decide mergulhar. Quando as pessoas chegam, elas vão primeiro para as plataformas de observação, uma alta e outra baixa. Observam pessoas de diferentes sexos e idades serem amarradas e mergulharem da ponte no desfiladeiro. A cada salto sucessivo, alguns ficam mais interessados, abertos e confiantes. Eles desenvolvem a crença de que "eu também posso fazer isso". A autoeficácia deles aumenta pela experiência vicária de observar os outros.

Essas experiências são outro fator ambiental vital quando se trata de autoeficácia. Quanto mais oportunidades as pessoas tiverem de testemunhar e se relacionar com outras pessoas que estão fazendo o que elas querem, maior será a probabilidade de elas mesmas iniciarem e sustentarem esse comportamento (Deutschman, 2007).

Compartilhar e contar histórias são outras maneiras de os clientes terem experiências vicárias que aumentam a eficácia. Os coaches podem encorajar os clientes a contarem histórias de outras pessoas que lidaram de maneira bem-sucedida com suas metas e desafios atuais. Os coaches também podem contar histórias de suas próprias experiências de vida e das experiências de outras pessoas com quem trabalharam ou conheceram. Quanto mais histórias de mudança positivas os coaches e os clientes compartilharem juntos, mais experiências vicárias entrarão na conversa de coaching, e mais a autoeficácia crescerá.

É melhor encorajar os clientes a encontrarem suas próprias histórias de experiência vicária em vez de contar histórias, mas ambas podem entrar em jogo ao longo da conversa de coaching. Quando os coaches contam muitas histórias, isso pode soar arrogante ("Olha o que eu fiz!") ou exigente

("Todas essas pessoas se organizaram! Por que você não consegue?"). Contudo, quando as histórias são contadas criteriosamente, como parte de dar e receber na sessão de coaching, elas servem como ferramentas poderosas que geram a energia para a mudança.

Se e quando os clientes não forem incapazes de inventar suas próprias histórias de experiência vicária, os coaches podem incentivá-los a fazerem pesquisas e estudos de campo. Para usar a analogia do *bungee-jump*, os coaches podem ajudar os clientes a encontrarem uma plataforma a partir da qual possam observar os outros fazendo o que desejam. Quando isso acontece, é provável que a autoeficácia deles aumente. Quanto mais histórias de sucesso os clientes tiverem no repertório e quanto mais contarem essas histórias aos seus coaches e aos outros, mais provável será que se considerem capazes de alcançar os resultados desejados.

Isso é especialmente verdade se as histórias descrevem pessoas semelhantes a elas. Quanto maior a semelhança percebida, maior será o impacto que a experiência vicária terá na autoeficácia. Por que algumas pessoas decidem pular da ponte Kawarau enquanto outras hesitam, mesmo se todos tiverem a mesma experiência indireta? Em parte, isso pode ter a ver com a proximidade com que nos identificamos com aqueles que se arriscam.

Experiências de domínio: esforços perseverantes e bem-sucedidos

O quarto fator de TSC, o fator comportamental, é, ao mesmo tempo, a fonte mais poderosa e o resultado final da autoeficácia. O que realmente realizamos contribui mais do que qualquer outra ação para cultivarmos o esforço perseverante e bem-sucedido. Como diz o velho ditado: "Nada gera sucesso como o sucesso." Por outro lado, "Nada gera o fracasso como o fracasso." Compreender esse coach dinâmico e habilidoso ajuda os clientes a alcançarem vitórias rápidas e a permanecerem no caminho da vitória semana após semana. Resultados positivos levam ao aumento da autoeficácia, enquanto resultados negativos levam à diminuição da autoeficácia. É por isso que as experiências de domínio podem ser vistas como causa e efeito quando se trata de autoeficácia.

Isso é tão verdadeiro no coaching quanto em outras áreas. Coaches habilidosos dançam melhor com seus clientes do que coaches vacilantes ou inseguros. Como resultado, os coaches habilidosos geram melhores resultados e atraem mais clientes, e ambos servem para aumentar o sentido da autoeficácia deles como coaches. Em vez de um ciclo descendente destrutivo, as experiências de domínio geram um ciclo ascendente construtivo. Para aumentar a frequência, a intensidade e a qualidade das experiências de domínio de seus clientes, os coaches habilidosos discernem onde os clientes estão nas etapas de mudança da MTT e, em seguida, os orientam para estruturarem metas incrementais apropriadas à etapa, que sejam, ao mesmo tempo, engajadoras e administráveis.

O princípio de "planejamento" das EM exige planos realistas e bem pensados que levem em consideração barreiras e desafios. Para fortalecer o comprometimento com as metas e a possibilidade de domínio, o coach e o cliente colaboram para:

1. Sonhar, a fim de visualizar o futuro desejado.
2. Explorar a intenção do cliente com motivação e significado.
3. Criar etapas de ação específicas, mensuráveis e significativas.

4. Examinar o nível de confiança do cliente e ajustar as etapas de ação conforme necessário para aumentar a confiança.
5. Criar planos de contingência.
6. Imaginar o sucesso e suas consequências positivas.
7. Afirmar o compromisso, os pontos fortes e a capacidade.

Como Csikszentmihalyi (2003) observa, almejar demais ou de menos prejudica a autoeficácia, pois gera ansiedade ou tédio: é para onde convergem as pesquisas que estudam fluxo e autoeficácia. Pessoas com autoeficácia elevada fluem com mais frequência do que pessoas com baixa autoeficácia, pois aquelas com autoeficácia elevada sabem como estabelecer metas e conceber projetos que estejam ao seu alcance.

Os coaches habilidosos ajudam os clientes a transformarem as suas experiências na implementação de metas em aprendizado. Ajudar os clientes a encararem suas vidas como experimentos científicos ou laboratórios vivos pode liberá-los para novas experiências e se recuperarem rapidamente de aparentes contratempos. Não existem falhas na ciência, apenas experiências de aprendizado. A ciência é um empreendimento de "ganhar e aprender" e não de "ganhar e perder". Os dados são coletados e as teorias são revisadas até que tudo funcione e se encaixe. Isso também é verdade quando tratamos das experiências de domínio. Se algo não funciona, usamos esses dados para projetar novos experimentos até encontrarmos algo que funcione.

Assim como acontece na Investigação Apreciativa, os coaches partem da perspectiva de que sempre poderemos encontrar algo que funcione. É importante que os coaches ajudem os clientes a encontrarem atividades que sejam importantes, interessantes, agradáveis e adequadas à etapa, do ponto de vista do cliente. Existe pouco valor em realizar o experimento por si mesmo. Ele está idealmente relacionado à visão mais ampla e positiva de quem são os clientes, o que eles valorizam e até onde querem chegar. Além disso, é necessário se basear na realidade daquilo que os clientes sabem e no que realizaram no passado. Os coaches habilidosos permitem que seus clientes enquadrem as suas metas e os seus projetos nesses termos. Eles são mestres na criação de significado, aprendizado e prazer da mudança.

Referências bibliográficas

Bandura, A. (1986). *Social foundations of thought and action: A social cognitive theory.* Upper Saddle River, NJ: Prentice Hall.

Bandura, A. (1994). Self-efficacy. In V. S. Ramachaudran (Ed.), *Encyclopedia of human behavior* (Vol. 4, pp. 71–81). New York: Academic Press. (Reprinted in H. Friedman [Ed.], *Encyclopedia of mental health.* San Diego: Academic Press, 1998.)

Bandura, A. (1997). *Self-efficacy: The exercise of control.* Gordonsville, VA: W. H. Freeman.

Botelho, R. (2004). *Motivate healthy habits: Stepping stones to lasting change.* Rochester, NY: MHH Publications.

Boyle, P. A., Buchman, A. S., Wilson, R. S., Yu, L., Schneider, J. A., & Bennett, D. A. (2012). Effect of purpose in life on the relation between Alzheimer disease pathologic changes on cognitive function in advanced age. *Archives of General Psychiatry, 69*(5), 499–505.

Csikszentmihalyi, M. (2003). *Good business: Leadership, flow, and the making of meaning.* New York: Penguin Books.

Deci, E. (2013). *How do we both support autonomy and build accountability? A presentation for the American Journal of Health Promotion.* Retrieved April 27, 2015 from http://healthpromotionjournal.com/index.php?com_route=view_video&vid=109&close=true

Deci, E. D., & Ryan, R. M. (2002). *Handbook of self-determination research.* New York: University of Rochester Press.

Deutschman, A. (2007). *Change or die: The three keys to change at work and in life.* New York: HarperCollins.

Frankl, V. (2006). *Man's search for meaning.* Boston, MA: Beacon Press.

Humphrey, H. (2000). *Empathetic listening.* In Empathy Magic Home Page. Retrieved October 16, 2008 from http://empathymagic.com/articles/Empathic%20Listening%20'0061.pdf

Miller, W., & Rollnick, S. (2012). *Motivational interviewing: Helping people change.* New York: Guilford Press.

Oettingen, G., & Gollwitzer, P. M. (2010). Strategies of setting and implementing goals: Mental contrasting and implementing intentions. In J. E. Maddux & J. P. Tangney (Eds.), *Social psychological foundations of clinical psychology* (pp. 114–135). New York: Guilford Press. Retrieved from http://www.psych.nyu.edu/gollwitzer/OettingenGollwitzer.pdf

Ornish, D. (2002). Statins and the soul of medicine. *The American Journal of Cardiology, 89,* 1286–1290.

Pantalon, M. V., Sledge, W. H., Bauer, S. F., Brodsky, B., Giannandrea, S., Kay, J., . . . Rockland, L. (2013). Important medical decisions: Using brief motivational interviewing to enhance patients' autonomous decision-making. *Journal of Psychiatric Practice, 19*(2), 98–108.

Rosenberg, M. S. (2005). *Nonviolent communication: A language of life.* Encinitas, CA: PuddleDancer Press.

Wong, P. (1987). Meaning and purpose in life and well-being: A life span perspective. *Journal of Gerontology, 42*(1), 44–49.

Capítulo 7

Prontidão para Mudar

"O crescimento não é uma progressão firme, para a frente, para cima. Em vez disso, é uma trilha em zigue-zague: três passos para a frente, dois para trás, alguns contornando arbustos e outros simplesmente permanecendo em pé, antes do novo salto para a frente."

DOROTHY CORKVILLE BRIGGS

OBJETIVOS

Depois de ler este capítulo, você será capaz de:

- Descrever o Modelo Transteórico (MTT)
- Definir as cinco etapas da mudança
- Descrever as competências de coaching para cada etapa da mudança
- Definir condicionamento operante e equilíbrio decisório
- Descrever o modelo do Monte da Mudança Duradoura.

Introdução à mudança de mentalidade e comportamento

A meta básica do coaching é facilitar a mudança, o crescimento e o desempenho autodeterminados do cliente. Nas áreas de saúde e bem-estar, coaches e clientes estão particularmente preocupados com mudanças de mentalidade e comportamento que apoiem um nível mais elevado de saúde e bem-estar.

Felizmente, existem excelentes teorias e extensas pesquisas sobre as precondições e os processos de mudança cognitiva e comportamental de apoio à caixa de ferramentas do coach. Uma das mais importantes é o MTT no campo da Psicologia Comportamental, que contribui com riqueza de princípios, habilidades e processos para a base do coaching em saúde e bem-estar. A pirâmide do Monte da Mudança Duradoura, inspirada no MTT, descrita em discussão posterior, apresenta os principais processos cognitivos, comportamentais e relacionais de mudança como uma estrutura de coaching.

Modelo Transteórico de Mudança

O Modelo Transteórico (MTT) de Mudança de Comportamento desenvolvido pelo Dr. James Prochaska e colaboradores é baseado em décadas de pesquisa, avaliando e medindo mudanças de comportamento para uma ampla variedade de comportamentos de saúde, inclusive cessação do tabagismo, adoção de exercícios e engajamento com mamografia. Esse modelo é feito para a automudança em comportamentos de saúde e pode ser facilmente aplicado no coaching de saúde e bem-estar, e também em outros domínios de coaching (Prochaska et al., 1994).

O MTT fornece aos coaches a compreensão de como e quando novos comportamentos podem ser adotados e sustentados e por que os clientes podem ter dificuldades, fracassar ou desistir.

Os clientes podem decidir contratar o coach porque já reconhecem que precisam e querem iniciar e manter novos comportamentos relacionados à saúde e ao bem-estar, e estão empenhados em fazer isso. A mudança de comportamento em matéria de saúde e bem-estar é, nos dias atuais, particularmente desafiadora, em virtude das pesadas exigências e tensões da vida, que podem esgotar os recursos para a mudança. Se fosse fácil, os clientes provavelmente não procurariam o apoio do coach ou já teriam feito e sustentado as mudanças que necessitam e desejam.

A pesquisa mostrou que a automudança é um processo em etapas no qual se passa de não pensar em mudar o comportamento para pensar sobre isso planejando a mudança, e antes de realmente iniciar o novo comportamento.

O uso de técnicas que incentivam prematuramente novos comportamentos pode desencorajar a mudança. Por exemplo, em geral, as pessoas que ainda não decidiram mudar não estão suficientemente preparadas para começarem a adotar o novo comportamento. Aplicar pressão para que estabeleçam metas e iniciem novos comportamentos o quanto antes pode fazer com que resistam ou se retirem do processo de mudança.

Para evitar tal revés, é valioso ajudar os clientes a considerarem a etapa de mudança para cada domínio, e mesmo para cada subdomínio, da saúde e do bem-estar, no início da parceria de coaching. Os clientes normalmente estarão em diferentes etapas de mudança para diferentes áreas e também para diferentes comportamentos. Eles podem estar prontos para adotarem o café da manhã saudável, mas não para comerem mais vegetais no jantar. Eles podem estar prontos para caminhadas, mas não para participar do treinamento de força. Eles podem estar interessados em praticar algum exercício de autocompaixão, mas não de meditação. Globalmente, eles podem estar mais interessados em lidar primeiro com o estresse, a nutrição ou o exercício.

Uma vez ciente da etapa em que o cliente se encontra em relação a algum comportamento ou domínio, o coach pode aplicar técnicas para facilitar a mudança que sejam específicas e eficazes nessa etapa. A aplicação de técnicas específicas em cada etapa pode ajudar os clientes a alcançarem suas metas de saúde e bem-estar de forma mais rápida e eficaz, e também criar uma base sólida para sustentá-las.

Etapas da mudança e habilidades de coaching eficazes para cada uma

Prochaska et al. (1994) ensinaram que as etapas pelas quais as pessoas se movem são previsíveis e identificáveis. Elas começam pela etapa de pré-contemplação, durante a qual ainda não pensam em fazer mudanças, e vão até a etapa de manutenção, em que as mudanças já foram adotadas como modo de vida e são estáveis. As características que as pessoas exibem em cada etapa são distintas e reconhecíveis.

As cinco etapas da mudança são:

1. Pré-contemplação (não estão prontas para mudanças).
2. Contemplação (pensam na mudança).
3. Preparação (preparam-se para a ação).
4. Ação (entram em ação).
5. Manutenção (mantêm o comportamento positivo).

É importante notar que o cliente não é uma etapa, mas, sim, que o cliente está em uma etapa específica relacionada a determinado comportamento ou domínio de mudança, como nutrição ou atividade física.

Pré-contemplação: "Eu não vou" ou "Eu não posso"

Quando alguém ainda não está pensando em adotar um comportamento positivo ou saudável, geralmente é porque se enquadra em uma das duas categorias da etapa de pré-contemplação: é aquele cliente que diz "Eu não vou" ou "Eu não posso". Quem diz "Eu não vou", não tem interesse em mudar porque não acredita que tenha algum problema. A família e os amigos podem pensar o contrário e podem estar incomodando-o sobre isso, mas o próprio cliente falha ou se recusa a reconhecer a necessidade de mudar, ou talvez, mais precisamente, pode resistir a ser mudado por outras pessoas. Quem diz "Eu não posso" gostaria de mudar, mas não acredita que seja possível. Por razões diferentes, ambos os tipos de clientes nem sequer pensam e muito menos trabalham para fazer alguma mudança em determinada área. Os clientes na categoria "Eu não vou" precisam ouvir mensagens que comuniquem a compreensão da sua etapa de prontidão e uma apreciação de sua total autonomia e controle sobre suas escolhas. É importante que eles não se sintam julgados ou inadequados. Os coaches devem validar, com sinceridade, as boas razões para os comportamentos pouco saudáveis, as necessidades que esses comportamentos atendem e como eles ajudam os clientes a lidarem com as exigências de suas vidas.

Os clientes na categoria "Eu não posso" estão cientes de que existem questões a serem abordadas e que existe necessidade de mudança, mas acreditam que a mudança é muito complicada ou difícil. Eles podem ter tentado e fracassado repetidamente no passado. Essas pessoas podem estar perfeitamente conscientes das suas barreiras e precisam de ajuda para olharem as barreiras de forma positiva e orientada para as possibilidades, para que possam aprender com elas, em vez de serem dominadas pelas emoções negativas e pela baixa confiança gerada por fracassos passados ou pelos grandes obstáculos atuais.

A maioria dos clientes estará na etapa de contemplação e/ou preparação para pelo menos uma área (condicionamento físico, peso, nutrição, estresse, saúde mental ou física), e o coaching pode apoiá-los a alcançarem a etapa de manutenção (sustentando um ou mais novos comportamentos consistentemente semana após semana) dentro de 3 a 6 meses. Muitos clientes lidam com fatores de estresse significativos na vida que estão esgotando suas capacidades de mudança, e essas podem ser áreas adequadas para a parceria de coaching antes de abordar os comportamentos de saúde. O coach também pode ser capaz de apoiar o cliente a avançar, mais tarde, em áreas em que ele está em pré-contemplação quando surgirem oportunidades nas sessões de coaching. Além disso, quando os clientes progridem em uma área, sua confiança na mudança pessoal aumenta e eles podem ficar prontos para avançar em outra área em que sua preparação anterior era mínima.

Para seguir em frente, o cliente na etapa de pré-contemplação precisa primeiro experimentar empatia genuína e aceitação incondicional. Esse é o momento de usar reflexões para demonstrar compreensão e respeito pelas emoções e necessidades do cliente. A capacidade de o coach reconhecer e aceitar que o cliente não pretende mudar determinado comportamento é a chave para a construção de confiança e de possibilidades futuras. O coach passa por cima da autonomia do cliente ao encorajá-lo a avançar na mudança de comportamento se ele não estiver pronto. Em vez disso, colocar o foco na compreensão do cliente em nível mais profundo, sem julgamento ou medo, apoia a autodeterminação do cliente.

CASO DE COACHING

Coach Carl: Olá, Wendy, meu nome é Coach Carl. Estou ligando da Incredible Insurance, Inc. em nome do seu empregador. Quando você completou a avaliação de saúde no mês passado, percebemos que você indicou que fuma vários maços de cigarros por dia. Gostaria de saber se poderíamos conversar sobre maneiras de ajudá-la a parar de fumar.

Wendy Well: Ah, sim, imaginei que alguém me ligaria. Os fumantes são cidadãos de segunda classe hoje em dia, como você sabe. Suponho que você esteja me dizendo que preciso parar de fumar ou perderei o meu seguro, ou serei multada.

Coach Carl: Parece que tem sido desagradável e frustrante para você sentir que está sendo tratada como um cidadão de segunda classe porque fuma.

Wendy Well: Sim, com certeza é. Sinto que tenho que me esconder e ficar envergonhada com isso. Odeio os olhares críticos que recebo.

Coach Carl: Posso imaginar que você gostaria que as pessoas aceitassem melhor a sua necessidade e o seu desejo de fumar.

Wendy Well: Exatamente. Eu gostaria que eles me deixassem em paz e me deixassem fumar em paz. É a única coisa que me mantém sã na minha vida maluca, e não sei como lidaria com isso sem fumar.

Coach Carl: Posso entender como fumar está ajudando você a lidar com muito estresse. Os fumantes são as únicas pessoas que restam que fazem pausas de 5 minutos e respiram profundamente [isso foi dito com um sorriso]. Parece que, no momento, você ainda não está pronta para falar a respeito de estratégias para reduzir ou parar de fumar.

Wendy Well: Sim, você acertou. Eu gostaria que outras pessoas entendessem. Talvez um dia eu pense em parar de fumar, mas não agora.

Coach Carl: Eu realmente acredito que fumar esteja ajudando você neste momento. Existe outra mudança que você está pronta para fazer e na qual eu possa ajudá-la?

(*continua mais adiante*)

Com o coach, os clientes podem classificar as suas barreiras naquelas que são reais, parecem grandes e precisam ser postas de lado agora; naquelas que são desculpas e podem ser reformuladas de maneiras novas e positivas; e naquelas que podem ser superadas aproveitando a energia da motivação autônoma profunda. Eliminar grandes barreiras em prazo imediato pode diminuir o nível de resistência do cliente em discutir qualquer mudança: pode ser necessário que demore algum tempo antes que os clientes possam perceber essas barreiras como administráveis. O cliente não precisa convencer o coach de que a barreira parece intransponível. A aceitação mostra aos clientes que você está do lado deles. Quando os clientes estiverem mais prontos para trabalharem com você, encontre uma fonte forte e positiva de automotivação e identifique outros comportamentos que eles estejam dispostos a mudar. Quando os clientes se conectam com algo que realmente desejam, como ser modelo para os filhos ao não fumar, eles ficam muito mais motivados a trabalhar em outras mudanças saudáveis além do tabagismo. Por exemplo, outras mudanças saudáveis podem incluir programas de caminhada, ioga para relaxar, mais frutas e vegetais, ou controlar algum grande fator de estresse na vida, como cuidar de um membro doente da família.

Contemplação: "Eu posso"

Outro termo para a etapa de contemplação é a etapa do "Eu posso". Nessa etapa, os clientes pensam em mudar comportamentos pouco saudáveis ou em adotar comportamentos saudáveis, e consideram tomar medidas nos próximos 6 meses. Eles estão mais conscientes dos benefícios inerentes à mudança e estão menos satisfeitos com a sua saúde e bem-estar atuais do que aqueles em pré-contemplação em torno de algum comportamento específico, mas ainda têm a sensação de dúvida e atrasam a mudança.

Os clientes podem expressar uma certa ambivalência em relação à mudança, sentindo que a mudança será difícil ou mesmo impossível de alcançar. Muitas vezes, as pessoas permanecem por muito tempo na etapa de contemplação, podendo ser consideradas contempladoras crônicas, pois não conseguem se imaginar comportando-se de maneira diferente e/ou não sabem como mudar. Elas ainda avaliam os benefícios da mudança em relação ao esforço que será necessário, e o equilíbrio é bastante balanceado entre os motivos para mudar e os motivos para permanecer o mesmo. Será somente quando os motivos para fazer as mudanças (os "prós") tiverem mais peso do que os motivos para permanecer o mesmo (os "contras") que o cliente estará pronto para mudar.

Quando surgem aberturas, quem pensa "eu posso" poderá estar disposto a explorar as suas melhores experiências com mudança no passado, e também as razões positivas para se comportar de determinada forma no futuro. Ao se concentrar em suas realizações, valores e visão anteriores, poderá compreender como a mudança melhoraria sua vida. Ajude esse tipo de cliente a ligar os pontos entre as mudanças que busca e os valores e esperanças para o futuro que possui. Definir a mudança de comportamento nesse contexto mais amplo torna a mudança mais relevante e significativa. Se os clientes não conseguirem identificar bem os seus motivadores pessoalmente convincentes para a mudança, inclusive novas relações de apoio e novas razões para mudar, o coach poderá apoiá-los na reflexão sobre isso. A visão clara do que eles querem (e não apenas do que não querem) é essencial.

Esses clientes precisam examinar não apenas as vantagens, mas também as desvantagens de abandonarem velhos comportamentos em favor de novos comportamentos mais saudáveis. Identifique quais barreiras são irremovíveis no momento e quais poderão ser superadas. Normalize, não dramatize. Quase todo mundo está preso em pelo menos um domínio da vida. Apoie os clientes contemplativos na identificação e realização de metas pequenas e realistas de investigação e pensamento, inicialmente para aumentarem a motivação e/ou confiança, incentivando-os, assim, a serem mais confiantes em sua capacidade de mudar.

Os clientes podem ir além da etapa de contemplação, conectando-se aos seus pontos fortes e ficando entusiasmados com as possibilidades que surgiriam com a mudança. O trabalho de descoberta por si só pode ser suficiente para levá-los à próxima etapa de mudança. Aumentar a consciência deles das razões convincentes para mudar e fazer com que eles se conectem com pessoas que fizeram mudanças semelhantes com sucesso são estratégias de mudança fundamentais.

Quando apropriado, os coaches podem perguntar se os clientes desejam que eles partilhem fatos científicos importantes sobre os benefícios de algum comportamento. Os coaches podem ajudar os clientes na descoberta e na classificação dos benefícios da mudança, e estes podem se tornar motivadores positivos e até poderosos.

Na etapa de contemplação, as metas apropriadas à etapa incluem mudanças de mentalidade por meio da leitura, do pensamento, da conversa, da escuta, da descoberta e da decisão, muitas vezes sem realmente executar o comportamento específico. Ou, às vezes, o cliente também pode adotar o mantra *just do it*, da Nike, e adotar pequenos passos comportamentais, como caminhadas de 5 minutos, 10 minutos de posturas de ioga ou comer uma maçã por dia, enquanto classifica a ambivalência. Uma série de pequenos sucessos sem o compromisso maior também pode aumentar a autoeficácia e melhorar a prontidão.

CASO DE COACHING *(continuação)*

Wendy Well: Então você realmente não vai tentar me pressionar para parar de fumar?

Coach Carl: Não, não vou. Fazer isso ou não é uma escolha totalmente sua. Estou aqui para apoiá-la quando você estiver pronta para começar a pensar sobre isso e talvez ajudá-la a fazer uma mudança diferente que pareça mais administrável.

Wendy Well: Bem, não estou interessada em abandonar o cigarro, que me ajuda a me acalmar durante os meus dias estressantes de trabalho.

Coach Carl: Acredito que fumar a ajude a superar os dias estressantes.

Wendy Well: Tenho trabalhado horas extras há meses em um projeto urgente, quase não tenho tempo de descanso em casa e muito menos de fazer exercícios. Na verdade, isso não é nada saudável.

Coach Carl: É uma fase difícil, sem tempo para cuidar de si mesma. E você não tem tempo nem para se exercitar.

Wendy Well: Nunca fui de fazer exercícios.

Coach Carl: Então, fazer exercícios parece exagero.

Wendy Well: Talvez não. Eu só achei que se pudesse andar na esteira ou algo assim, poderia me sentir um pouco menos estressada. Poderia ser um bom ansiolítico, mas não sei. Como eu disse, nunca fiz exercícios antes.

Preparação: "Eu vou"

A etapa de preparação também é conhecida como etapa "Eu vou". Na etapa de preparação, os sentimentos ambivalentes foram amplamente superados. Os clientes reforçaram a motivação e planejam tomar algumas medidas no próximo mês. Esses clientes têm um ou mais motivadores fortes. Eles sabem quais são as suas barreiras e apresentaram algumas soluções possíveis que proporcionam alguma esperança de sucesso. Se essas tarefas de reflexão, de desenvolvimento de estratégias para ultrapassar barreiras, não forem realizadas, então os clientes provavelmente permanecerão na etapa de contemplação.

Durante a preparação, os clientes experimentam as soluções possíveis, descartam as que não funcionam e pensam em novas abordagens. Nessa etapa, o coach pode apoiar os clientes na solidificação dos planos de mudança. Por exemplo, o cliente pode escrever uma declaração formal sobre o que está se comprometendo a fazer, contendo detalhes específicos sobre o que, quando e como. Além disso, com o coach, o cliente pode fazer um *brainstorming* para identificar os vários pequenos passos que podem ser dados, desde que sejam realistas.

CASO DE COACHING *(continuação)*

Coach Carl: Conte mais sobre a possibilidade do exercício.

Wendy Well: O meu marido começou a correr há cerca de 9 meses e eu fiquei surpresa com o quanto isso mudou o corpo e a atitude dele. Eu fiquei com um pouco de inveja. Além disso, percebi que depois de ficar sentada o dia todo no escritório, simplesmente não me sinto bem.

Coach Carl: Você acha que o exercício pode melhorar a sua atitude e ajudá-la a se sentir melhor depois de um longo dia de sedentarismo. Quais são as possibilidades de adicionar exercícios?

Wendy Well: Pensei na esteira, mas me dei conta de que estamos na primavera e eu prefiro ficar ao ar livre. Existe um parque bacana a apenas uma quadra do trabalho, mas, honestamente, acho que nunca iria lá durante o horário de trabalho. Então, estou pensando em caminhar quando o meu marido for correr.

Coach Carl: Parece que você pensou em algumas opções que não funcionarão e tem em mente uma que poderia. O que você gosta na ideia de caminhar enquanto ele corre?

Wendy Well: Ele me inspiraria a seguir em frente. E ele ficaria feliz por estar me ajudando, pois se preocupa com o fato de eu fumar.

Se os clientes apresentarem ambivalência, resistência ou medo de fracassar, é importante explorar os desafios deles e identificar novas formas de contorná-los. No entanto, o coach deve ser cauteloso para não aumentar a resistência dizendo ao cliente o que fazer. Trate a competência e os medos do cliente, pedindo-lhe que assuma a liderança na cocriação de soluções e estratégias.

Discuta situações que os clientes acham que poderiam ser problemáticas quando realmente iniciam o comportamento e peça-lhes que desenvolvam múltiplas estratégias possíveis antes de começarem.

Ação: "Eu sou"

Na etapa seguinte, que dura 6 meses ou mais, os clientes trabalham na construção de novos relacionamentos, praticando novos comportamentos e estabelecendo novos hábitos. A etapa de ação também é conhecida como etapa "Eu sou".

Aqui, os clientes talvez precisem se concentrar bastante enquanto praticam novos comportamentos e aprimoram seus estilos de vida. Nessa etapa, os clientes já identificaram um ou mais novos comportamentos que pretendem estabelecer e que já estão praticando de forma consistente, construindo semana após semana, mês após mês, até um nível-alvo. Por exemplo, o cliente pode estar praticando mais exercícios cardiovasculares, vamos supor, três a quatro vezes por semana, durante 15 a 60 minutos por vez, em nível de intensidade moderado a alto, ou ele pode estar cumprindo um conjunto específico de critérios nutricionais que foi combinado com o médico. O cliente também pode estar se esforçando para atingir uma meta que proporcionará algum alívio em uma vida repleta de estresse.

Quando os clientes estão na etapa "eu sou" para determinado comportamento, é importante que eles mantenham seus pontos fortes e seus valores em mente para seguirem adiante e permanecerem no caminho certo. Também é valioso estabelecerem conexões sociais ou desenvolverem novos relacionamentos com pessoas que compartilham seus interesses e metas comportamentais. Quanto mais modos de apoio conseguirem identificar, melhor.

CASO DE COACHING *(continuação)*

(1 mês depois)

Coach Carl: Já se passou 1 mês desde a última vez que nos falamos. Senti falta de conversar com você. Diga-me o que está indo bem com as metas que você estabeleceu para si mesma em nossa última sessão.

Wendy Well: Também estou contente por termos retomado o contato. Acho que comecei muito bem! Nas últimas 3 semanas, caminhei pelo menos 2 dias por semana, durante cerca de 1 hora de cada vez.

Coach Carl: Uau! É um ótimo começo! Quando definimos a meta, você estava pensando em 30 minutos e já está caminhando 1 hora. O que a ajudou a ir além da sua meta original?

Wendy Well: Em primeiro lugar, descobri que eu e o meu marido ficamos com o humor muito melhor à noite, depois de ambos termos feito exercícios. Rimos mais à noite. E lembra que eu disse que o trabalho era estressante? Isso não mudou, mas sinto que caminhar me ajuda a desestressar e a relaxar à noite.

Coach Carl: É ótimo ouvir isso. Quais pontos fortes e estratégias você usou para ser tão consistente ao caminhar?

Wendy Well: Adquiri o hábito de não planejar fazer nenhuma tarefa antes da minha caminhada nesses dias. Também tento lembrar como foi bom caminhar na vez anterior.

Coach Carl: Parabéns pelo progresso e perseverança! Com os dias frios de inverno chegando, eu me pergunto o que você acha que será necessário para permanecer no caminho certo.

Com mudanças graduais e pequenos passos alcançáveis, os clientes podem se sentir bem-sucedidos desde o início. É importante antecipar situações que possam ser problemáticas e incentivar os clientes a desenvolverem múltiplas estratégias possíveis para lidarem com essas situações antes que elas surjam.

Os coaches devem antecipar e devem estar preparados para lapsos de comportamento e para apoiarem os clientes na reformulação dos lapsos como contratempos temporários. Esses incidentes são mais bem percebidos como importantes oportunidades de aprendizagem, e não como fracassos. A mentalidade de tudo ou nada em relação às metas pode levar à culpa, à autocensura e a motivos para desistir. O cliente pode até se beneficiar da realização de um lapso seguro e planejado, como um dia sem exercício ou uma refeição durante a qual pode comer sem restrições, a fim de desenvolver novas competências mentais, novas perspectivas e resiliência sob uma situação controlada.

Considerando que existe elevado risco de volta à etapa de preparação, discussões para processar o aprendizado resultante dos contratempos e reformulá-los como fontes de aprendizagem valiosa são importantes. O cliente pode fracassar uma vez na execução de um comportamento desejado ou pode deixar de se envolver nos comportamentos desejados por 1 semana ou mais. Tais situações proporcionam a oportunidade para explorar a resposta do cliente à situação, a perda percebida de controle, e a ajuda ou o obstáculo das conexões sociais. O coach pode apoiar os clientes na exploração de situações desafiadoras e aprender com elas para o futuro. Ajudar os clientes a desenvolverem novos relacionamentos com pessoas que compartilham seus interesses e metas comportamentais pode fazer diferenças significativas. Com a modelagem correta e o ambiente de apoio, os clientes terão maior probabilidade de progredirem na etapa de ação da mudança.

Manutenção: "Eu ainda sou"

Quando o cliente se encontra na etapa de manutenção de um comportamento, ele está na etapa "eu ainda sou". Essa etapa começa quando a nova mudança de comportamento se torna um hábito e é feita automaticamente, em geral pelo menos 6 meses depois da mudança de comportamento inicial. Agora os clientes estão confiantes de que podem manter o novo comportamento e avaliariam a confiança para manterem o novo comportamento no nível de 8 ou 9 em 10. Nessa etapa, a autoeficácia deles é elevada e autorreforçadora.

Só porque os clientes progridem para o nível de manutenção não significa que não precisem continuar trabalhando diligentemente para manterem o novo comportamento e prevenirem recaídas (nem significa necessariamente que já não precisam ou não querem o coach). Existem diferentes conjuntos de riscos na manutenção, inclusive o tédio e o perigo de regresso gradual a hábitos antigos e menos saudáveis.

Lapsos, nos quais as pessoas abandonam temporariamente novos comportamentos, podem ocorrer durante o período de manutenção com a mesma facilidade que durante a etapa de ação. Se e quando isso acontecer, os clientes, muitas vezes, precisarão de assistência para definirem novas metas e para se reorientarem. Por exemplo, eles podem se beneficiar ao se inscrever em um evento relacionado à meta, praticar um novo tipo de exercício, experimentar uma habilidade nova, mas relacionada, ou ajudar outras pessoas que estão apenas começando. Isso pode ser mais fácil na manutenção do que na ação, pois os clientes já experimentaram o valor e os benefícios dos seus novos padrões comportamentais. Nessa etapa, lapsos geralmente não produzem nenhuma alteração significativa nos benefícios da mudança de comportamento para a saúde e a boa forma, o que significa que as pessoas podem voltar aos trilhos com mais facilidade e rapidez. Aprender a fazer tais ajustes é, de fato, um sinal de que estamos na etapa de manutenção da mudança.

As recaídas podem ser mais desafiadoras em qualquer etapa de mudança. Como abandonos prolongados de novos comportamentos, as recaídas levam à redução ou mesmo ao desaparecimento dos benefícios. Para reverter uma recaída, é importante revisitar, revisar e reconectar os clientes com seus pontos fortes, seus valores, seus recursos, suas visões, suas metas e seus motivadores. Além de explorar as lições aprendidas, é importante voltar atrás e reiniciar o processo de preparação e ação com escuta, questionamentos e reflexões livres de julgamento. Quanto mais vividamente os clientes se lembrarem e se reconectarem com a capacidade de colocarem seus pontos fortes em ação, mais desenvolverão a autoeficácia e recuperarão o sentido de controle.

As cinco etapas de mudança estão ilustradas na Figura 7.1. Você pode ver que lapsos e recaídas são parte normal do processo de mudança.

A Tabela 7.1 fornece um resumo das habilidades de coaching úteis para cada etapa de mudança com referência às competências essenciais de coaching da International Coaching Federation (ICF, 2015).

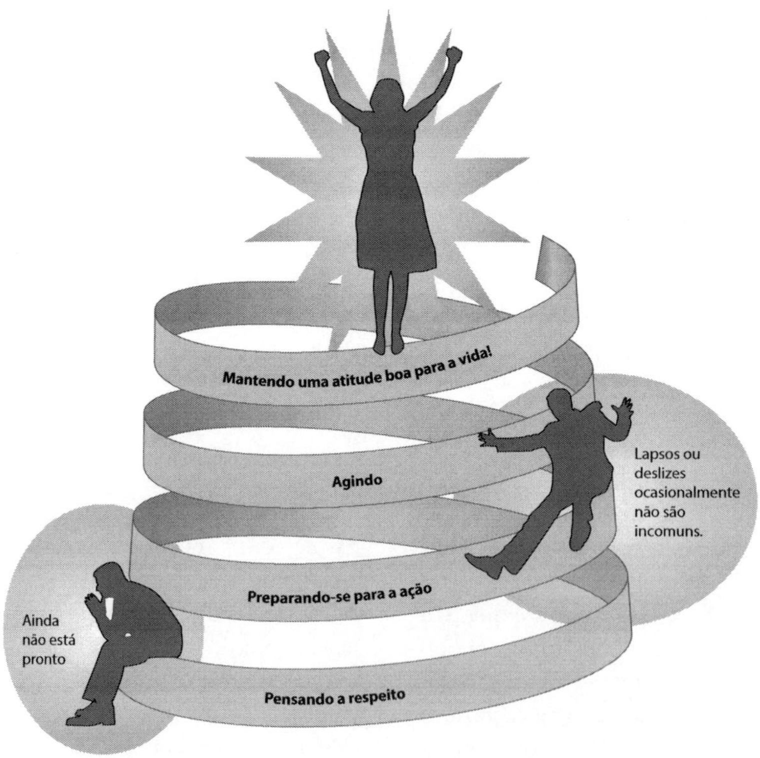

Figura 7.1 Etapas da mudança.

Tabela 7.1 Habilidades de coaching para mudança de comportamento.

Etapa	Habilidades para usar	Explicação
Pré-contemplação: **Eu não vou**	**Escuta** **Compaixão** **Mindfulness** **Investigação** **Reflexões** **Autonomia** **Reenquadramento** **Compartilhamento** ***Brainstorming*** **Investigação Apreciativa e EM**	Todos nós já passamos por isso e o cliente precisa saber que entendemos suas necessidades, emoções e circunstâncias. Este não é o momento de julgar, mas de ter empatia. Compaixão, "sofrer com", é a palavra-chave. Aceitar as pessoas exatamente onde estão, sem lhes dar sermões sobre onde deveriam estar, construirá a confiança e a intimidade tão necessárias para ser catalisador de mudança (ver Competências Essenciais 3 e 4 da ICF). Os "*Eu não vou*" precisam reforçar sua apreciação pelos prós.
Eu não posso	**Escuta** **Compaixão** **Mindfulness** **Investigação** **Reflexões** **Afirmação** **Reenquadramento** **Compartilhamento** **Autoeficácia** **Classificação de barreiras** **Investigação Apreciativa e EM**	Os "*Eu não posso*" precisam reforçar sua confiança para superarem os contras. Também podemos nos oferecer para ajudá-los a superarem suas barreiras. Qualquer um que esteja em pré-contemplação precisa não apenas de razões, mas também de esperança quando se trata das perspectivas de mudança.
Contemplação: **Eu posso**	**Escuta** **Compaixão** **Mindfulness** **Investigação** **Reflexões** **Afirmação** **Reenquadramento** **Compartilhamento** ***Brainstorming*** **Investigação Apreciativa e EM** **Autoeficácia**	Os contempladores precisam entrar em contato e permanecer conectados com seus pontos fortes, seus valores fundamentais e sua motivação autônoma para a mudança. A identificação de pontos fortes, valores e motivadores ajudará os contempladores a completarem a visão do processo de coaching, dando-lhes mais clareza sobre aonde querem ir e por quê. Os contempladores precisam encontrar motivadores fortes. Eles precisam identificar suas barreiras e apresentar possíveis soluções. A realização dessas três tarefas de pensamento faz com que os contempladores avancem na preparação. O compartilhamento de informações, bem como de histórias relacionadas às possibilidades e aos benefícios de fazer a mudança, pode ser uma contribuição inestimável para o processo de mudança do cliente (ver Competências Essenciais 7 e 8 da ICF).

(continua)

Tabela 7.1 Habilidades de coaching para mudança de comportamento *(continuação)*.

Etapa	Habilidades para usar	Explicação
Preparação: **Eu vou**	**Escuta** **Compaixão** **Investigação** **Reflexões** **Afirmação** **Investigação Apreciativa** ***Brainstorming*** **Experimentação** **Comprometimento** **Teste** **Agendamento** **Responsabilidade**	Uma vez que as pessoas tenham motivadores fortes, conheçam suas barreiras e tenham pensado em algumas soluções possíveis, é o momento de o coach trabalhar com elas na concepção de ações (Competências Essenciais 9 e 10 da ICF). Isso começa com a exploração do seu núcleo positivo (Investigação Apreciativa, Capítulo 4) a partir de questionamentos poderosos (ver Competência Essencial 6 da ICF). Embora possamos querer ensinar-lhes os truques para terem sucesso, é melhor ajudá-los a descobrirem, conceberem, comprometerem-se, e experimentarem suas próprias estratégias para o sucesso. Esses são os que têm maior probabilidade de persistir.
Ação: **Eu sou**	**Escuta** **Investigação** **Reflexões** **Apoio** **Autoeficácia** **Normalização** **Calibragem** **Reengenharia** **Projeto ambiental (Design ambiental)**	Se alguma vez existir um momento para o coach ser líder de torcida e maestral, será na etapa de ação da mudança. O cliente iniciou o caminho, ele precisa da nossa confiança, energia e compromisso para acreditar que pode permanecer no caminho (ver Competência Essencial 9 da ICF). Aqui, nós caminhamos na corda bamba entre o apoio e o desafio. Os clientes precisam ser inspirados. Com apoio demais, vamos mimá-los; com muito desafio, vamos sobrecarregá-los. Para inspirá-los, mantemos a quantidade certa de tensão em jogo. Conforme os clientes se deparam com situações desafiadoras, o coach os ajuda a analisá-las e a elaborarem planos de prevenção de recaídas.
Manutenção: **Eu ainda sou**	**Escuta** **Investigação** **Reflexões** **Apoio** **Inspiração** **Modelagem** **Improvisação** **Criatividade** **Motivação autônoma**	Demora-se 21 dias para desenvolver um hábito novo e fácil, e pode levar 21 meses para desenvolver um novo estilo de vida. Durante o processo, os clientes descobrirão fatos novos e interessantes sobre si mesmos. Eles também encontrarão desafios e contratempos, bem como tédio e desânimo. Ajudar os clientes a se tornarem modelos para os outros é uma maneira poderosa de eles permanecerem motivados. Por serem flexíveis, criativos e inventivos, os coaches podem ajudar os clientes a permanecerem engajados. Isso é parte integrante da gestão do progresso e da responsabilidade (ver Competência Essencial 11 da ICF), que pode ser muito pesada para alguns clientes lidarem sem experimentação e improvisação contínuas (ver Competência Essencial 9 da ICF).

EM, Entrevista Motivacional; ICF, International Coaching Federation.

Processos de mudança

Prochaska reconheceu que algumas pessoas estavam prontas para mudar e outras não, e que diferentes estratégias tinham de ser utilizadas para pessoas em diferentes etapas de preparação. Depois de pesquisar grande variedade de modelos psicoterapêuticos diferentes, Prochaska et al. (1994) elaboraram o MTT para identificar quais processos funcionavam melhor com pessoas em diferentes etapas de mudança. Junto com Carlo DiClemente, foram identificados dez processos que descrevem o que as pessoas realmente fazem para mudar: cinco são processos cognitivos e cinco são processos comportamentais de mudança.

Os processos cognitivos abrangem ampla gama de processos reflexivos de aprendizagem, nos quais as pessoas classificam seus pensamentos, sentimentos e desejos em relação a alguma mudança específica que promove a saúde. Esses processos, que muitas vezes ocorrem durante um período de vários meses ou mesmo de anos, incluem:

1. Obter informações: descobrir todos os benefícios (p. ex., médicos e de vida) de realizar o comportamento.
2. Ficar emocionado: levar a sério os benefícios do comportamento para a saúde e a vida e usar esses benefícios para despertar o impulso de mudança do cliente.
3. Considerar como o comportamento de alguém afeta outras pessoas: por exemplo, pensar que os filhos podem estar aprendendo ao testemunharem o comportamento positivo dos pais.
4. Autoimagem: ligar os pontos e buscar congruência entre a visão, os valores e os comportamentos para aumentar a integridade.
5. Normas sociais: conectar-se e conversar com pessoas que pensam como você e que trabalham no mesmo comportamento (p. ex., um grupo de apoio ou de interesse especial).

Os processos comportamentais abrangem ampla gama de processos de aprendizagem orientados para a ação, nos quais as pessoas experimentam novos comportamentos promotores da saúde e adotam aqueles que funcionam. Esses processos incluem:

1. Assumir um compromisso: por exemplo, escrever exatamente qual novo comportamento será adotado e quando.
2. Usar dicas: por exemplo, criar lembretes ambientais para fazer o que foi planejado.
3. Utilizar a substituição: substituir o antigo comportamento de risco para a saúde pelo novo comportamento de promoção da saúde (p. ex., substituir o cigarro por palitos de cenoura ou por um canudinho).
4. Apoio social: recrutar familiares e amigos para ajudarem na mudança de comportamento, solicitando formas específicas de apoio. Isso exige que os clientes pensem cuidadosamente sobre o que gostariam que alguém fizesse e depois pedissem a alguém de confiança que o faça.
5. Recompensas: estabelecer sistemas de recompensa pela conclusão de metas de ação.

Apoio aos clientes na passagem pelas etapas de mudança

Depois de estabelecer confiança e relacionamento com a orientação em torno de pontos fortes e valores dos clientes, é valioso incentivá-los a identificarem em quais etapas de prontidão eles acreditam estar em relação às suas potenciais áreas de foco ou quaisquer questões de vida relacionadas a saúde e bem-estar. Isso, por si só, pode gerar conversas envolventes sobre por que eles escolheram a etapa que escolheram, o que os levou até onde estão e em quais metas ou comportamentos desejam colocar o foco primeiro para seguirem em frente. Isso também apoia o desenvolvimento do senso de competência e autonomia do cliente para avançar em direção à mudança.

Apoio à autoeficácia

Uma das metas do uso do processo do MTT é aumentar o senso de autoeficácia ou a crença do cliente de que ele tem a capacidade de fazer alguma mudança em uma área desejada. A autoeficácia descreve a relação circular entre a crença e a ação; quanto mais você acredita que pode fazer algo, maior a probabilidade de fazê-lo. Quanto mais você faz algo com sucesso, mais você acredita que será capaz de fazê-lo novamente.

CASO DE COACHING

Wendy Well: Eu realmente fracassei na minha meta de não fumar no fim de semana.

Coach Carl: Eu sei que foi um desafio para você e entendo a sua decepção.

Wendy Well: Estou frustrada, com raiva de mim mesma. Sei que posso fazer melhor do que isso.

Coach Carl: Se quiser alcançar essa meta, sei que você pode. Vamos retroceder e ver o que pode ser aprendido aqui. Quais fatores você acha que contribuíram para a sua decisão de fumar depois de se comprometer a não fumar no fim de semana?

Wendy Well: Sei exatamente o que aconteceu. Eu estava fazendo algumas tarefas, então fiquei no carro o dia todo e não parei para almoçar. Antes que percebesse, eu estava fumando no meu carro.

Coach Carl: Ligue os pontos para mim. Como essa situação levou ao tabagismo?

Wendy Well: Primeiro, quando fiquei com fome, não tive força de vontade. E eu queria algo para colocar na boca.

Coach Carl: Interessante, pode existir algo aqui para aprender sobre os seus gatilhos.

Wendy Well: Sim, definitivamente eu tenho menos probabilidade de fazer uma boa escolha quando estou com fome.

Coach Carl: Observação interessante. Como você aplicará esse aprendizado no futuro?

O oposto também é verdade: quanto mais você acredita que não pode fazer algo, menor será a probabilidade de fazê-lo. Quanto mais você faz algo sem sucesso, menos acredita que será capaz de fazê-lo novamente. Em outras palavras, para citar um velho ditado: "Nada é tão bem-sucedido quanto o sucesso." Portanto, é importante que os clientes estabeleçam metas apropriadas, aquelas que correspondem à etapa de mudança e à capacidade do cliente. A consequência potencial de metas inadequadas é que o cliente pode fracassar, possivelmente configurando uma série de recaídas. É também por isso que é tão importante determinar corretamente a etapa ou a prontidão do cliente para mudar (p. ex., se você está trabalhando com uma pessoa do tipo "eu posso" ou "eu vou"). Em outras palavras, pode ser arriscado para o cliente na etapa de contemplação definir metas comportamentais na etapa final de um comportamento. Em vez disso, um tipo de meta mais apropriado seria alguma meta pensante, que incentiva a exploração de motivadores e desafios.

Quando os clientes experimentam uma situação desafiadora e sofrem um lapso, o coach pode trabalhar para reformular a experiência como uma experiência de aprendizado.

Condicionamento operante

Outra forma de envolver os clientes nos processos de mudança, especialmente nos processos comportamentais, é colocar o foco na relação do comportamento e suas consequências. Conhecido como condicionamento operante ou aprendizagem a partir de reforço positivo e negativo, é uma forma de aprendizado que ocorre quando a instância de comportamento espontâneo é reforçada ou desencorajada pelas suas consequências.

O condicionamento operante bem-sucedido procura as condições antecedentes que podem desencadear o comportamento indesejado. Por exemplo, pular o café da manhã pode levar a comer demais no almoço, o que pode levar a sentimento de culpa, que pode levar à irritabilidade. Essa irritabilidade pode levar ao abandono de quaisquer hábitos alimentares melhorados naquele dia. O resultado final pode ser uma farra de sorvete depois do jantar. Quando uma corrente de comportamentos é identificada, ajudar os clientes a alterarem o comportamento mais cedo na corrente, em vez de mais tarde, pode gerar mudanças e benefícios significativos.

Quase sempre é mais fácil manipular os antecedentes do que modificar as consequências ou os comportamentos. Exemplos de condições antecedentes podem incluir uma viagem longa para chegar à academia, um ambiente de treino desagradável, dirigir até a sorveteria favorita, um dia particularmente estressante ou alguma conversa interna negativa. Por exemplo, dias de trabalho estressantes e autoafirmações como "Estou sobrecarregado e não consigo lidar com tudo" podem levar alguém a comer demais no jantar de forma contínua. Talvez seja útil criar uma meta que ajude os clientes a aliviarem um pouco o estresse durante o dia ou antes de comerem, além de suas metas relacionadas à alimentação.

Teste da prontidão para mudança

O teste da prontidão para mudança (Tabela 7.2) pode ser usado com os clientes para priorizar os comportamentos que eles desejam mudar e avaliar a confiança na sua capacidade de eles mudarem.

Não importa os próprios clientes usarem os nomes formais das etapas. Pode ser melhor simplesmente fazer com que os clientes escolham a declaração que melhor descreve onde estão em relação à mudança de algum comportamento específico:

- Eu não vou fazer isso
- Eu não posso fazer isso
- Eu posso fazer isso
- Eu vou fazer isso
- Eu estou fazendo isso
- Eu ainda estou fazendo isso.

Assim que o cliente estiver familiarizado com as etapas da mudança, a sessão de coaching poderá fluir de acordo com o seguinte padrão:

Tabela 7.2 Teste de prontidão para mudança.

A pesquisa mostrou que a automudança é um processo em etapas. Passamos de não pensar em mudar um comportamento para pensar nele, para planejar a mudança e, então, testar maneiras de fazer isso antes de realmente começar. Ao pensar em mudar ou adotar um comportamento, pergunte-se o seguinte:

1. Por que eu realmente quero mudar o comportamento; o que torna a mudança importante para mim (os benefícios ou os prós)?
2. Por que não devo tentar mudar o comportamento; o que está no meu caminho (os obstáculos ou contras)?
3. Os meus prós superam os meus contras?
4. O que seria necessário para mudar o comportamento e superar os meus contras? Qual é a minha estratégia?
5. Posso realmente fazer isso?

Para seguir em frente, é melhor acreditar em sua capacidade de mudar; os prós superam os contras e você tem estratégias realistas para superar os contras. Os cientistas comportamentais reconhecem cinco etapas de prontidão para mudar o comportamento:

1. Pré-contemplação ("Eu não vou ou não posso nos próximos 6 meses").
2. Contemplação ("Eu posso nos próximos 6 meses").
3. Preparação ("Farei isso no próximo mês").
4. Ação ("Estou fazendo isso agora").
5. Manutenção ("Faço isso há pelo menos 6 meses").

Várias técnicas podem ajudá-lo a passar do não pensar para o pensar, para o planejamento, para o fazer e para continuar fazendo. Determinar se você está pronto para mudar o comportamento pode ajudar o seu coach a fazer essa mudança. As perguntas a seguir podem ajudar você e o seu coach a tomarem essa decisão. As suas respostas ajudarão o seu coach a orientar a conversa para que você possa passar pelas etapas de mudança e alcançar as suas metas.

1. A meta ou comportamento que eu quero trabalhar primeiro é:
2. As minhas razões para querer atingir essa meta ou mudar esse comportamento são:
3. Os pontos fortes, as aptidões, os valores e os recursos aos quais posso recorrer incluem:
4. Os principais desafios que enfrentarei ao mudar esse comportamento são:
5. As minhas estratégias para avançar e enfrentar esses desafios são:
6. Os esforços que eu fiz para mudar esse comportamento na última semana foram:
7. A minha meta para a próxima semana em relação a esse comportamento é:
8. A minha disposição para mudar o comportamento é (circule o nível que melhor descreve onde você está):
   - Eu não vou fazer isso
   - Eu não posso fazer isso
   - Eu posso fazer isso
   - Eu vou fazer isso
   - Eu estou fazendo isso
   - Eu ainda estou fazendo isso.

- Explore os pontos fortes, os valores fundamentais e os principais motivadores ou as principais razões para mudança do cliente
- Coidentifique a etapa de mudança do cliente e uma ou mais metas cognitivas ou comportamentais apropriadas
- Faça o coprojeto das estratégias que promoverão ganhos rápidos e autoeficácia com essas metas cognitivas ou comportamentais
- Discuta os desafios, conforme apropriado, que possam interferir na mudança de comportamento e estimular o pensamento criativo sobre soluções possíveis
- Induza os compromissos do cliente quanto aos passos que ele tomará e os esforços que serão feitos na próxima semana
- Reconfirme a prontidão do cliente para mudar e a vontade de seguir em frente.

Equilíbrio decisório

Um modo eficaz de engajar os clientes nos processos de mudança, especialmente nos processos cognitivos, é incentivá-los a verificar o peso dos prós e dos contras de determinado comportamento ou mudança comportamental. Conhecida como equilíbrio decisório (Janis e Mann, 1977), essa pesagem aumenta a chance de uma mudança de comportamento ser bem-sucedida, levando em consideração:

- Os prós ou ganhos para si mesmo, os ganhos para os outros, a aprovação dos outros e a autoaprovação
- Os contras ou perdas para si mesmo, as perdas para os outros, a desaprovação dos outros e a autodesaprovação.

CASO DE COACHING

Wendy Well: Eu quero parar de fumar pelo bem da minha saúde, para não ficar doente no futuro.

Coach Carl: Conte-me mais sobre o que você imagina ser possível para você "no futuro" e que não é agora.

Wendy Well: Eu tenho três netos que amo muito e com os quais quero poder passar algum tempo.

Coach Carl: Um dos motivos mais importantes para você mudar é poder aproveitar o tempo com seus netos.

Wendy Well: Sim. Outra razão é que eu realmente quero parar de fumar agora porque os meus filhos não permitem que os meus netos entrem em minha casa porque eu fumo, e eu quero poder fazer biscoitos e brincar com os meus netos.

Os prós, os benefícios e os motivadores são os pontos positivos a respeito de adotar um novo comportamento saudável. Eles são o que o cliente obterá caso se comporte dessa nova maneira saudável. Por meio da investigação, o coach pode apoiar o cliente na transição de um pró geral e inespecífico para um motivador específico, pessoal e positivo.

Os contras, as barreiras, e os desafios são pontos que dificultam o novo comportamento saudável. Ao fazer com que os clientes resolvam suas barreiras, o coach pode ajudá-los a descobrir que algumas barreiras são grandes e só o tempo as mudará, enquanto outras podem ser ultrapassadas por um pró ou motivador suficientemente forte. Por exemplo, o jovem executivo que trabalhava 14 horas por dia em seu primeiro emprego tentando se destacar não tinha absolutamente nenhum tempo para se exercitar regularmente, até que uma jovem atraente que se exercitava regularmente começou a trabalhar na empresa. Ele, então, de alguma maneira, encontrou tempo para ir à academia, pois queria se aproximar dela. Algumas barreiras podem ser superadas por um motivador suficientemente forte.

Embora possa parecer contraintuitivo, os pesquisadores descobriram que os prós têm que superar os contras para que alguém realmente inicie e continue um novo comportamento com sucesso. Isso significa que é importante ajudar os clientes, nas etapas iniciais da mudança, que ainda não começaram a adotar o comportamento, a encontrarem prós ou motivadores pessoalmente relevantes, específicos e positivos, enquanto eles adequadamente resolvem seus contras.

Quando o cliente está pensando em mudar um comportamento, o coach pode fazer as seguintes perguntas:

1. O que está levando você a querer tentar mudar o comportamento? (Quais são os prós?)
2. Quais são as razões pelas quais você não deveria tentar mudar o comportamento? (Quais são os contras?)
3. O que seria necessário para você mudar o comportamento? (Qual é a sua estratégia para superar os seus contras?)

Os processos cognitivos constituem o trabalho principal para os clientes nas etapas iniciais da mudança. Ao auxiliar esses clientes a articularem motivadores fortes, pessoais, específicos e positivos e a ajudá-los a descobrirem não apenas suas barreiras à mudança, mas também possíveis soluções ou soluções alternativas, os coaches ajudam os clientes a se prepararem para a ação.

Se o cliente estiver na etapa "Eu não posso" e totalmente focado nas barreiras e em todos os motivos pelos quais não consegue fazer a mudança, reconheça o valor de ele apreciar suas barreiras. Se as três tarefas de uma pessoa nas etapas iniciais são encontrar um motivador, conhecer suas barreiras e encontrar algumas soluções possíveis, essa pessoa tem uma das três tarefas concluída. O cliente está perfeitamente consciente das barreiras. O trabalho do coaching é garantir que as outras duas tarefas sejam realizadas.

Modelo do Monte da Mudança Duradoura

Com base nos processos cognitivos e comportamentais do MTT, e também nos princípios baseados em evidências da Psicologia Comportamental e da Psicologia Positiva e na experiência em coaching de clientes, no treinamento e no teste de coaches, a Wellcoaches criou uma metáfora gráfica para o processo de coaching: o Monte da Mudança Duradoura. Essa pirâmide de mudança de comportamento fornece um guia sobre o que é necessário para fazer mudanças duradouras na mentalidade, no comportamento, na autoconsciência e na autoimagem (Figura 7.2).

O nível básico da pirâmide representa a visão e o propósito superior de mudança. Primeiro, os clientes decidem assumir o controle. Em seguida, eles definem o que gostariam de ser o que eles têm de melhor: o que eles mais valorizam na vida e o que estão buscando. Também é importante identificar as competências e os conhecimentos necessários para alcançar "minha melhor versão", bem como as estratégias para utilizar os pontos fortes para lidar com os desafios. O próximo nível aborda como a visão é transformada em um plano realista, inclusive metas comportamentais, a equipe de suporte e como aumentar a confiança. Em seguida, um compromisso é formalizado. O terceiro nível descreve o processo de fazer (metas comportamentais específicas) com vitórias antecipadas e ajustes constantes. O quarto nível representa a abordagem para sustentar os novos comportamentos. O topo é a "minha melhor versão". Isso é o que o cliente deseja se tornar ou descobrir por meio do processo de mudança.

A mudança não é um processo linear ao longo do qual se prossegue da base diretamente para o topo da pirâmide. Os clientes sobem e descem nos cinco níveis, às vezes durante anos. Quando não realizam mudanças duradouras, normalmente têm blocos de construção ausentes ou fracos. O coach trabalha com o cliente para estabelecer a estrutura e montar os blocos de construção para chegar à mudança duradoura e ao melhor de si mesmo.

A pirâmide do Monte da Mudança Duradoura pode ser aplicada a qualquer área de saúde, bem-estar e desempenho na vida e no trabalho. Pode-se usar a pirâmide para

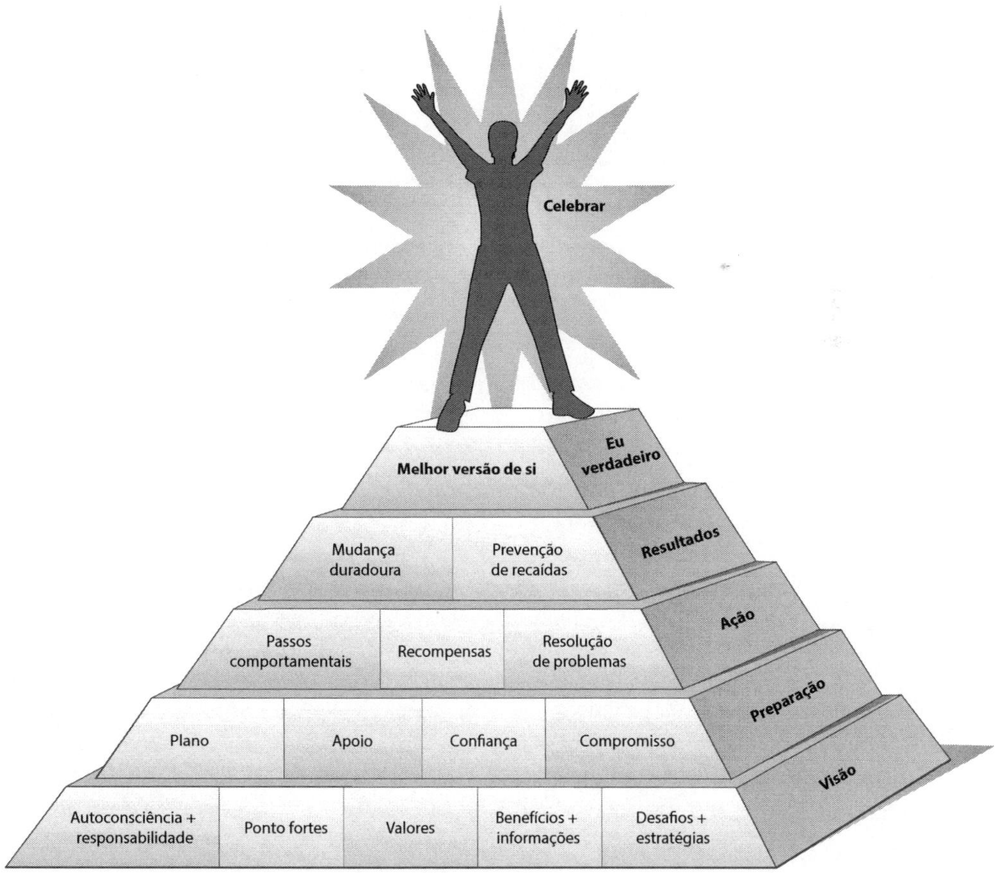

Figura 7.2 O Monte da Mudança Duradoura (*Mount Lasting Change*).

comportamentos individuais (p. ex., três caminhadas de 30 minutos por semana) ou grupos de comportamentos relacionados (p. ex., alimentação incluindo cinco porções de frutas e vegetais por dia, café da manhã balanceado por 5 dias por semana e lanches saudáveis por 5 dias por semana).

Nível de visão

O "nível de visão" na parte de baixo da pirâmide é a base para a mudança. É essencial não se apressar nesse nível. Dedicar tempo para explorar generosamente o núcleo positivo do cliente – os blocos de construção do nível de visão – antes de passar à preparação e à ação é esclarecedor e valioso. Revisitar e reforçar os blocos de construção da visão ao longo do caminho dá vida e inspiração ao processo de mudança.

Autoconsciência e responsabilidade

Desenvolver o mindfulness e a autoconsciência sobre a posição do cliente em relação a todos os blocos de construção é um tema sempre presente. Assumir o comando e a responsabilidade pessoal pela mudança é o apelo à ação, ativando a autonomia e a autodeterminação. As pessoas optam por fazerem mudanças específicas em momentos específicos e por razões específicas quando estão prontas, dispostas e capazes.

Pontos fortes (forças)

O processo de mudança terá muito mais probabilidades de sucesso se os clientes identificarem e permanecerem ligados aos pontos fortes (ou forças) e às capacidades que provaram ser bem-sucedidas em outras áreas de suas vidas. Aproveitar o que está funcionando agora é uma abordagem de coaching fundamental.

Valores

Esse bloco de construção está no centro das fundações, pois representa tanto o propósito mais elevado como o significado mais profundo da mudança. Os valores de uma pessoa, quando claramente articulados e mantidos em vista, são o que a mantém em movimento diante de grandes e pequenos desafios. Aquilo que as pessoas valorizam ou prezam nos benefícios da mudança é altamente pessoal, varia amplamente e muda ao longo do tempo. Alguns valores incluem ser modelo, ter paz de espírito, ter boa aparência ou ser jovem, viver em equilíbrio e exercer o autocontrole. Para descobrir os valores do cliente, pergunte quem ele deseja ser e por que deseja ser assim. É claro que não podemos nos tornar essa pessoa da noite para o dia, mas podemos começar a fazer as coisas que essa pessoa faria. Agir "como se" é uma ótima maneira de entrar no caminho certo. As discussões de coaching geralmente giram em torno de o cliente dar a si mesmo permissão para viver de acordo com seus valores, especialmente quando isso significa dizer "não" aos outros para praticar o autocuidado. Os coaches podem ajudar os clientes a reconhecerem que estabelecer limites para apoiar o autocuidado é a base para que alguém seja o melhor na vida e no trabalho.

Benefícios e informações

É preciso identificar, explorar, priorizar e se conectar emocionalmente com a lista de benefícios potenciais derivados das mudanças duradouras. Quando necessário, fornecer educação e informações oportunas sobre o(s) novo(s) comportamento(s) será importante para manter o cliente interessado em experimentar novos comportamentos.

Desafios e estratégias

Identificar e explorar desafios significativos, tais como prioridades concorrentes, falta de tempo, falta de confiança e os benefícios de não mudar são processos de vida contínuos. Aumentar a consciência de como os desafios podem ser prejudiciais e úteis é um importante trabalho de pensamento/sentimento para quem estiver nas etapas iniciais da mudança.

O trabalho de pensamento/sentimento em torno dos desafios leva então ao trabalho de pensamento/sentimento em torno de estratégias realistas para avançar. Alguns clientes ficarão tão entusiasmados com o novo interesse que os desafios, aparentemente, desaparecerão de vista. Outros clientes desejarão desenvolver estratégias específicas para lidar com os desafios, especialmente se tiverem um longo histórico de derrapagens. De qualquer forma, a chave para o coaching maestral é aumentar a confiança do cliente em sua capacidade de avançar com sucesso. Em sua essência, o coaching gera esperança na capacidade de mudança do cliente, bem como consciência de estratégias realistas que funcionam.

Nível de preparação

Confiança

Antes de prosseguir e durante o caminho da mudança, é de vital importância ter um nível de confiança de moderado a alto na capacidade de ser bem-sucedido. Se o nível de confiança do cliente for inferior a 7 em 10, será necessário mais trabalho para aumentar o nível para pelo menos 7 ou 8. Uma das metas mais importantes do processo de mudança de comportamento é a autoeficácia: é preciso ter a confiança de que a pessoa tem capacidade de iniciar e manter o comportamento desejado, mesmo diante de desafios.

Compromisso

Quando o compromisso oral ou escrito é assumido com outra pessoa – um membro da família, um amigo, um colega, o médico ou o coach – para estabelecer o novo hábito, a probabilidade de sucesso aumenta.

Apoio

Fazer mudanças pode ser difícil, e ter o apoio de familiares, amigos ou colegas, que podem nos ajudar a trabalhar no processo de mudança, permanecer no caminho certo e fornecer feedback positivo, é extremamente valioso. Muitas vezes, é útil que os clientes peçam suporte e sejam específicos, explicando o tipo de suporte que está funcionando ou não. Os clientes apreciam e experimentam mais sucesso quando têm apoio para suas metas selecionadas de forma autônoma.

Plano

Os detalhes são cruciais. Desenvolver e atualizar um plano detalhado que descreva o agendamento e a preparação, e também que defina claramente a meta comportamental (o que, quando e como), é uma atividade importante. Acompanhar o desempenho também é essencial, usando diários ou anotações, por exemplo, para registrar como comemos, nos exercitamos e relaxamos.

Nível de ação

Etapas comportamentais

Escolher, aprimorar e se comprometer com metas comportamentais específicas que sejam realistas e, ao mesmo tempo, desafiadoras é a parte mais importante de "fazer" a mudança de comportamento. Comprometer-se com o domínio de um novo comportamento em cerca de 3 meses, e depois mantê-lo por mais 3 a 6 meses, atingindo autoeficácia elevada, é um bom objetivo para a mudança. A meta deve ser específica e mensurável. Por exemplo, substitua "fazer mais exercícios" por "vou caminhar 4 dias por semana, durante 30 minutos em intensidade moderada". A construção da meta comportamental de 3 meses deve progredir gradualmente a cada semana, em etapas administráveis. Em algumas semanas, mais progressos serão feitos do que em outras. Um bom ponto de partida seria "caminhar 4 dias por 10 minutos" ou "caminhar 2 dias por 20 minutos".

Resolução de problemas

Embora os desafios e as estratégias sejam abordados no nível de visão como parte da base para a mudança, os clientes, inevitavelmente, encontram desafios e contratempos ao longo do caminho para alcançarem e dominarem suas metas comportamentais. Os coaches podem ajudar os clientes a verem esses momentos de forma positiva, como oportunidades de aprender e crescer. O processo eficaz de resolução de problemas, inclusive *brainstorming*, permite rápida autoconsciência, maior desejo de permanecer no caminho certo e ações corretivas imediatas, que podem incluir *brainstorming* e experimentação de novas estratégias de ação ou até mesmo ajustes nas próprias metas comportamentais. O segredo é normalizar e valorizar essas experiências pelos benefícios que elas têm a oferecer, em vez de se preocupar ou dramatizar e iniciar uma espiral descendente.

Recompensas

Para reforçar a motivação e a confiança do cliente, é importante obter "vitórias" rápidas, desfrutar de recompensas extrínsecas e saborear o valor intrínseco das mudanças comportamentais. Em geral, os clientes começam a se sentir melhor, mais fortes, mais leves ou com mais energia, por exemplo, quando começam a se exercitar mais, a comer melhor, a relaxar mais, a se envolverem mais com a vida ou a se divertirem mais. Eles precisam observar, aproveitar e celebrar atentamente essas recompensas para se envolverem totalmente e sustentarem o processo de mudança.

Nível de resultados

Mudança duradoura

O esforço diligente para atingir a meta comportamental e abraçar os desafios ao longo do caminho tem uma grande recompensa quando os clientes são bem-sucedidos. A chave é passar dos incentivos extrínsecos para a motivação e o contentamento intrínsecos. Este é o trabalho do coaching maestral.

Prevenção de recaídas

Mesmo depois de dominar o novo comportamento, ainda existe potencial para o desvio. Mudanças acontecem. Novos desafios surgem à medida que os ambientes e as motivações mudam. Desenvolver estratégias para prevenir recaídas é um trabalho de pensamento/sentimento necessário quando o cliente atinge a etapa de manutenção da mudança.

A melhor versão de si

Um dos grandes bônus da mudança duradoura é a expansão do senso de identidade da pessoa. Muitas vezes, o que temos de melhor é enterrado sob peso emocional e estresse físico extras, e é revelado quando a mudança é vivenciada ou mesmo dominada. O coach incentiva o cliente a reservar um tempo para perceber, abraçar, aproveitar o que tem de melhor e celebrar!

Sugestões gerais para mudança de coaching à luz do Modelo Transteórico

A ambivalência, que é a existência de sentimentos coexistentes e conflitantes que criam equilíbrio decisório que não se inclina para prós ou contras, pode ser importante fator de inibição do comprometimento dos clientes com a mudança. Sentir-se ambivalente é um estado de espírito comum e perfeitamente normal. Oriente os clientes a aceitarem sua ambivalência em vez de combatê-la, a fim de melhor superá-la. Ela pode sempre estar presente até certo ponto, e tudo bem. A ambivalência não precisa ser completamente resolvida para que os clientes comecem e tenham sucesso com a mudança. Por exemplo, algumas pessoas podem sempre ser ambivalentes em relação a acordar cedo para fazer exercício, mas continuam mesmo assim, pois as recompensas intrínsecas fazem com que valha a pena fazer isso.

Se a ambivalência atrapalha o compromisso dos clientes, então é problema. Quando isso simplesmente os faz questionar o compromisso e enquanto for pouco mais do que levar a um desvio temporário de vez em quando, pode ser uma experiência positiva conforme eles desenvolvem resiliência e capacidade de voltarem ao caminho certo. A autoconsciência do núcleo positivo e o estabelecimento de metas por meio de lapsos e recaídas são ferramentas poderosas para lidar com a ambivalência.

Os clientes podem subestimar o poder do programa de coaching pessoal no início. Com essa ajuda, eles farão mudanças que não imaginavam serem possíveis. À medida que a confiança na mudança aumenta, a prontidão para mudar irá repercutir em outras áreas da saúde e da forma física e até mesmo em outras áreas da vida deles.

A mudança em uma área da vida pode ter um efeito mobilizador na mudança de outras áreas. Os coaches descobrirão que, quando os clientes têm sucesso em áreas em que a prontidão para mudar é mais avançada, eles podem progredir para além da contemplação nas áreas mais difíceis, alimentados pela nova autoeficácia.

Auxilie os clientes a se conectarem frequentemente com seu núcleo positivo, especialmente com seus pontos fortes, suas aptidões, seus valores e seus recursos para aprendizagem e crescimento. Isso irá ajudá-los a manterem uma relação esperançosa e positiva em relação à perspectiva de mudança de comportamento. Lembre aos clientes que a mudança pode ser desconfortável e difícil no início. Isso é normal quando as pessoas estão saindo da zona de conforto e buscando fazer mudanças conscientes.

Garanta aos clientes que os lapsos são comuns durante as etapas iniciais da mudança. É por isso que eles precisam de muito incentivo e apoio quando começam. Se os clientes estiverem lutando com a mudança, o coach pode garantir que o que estão vivenciando é parte normal do processo de mudança, e informá-los de que estão fazendo algo que é difícil para a maioria das pessoas. É um bom momento para lembrá-los do progresso que fizeram até agora, como a contratação do coach! A maioria das pessoas subestima a capacidade de mudar e carece de ferramentas e processos para facilitar a mudança. O coach pode ajudar os clientes a aumentarem o nível de confiança, jamais perdendo de vista os núcleos positivos. "Você **é capaz** de fazer isso!" é uma estrutura fundamental do coaching maestral.

Os coaches ajudam os clientes a desenvolverem a motivação interna e a colocarem menos foco nos motivadores externos, fazendo com que olhem para dentro e se concentrem na mudança de comportamento por si próprios e não por mais ninguém. Se a motivação do cliente tiver origem externa (ou seja, "Eu estou fazendo isso pelo meu cônjuge/filhos/empregador/etc."), ela pode oscilar e levar a culpa, frustração, raiva e, muitas vezes, desistência. Quando os clientes podem dizer honestamente "Eu estou fazendo isso pois me fará sentir bem e ótimo comigo mesmo", então eles têm motivação interna ou intrínseca. O "eu devo fazer isso", que induz a culpa e se baseia na autoestima, costuma ser contraproducente, pois estimula a crítica interna que é desgastante. O cliente deve se concentrar em sua motivação interna e positiva, e não na pressão e validação induzida externamente.

Fontes comuns de ambivalência incluem:

- Eu realmente não quero fazer isso (não tenho nenhum motivo suficientemente bom)
- Eu não sou capaz de fazer isso
- Eu jamais fiz isso
- Eu não tenho tempo
- Eu não consigo começar
- É muito difícil
- Eu não conseguirei... (tomar cerveja com os meus amigos, curtir festas, comer o que a minha família come etc.).

No encerramento da sessão de coaching, o profissional deve considerar: "Esse cliente está realmente na etapa em que acho que está ou ele voltou para uma etapa anterior e preciso ajudá-lo a definir mais metas de pensamento/sentimento em vez de metas comportamentais?" Quando o coach não está alinhado com o cliente, o diálogo dinâmico pode desaparecer, deixando no ar uma sensação de desconexão.

Se os clientes não tiverem feito progressos significativos nas metas escolhidas ao longo de 3 a 4 semanas e se as metas não forem irrealistas, talvez seja o momento de questionar sinceramente se eles estão, de fato, comprometidos com essas metas. Talvez eles queiram mudar as metas ou até mesmo a abordagem. Por exemplo, o cliente pode se beneficiar de uma intervenção diferente, como um nutricionista, *personal trainer* ou psicoterapeuta, ou de um programa mais prescritivo ou estruturado com bastante ênfase em educação. Quase sempre os clientes recebem essas questões sinceras como um "apelo para despertar" que renova o compromisso deles com a mudança.

O grande avanço ocorre quando os clientes assumem o controle e a responsabilidade por seu próprio bem-estar e saúde, pelo processo de mudança, e quando se conectam com seus próprios motivadores. Isso libera recursos internos para que possam navegar no percurso, cheio de obstáculos, da mudança.

Referências bibliográficas

International Coach Federation. *Core competencies.* Retrieved March 25, 2014 from http://coachfederation.org/credential/landing.cfm?Item Number=2206&navItemNumber=576

Janis, I., & Mann, L. (1977). *Decision making: A psychological analysis of conflict, choice, and commitment.* New York: The Free Press.

Prochaska, J. O., Norcross, J. C., & DiClemente, C. C. (1994). *Changing for good: A revolutionary program that explains the six stages of change and teaches you how to free yourself from bad habits.* New York: HarperCollins.

Leituras sugeridas

Bandura, A. (1986). *Social foundations of thought and action: A social cognitive theory.* Upper Saddle River, NJ: Prentice Hall.

Bandura, A. (1994). Self-efficacy. In V. S. Ramachaudran (Ed.), *Encyclopedia of human behavior* (Vol. 4, pp. 71–81). New York: Academic Press. (Reprinted in H. Friedman [Ed.], *Encyclopedia of mental health.* San Diego: Academic Press, 1998.)

Bandura, A. (1997). *Self-efficacy: The exercise of control.* Gordonsville, VA: W. H. Freeman.

Botelho, R. (2004). *Motivate healthy habits: Stepping stones to lasting change.* Rochester, NY: MHH Publications.

Deutschman, A. (2007). *Change or die: The three keys to change at work and life.* New York: HarperCollins.

Miller, W., & Rollnick, S. (2002). *Motivational interviewing: preparing people for change.* New York: Guilford Press.

Norcross, J., & Loeberg, K. (2013). *Changeology: 5 steps to realizing your goals and resolutions.* New York: Simon and Schuster.

Prochaska, J. O., & DiClemente, C. C. (1983). Stages and process of self-change of smoking: Toward an integrative model of change. *Journal of Consulting and Clinical Psychology, 51*(3), 390–395.

Willis, J., & Frye Campbell, L. (1992). *Exercise psychology.* Champaign, IL: Human Kinetics.

Capítulo 8

Mapeamento do Cliente

"É preciso ter muita coragem para mostrar os seus sonhos para outra pessoa."

ERMA BOMBECK

OBJETIVOS

Depois de ler este capítulo, você será capaz de:

- Identificar o valor dos testes para a parceria de coaching
- Identificar testes para usar com os clientes
- Revisar um exemplo de mapeamento de bem-estar
- Identificar sinais de alerta médicos ou de saúde mental
- Preparar e apoiar a primeira sessão de coaching.

Valor dos mapeamentos

Os mapeamentos dos clientes são ferramentas valiosas na caixa de ferramentas do coach e oferecem vários benefícios à parceria de coaching.

No ambiente corporativo, o executivo ou coach de negócios pode medir comportamentos e modos de ser usando testes de inteligência emocional (IE) ou de tipo de personalidade. Os coaches de vários nichos podem usar vários testes com foco no equilíbrio da vida ou no bem-estar. Um exemplo comum é a "roda da vida", que tem como foco o autocuidado e o equilíbrio. Mapeamentos de talentos ou de forças de caráter fornecem um excelente trampolim para novos rumos nas sessões de coaching. Muitos coaches e grupos clínicos valorizam o índice de positividade. Quanto maior for o índice, mais recursos estarão disponíveis para a mudança, e aumentar o índice é uma meta valiosa.

Os mapeamentos estimulam a reflexão e a autoconsciência. Eles podem ser úteis no início do relacionamento coaching, pois não apenas informam os coaches, mas também ajudam os clientes a obterem autoconsciência, insights e noção de suas prioridades para o programa de coaching. Os mapeamentos também são eficientes porque o precioso tempo de coaching não é usado para coletar muitos dados, o que poderia parecer um interrogatório.

Outros benefícios de fazer com que os clientes realizem o teste incluem:

1. Confiança e relacionamento: ao construir confiança com o novo cliente, o teste online ou em papel proporciona um espaço seguro para o cliente contar primeiro a sua "história".
2. Tratamento das preferências de personalidade: os clientes com preferência pela introversão tenderão a se sentirem mais confortáveis em comunicar informações pessoais por escrito, pelo menos inicialmente, do que aqueles com preferência mais extrovertida.
3. A palavra escrita: existe poder em proporcionar aos clientes a oportunidade de verem os resumos qualitativo e quantitativo do seu estado de bem-estar. Pelas mesmas razões pelas quais anotar metas é importante, ver as informações coletivamente pode ser ao mesmo tempo afirmativo e um poderoso motivador para a ação.
4. Desenvolvimento de discrepância: o mapeamento pode ajudar o cliente a ver mais claramente a diferença entre onde ele está e onde não está em termos de comportamentos e resultados.

O processo de responder deliberadamente a perguntas sobre assuntos como prioridades, necessidades, valores, prontidão e desafios promove a autodescoberta e expande a consciência. Ao estimular essa observação atenta, os mapeamentos iniciam o processo de coaching antes mesmo da primeira sessão de coaching. As pessoas se tornam mais conscientes de quem são, de onde começam, do que envolve o bem-estar e para onde querem ir. A International Coaching Federation (2014) identifica "criar consciência" como uma competência central do coaching precisamente porque a consciência precede a ação a serviço das metas.

O progresso depende da expansão da consciência dos clientes sobre o que é possível. Isso não pode ser feito *para* eles sem provocar resistência. Eles precisam fazer isso por si próprios, e os testes são uma excelente maneira de iniciar a conversa. Por meio da escuta, da investigação e da reflexão, os coaches podem então expandir ainda mais a consciência dos clientes no processo de ajudá-los a escalar o Monte da Mudança Duradoura. Na melhor das hipóteses, a consciência cada vez maior gera a espiral ascendente de aprendizagem, crescimento e desenvolvimento contínuos.

Quando os coaches são integrados em programas de saúde, bem-estar corporativo ou promoção da saúde, o rastreamento de dados biométricos e comportamentais de saúde por meio de testes é vital para a medição dos resultados do programa. Os mapeamentos de risco para a saúde (HRAs, do inglês *health risk assessments*), como o fornecido em vectorwellness.com, são agora amplamente validados e utilizados como ferramentas pelos planos de saúde e pelos empregadores para medirem o estado de saúde e o estilo de vida, bem como a preparação para mudanças. Eles também podem identificar "sinais de alerta" no que diz respeito ao estado de saúde mental ou a brechas nos cuidados médicos.

Os diagnósticos são inestimáveis para os coaches nas áreas de saúde e bem-estar, pois podem fornecer:

- A visão geral do estado atual do cliente, inclusive saúde física, hábitos de vida, pontos fortes, satisfação com a vida e prontidão para fazer mudanças
- Uma imagem instantânea para melhor compreensão e apreciação do contexto de vida do cliente; as perguntas e a abordagem do coaching para o cliente que tem problemas de saúde significativos, como obesidade, hipertensão, lesão nas costas ou câncer, são diferentes da

abordagem para o cliente altamente motivado e em boa forma

- Consciência de situações, como alguma perda importante ou diagnóstico recente
- Indicação precoce dos pontos fortes e hábitos saudáveis do cliente, bem como dos riscos para a saúde e das áreas de desafio
- Identificação de sinais de alerta relacionados a problemas de saúde física (p. ex., brechas nos cuidados médicos, lesões ou contraindicações para exercícios) ou problemas de saúde mental (depressão ou outros problemas de saúde mental) para os quais o encaminhamento pode ser importante ou mesmo crítico.

Cuidado no uso de testes

Embora os testes sejam valiosos quando usados adequadamente com as melhores habilidades de coaching, ainda existem alguns perigos potenciais, que exploraremos a seguir.

Menos espaço para colaboração e mais espaço para o chapéu de especialista

Se o coach não estiver bem treinado no uso da abordagem apreciativa para revisar e analisar os resultados, os mapeamentos tendem a iluminar o que está "errado" nos comportamentos e resultados do cliente. Pode ocorrer a tentação de cair no velho hábito de procurar o que precisa ser consertado e vestir o "chapéu de especialista" para fazer isso imediatamente. Observar números biométricos que precisam aumentar ou diminuir, por exemplo, poderia colocar o coach de saúde no modo de "consertar", listando todos os perigos e "deveres" para o cliente. Embora estar ciente das preocupações de saúde e de outras preocupações seja de vital importância, o coach habilidoso utiliza o teste como canal para conversas mais profundas, e não como mandato para prescrever mudanças.

Apreciação em vez de empatia

Quando o mapeamento revela que a saúde ou as escolhas de vida do cliente são preocupantes, pode ocorrer a tentação de sentir pena ou simpatia pelo cliente. A frustração pode surgir quando o coach se pergunta como o cliente poderia ter escolhido determinado comportamento, como fumar, comer demais ou trabalhar demais. Mais do que apreciação, os mapeamentos podem proporcionar a oportunidade para mostrar aceitação e expressar empatia. A revisão e a conversa em torno do teste podem estabelecer a base de confiança entre o coach e o cliente, que define os fundamentos para um relacionamento que promove o crescimento.

Os mapeamentos são realizados por seres humanos

Por fim, os mapeamentos são realizados por pessoas que se distraem, deixam para fazer algo no último minuto e/ou marcam respostas para agradar ou impressionar seus coaches. Em consequência, os testes nem sempre são precisos ou contam toda a história. A sessão de coaching é o local onde o teste ganha vida a partir da reflexão, da investigação e da escuta.

O pano de fundo é que a preocupação com a compaixão deve sempre vir antes da preocupação com a conformidade em qualquer relacionamento coaching, e não apenas por ser melhor: a compaixão leva a mais mudanças comportamentais (Jack et al., 2013). Embora as conversas baseadas na conformidade ativem o sistema nervoso simpático (que é ativado quando a pessoa sente o perigo), as conversas baseadas no coaching ativam o sistema nervoso parassimpático, que permite a resolução de problemas, a visualização e a visão de uma perspectiva mais ampla.

Mapeamentos e autonomia

Mais importante ainda, quando utilizados com a abordagem de coaching, os mapeamentos são a ferramenta que descobre os motivadores dos clientes, indicando o que é mais importante para eles e as prioridades que eles têm para suas vidas. Os mapeamentos podem ser uma excelente estratégia para garantir que o cliente se sinta no controle do processo, competente para progredir e em um relacionamento com o parceiro coach compassivo na jornada.

Mapeamentos para o coaching

Existem muitos testes que os coaches utilizam, inicialmente ou durante o relacionamento coaching, para apoiar o cliente na criação de maior autoconsciência, bem como de uma visão e de metas. A lista a seguir inclui mapeamentos, ou metodologias de mapeamento, que coaches em diversos domínios consideram úteis em seu trabalho com os clientes.

1. *As seis dimensões do bem-estar*: o Dr. Bill Hettler (1976), cofundador do U.S. National Wellness Institute, desenvolveu o modelo das seis dimensões do bem-estar (Figura 8.1), definindo o bem-estar como um processo ativo a partir do qual as pessoas tomam consciência e fazem escolhas para uma existência mais bem-sucedida: conexão, valores, autocuidado, autodeterminação e contribuição.

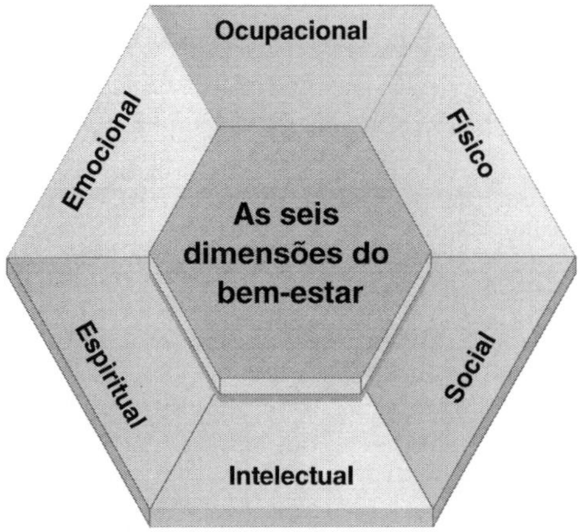

Figura 8.1 As seis dimensões do bem-estar (Hettler, 1976).

2. *Roda da vida*: usando a roda da vida (Figura 8.2), um conceito que se tornou popular no *Coaching Coativo* (Kimsey-House et al., 2011), os clientes avaliam seus níveis de satisfação em cada área usando uma escala de 0 a 10, em que 10 representa satisfação total. O centro da roda representa 0, e a borda externa, 10.

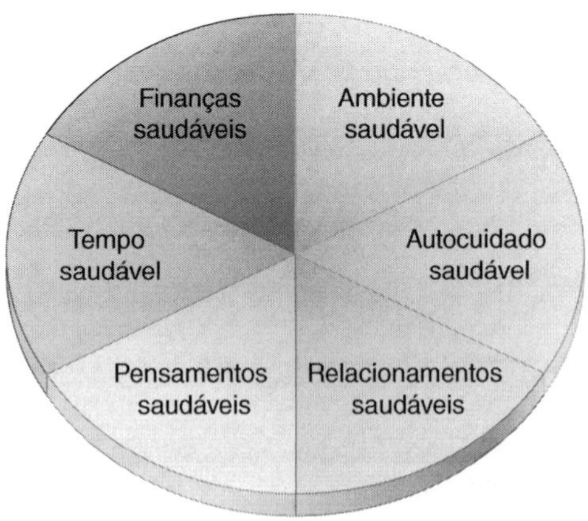

Figura 8.2 A roda da vida.

3. *Questionário de Pontos Fortes de Assinatura de Valores em Ação (VIA)*: o questionário VIA de pontos fortes de assinatura (VIA, do inglês *Values-in-Action Signature Strengths Questionnaire*) é um teste gratuito de 240 perguntas (Peterson e Seligman, 2004) que mede e relata 24 forças de caráter em ordem de classificação. O site também hospeda inúmeros outros testes gratuitos relacionados ao otimismo e à saúde mental. Exploramos as 24 forças de caráter na discussão sobre presença coaching.
4. *Inventário de Qualidade de Vida*: é um teste breve, mas abrangente, que fornece o perfil dos pontos fortes e dos problemas em 16 áreas da vida, como amor, trabalho, saúde e lazer. Está disponível em Pearson Assessments (Frisch, 1994).
5. *DISC*: domínio, influência, estabilidade e conformidade (***d**ominance, **i**nfluence, **s**teadiness, **c**ompliance*) são examinados nesse modelo comportamental de quatro quadrantes que examina o comportamento dos indivíduos em seu ambiente ou dentro de uma situação específica. O DISC analisa estilos e preferências comportamentais (Clarke, 1976).
6. *Indicador de Tipo Myers Briggs*: uma das medidas de preferências de personalidade mais amplamente utilizadas e altamente respeitadas. Identifica preferências individuais em termos de quatro pares de preferências: extroversão-introversão, sensação-intuição, pensamento-sentimento e julgamento-percepção (Myers e Briggs, 1975). Em seu livro *8 Colors of Fitness*, a autora Suzanne Brue (2008) afirma que, ao compreenderem as preferências de tipo, os clientes podem compreender sua personalidade de fitness. Com esse entendimento, eles podem escolher as formas, as interações e os ambientes específicos mais apropriados para eles.
7. *Índice de Positividade*: baseado no trabalho da Dra. Barbara Fredrickson (2009), a pontuação fornece uma imagem instantânea de como as emoções do dia anterior se combinam para criar o seu índice de positividade, a proporção entre as emoções positivas e as emoções negativas.
8. *Escala de Autocompaixão*: a partir da definição de compaixão de Kristin Neff (2011) (bondade própria, senso de humanidade comum e mindfulness), esse teste fornece informações sobre o nível de autocompaixão da pessoa.
9. *Escala de Consciência da Atenção Mentalizada (MAAS*, do inglês *Mindful Attention Awareness Scale)*: a MAAS, validada por Brown e Ryan (2003), examina a abertura e a consciência receptiva para o que está acontecendo no momento.
10. *Escala de Mindfulness de Cinco Facetas*: outra exploração do mindfulness baseada em observação, descrição, ação com consciência, não julgamento da experiência interna e não reatividade à experiência interna (Baer et al., 2006).
11. *Teste Rápido do Bem-Estar*: questionário resumido que foi desenvolvido pela Wellcoaches com foco nas áreas fundamentais do bem-estar (Moore, 2011) (Figura 8.3).

Teste Rápido de Bem-Estar

Embora os nossos genes controlem parte da nossa saúde e do nosso bem-estar, somos nós que controlamos pelo menos 50% da nossa saúde, do nosso bem-estar e da nossa qualidade de vida. Você está conduzindo bem a sua mente, o seu corpo, a sua vida e o seu trabalho? Por favor, avalie-se em 25 itens de bem-estar em uma escala de 1 a 4 (de "Raramente" até "Na maioria das vezes").

1 = Raramente 2 = De vez em quando 3 = Metade do tempo 4 = Na maioria das vezes

Mente

_____ 1. Estou totalmente presente, atento e com foco na atividade, tarefa, reunião e/ou conversa em que estou envolvido no momento.

_____ 2. Quando enfrento estresse e obstáculos, digo a mim mesmo "Eu posso lidar com isso".

_____ 3. Acredito que posso realizar tudo o que proponho que a minha mente e o meu corpo façam.

_____ 4. Quando surgem obsessões ou vícios, trabalho diligentemente para superá-los, o que inclui obter ajuda, se necessário.

_____ 5. Ajo cuidadosamente de acordo com as minhas emoções positivas e negativas quando elas surgem.

_____ 6. Cultivo e desfruto de sentimentos positivos relacionados ao meu passado.

_____ 7. Celebro o presente, saboreando os pequenos prazeres da vida.

_____ 8. Estou esperançoso e otimista em relação ao futuro.

_____ 9. Sou capaz de me recuperar rapidamente de contratempos.

Corpo

_____ 1. Coloco combustível de alta octanagem (alimentos e bebidas saudáveis) em meu tanque.

_____ 2. Eu exercito o meu corpo com vigor pelo menos três dias por semana.

_____ 3. A minha energia está alta da manhã à noite.

_____ 4. Eu tenho controle sobre o meu peso.

_____ 5. Na maioria das noites, tenho uma boa noite de sono.

_____ 6. Faço exames médicos, procuro orientação médica e cuido de quaisquer problemas de saúde e falhas biológicas.

_____ 7. Ouço e ajo cuidadosamente conforme os sinais que o meu corpo me envia sobre o que ele precisa.

Vida e trabalho

_____ 1. Tenho uma vida com significado e propósito.

_____ 2. Uso os meus melhores pontos fortes na maioria dos dias.

_____ 3. Expresso gratidão frequentemente.

_____ 4. Faço boas ações pelos outros que não são esperadas.

_____ 5. Eu me conecto com pessoas importantes para que façam parte da minha rede de apoio.

_____ 6. Eu planejo e controlo as minhas finanças, para que elas não me controlem.

_____ 7. Arrumo tempo para recarregar a bateria, o que inclui me divertir.

_____ 8. Vejo os contratempos como oportunidades de aprendizagem.

_____ 9. Tenho conhecimento e estou sempre curioso sobre as últimas descobertas sobre como otimizar o bem-estar.

Pontuações

75 a 100:	mestre em bem-estar, modelo inspirador que apoia e encoraja os outros
65 a 74:	bom em bem-estar, a caminho de se tornar um mestre do bem-estar
55 a 64:	iniciante em bem-estar, a caminho de se tornar bom em bem-estar
Abaixo de 55:	em treinamento de bem-estar, busque apoio e incentivo de outros níveis de bem-estar

Figura 8.3 Teste Rápido do Bem-Estar.

12. *Equilíbrio Decisório*: conforme apresentamos no Capítulo 6, a Entrevista Motivacional é uma metodologia que apoia a obtenção da motivação autônoma, encorajando o cliente a encontrar suas próprias razões para mudar. Ela envolve conversas pró-mudança e evita o desencadeamento de conversas de resistência à mudança, que podem fazer com que o cliente resista a que lhe digam o que fazer. Por meio da utilização de técnicas de Entrevista Motivacional, como a Ferramenta de Equilíbrio Decisório, os coaches e os clientes analisam as razões a favor e contra a mudança como ferramenta para avaliarem a prontidão para a mudança (Botelho, 2008). Os coaches também pedem aos clientes que avaliem a prontidão, a disposição e a capacidade de mudar usando parâmetros em uma escala de 0 a 10.
13. *Modelo Transteórico de Mudança*: o modelo de cinco etapas de mudança fornece aos coaches a compreensão de como e quando novos comportamentos de promoção da saúde podem ser adotados e sustentados e por que os clientes podem ter dificuldades, fracassar ou desistir (Prochaska et al., 1994). Avaliar a etapa de mudança do cliente para determinado comportamento é fundamental na identificação de estratégias de mudança apropriadas.

Mapeamento do bem-estar

A Wellcoaches desenvolveu um teste abrangente do bem-estar baseado em conceitos desenvolvidos por Dee Edington, PhD (2008), um importante pesquisador de promoção da saúde, enquanto trabalhava na Universidade de Michigan. Edington também desenvolveu um teste de risco à saúde padrão do setor. O teste é online e serve para aumentar a autoconsciência do cliente e fornecer dados fundamentais para o coach. Sendo um mapeamento holístico, analisa os diversos componentes do bem-estar, incluindo:

1. *Energia*: níveis de energia durante todo um dia típico, inclusive reforços e drenos de energia.
2. *Satisfação com a vida*: senso de propósito, alegria, gratidão, satisfação no trabalho e satisfação no relacionamento pessoal.
3. *Aptidão (fitness) mental e emocional*: habilidades de enfrentamento, resiliência, padrões de sono, níveis de estresse, estado emocional, atividade/apoio social e perda pessoal.
4. *Controle de peso*: índice de massa corporal, altura, peso e medição da cintura.
5. *Atividade física/exercício físico*: frequência e tipos de atividade física.
6. *Nutrição*: frequência de ingestão de lanches saudáveis, grãos integrais, frutas e vegetais, água, refrigerantes, bebidas alcoólicas e gorduras *trans*.
7. *Saúde*: pressão arterial, colesterol, frequência cardíaca, relacionamento com médicos, questões de saúde relacionadas ao gênero, frequência de doenças, medicamentos, uso de tabaco e histórico de saúde pessoal/familiar.

Os clientes consideram especialmente valioso olhar para o bem-estar a partir dessa perspectiva mais ampla, reconhecendo que a energia, a satisfação com a vida e a aptidão mental/emocional são fatores-chave da saúde, para além dos fatores "tradicionais", como peso e nutrição.

Descubra a motivação

Esse teste de bem-estar pode fornecer informações iniciais sobre:

1. *Prioridades*: o teste pode ser concebido para calcular ou permitir que os clientes indiquem suas áreas de maior prioridade. Por exemplo, em uma escala de 0 a 10 (em que 10 é o mais alto), o cliente pode indicar que o foco do programa de coaching na melhoria da satisfação com a vida é 10 (a prioridade mais alta), enquanto melhorar os hábitos nutricionais é 5 (prioridade média).
2. *Confiança*: da mesma forma, o teste pode incluir um método para os clientes indicarem a força de sua crença na capacidade de fazerem alguma mudança comportamental. Essa informação permite ao coach conceber oportunidades mais adequadas para o desenvolvimento da autoeficácia, trabalhando com os fatores pessoais, ambientais e comportamentais adequados.
3. *Prontidão para a mudança*: é benéfico que o teste crie a consciência da etapa de mudança do cliente nas diversas áreas. Quando se trata de levar o cliente adiante, cada uma das cinco etapas de mudança (pré-contemplação, contemplação, preparação, ação e manutenção) requer uma abordagem diferente para exploração. Saber a posição do cliente em termos de prontidão é fundamental para definir metas adequadas à etapa de mudança do cliente e para construir autoeficácia.

Explore os resultados do mapeamento

Um protocolo para revisão apreciativa e exploração dos mapeamentos dos clientes é descrito a seguir. Embora esse protocolo tenha sido desenvolvido para a revisão de conforto, bem-estar, saúde e HRAs (mapeamentos de risco para a saúde), os princípios também são relevantes para outros testes.

1. *Leia com a mente aberta*: antes da primeira sessão de coaching, reserve tempo para revisar cuidadosamente o teste realizado pelo cliente. Na revisão, a meta não é avaliar, mas sim considerar as respostas com curiosidade, tendo em mente que o teste fornece apenas uma história parcial. A curiosidade de mente aberta permitirá ao coach fazer melhores perguntas durante a revisão do teste, usar a intuição e sentir o que não foi dito, desafiar as suposições sobre o cliente, desenvolver uma estrutura baseada em pontos fortes a partir da qual possa apreciar o cliente e ser mais aberto a novas informações e mudanças de energia durante a primeira sessão de coaching.
2. *Busque o sucesso*: existe a tentação de começar a rever o teste com a pesquisa de todos os "problemas" ou áreas a "corrigir". Com base nas lições das disciplinas da Investigação Apreciativa e da Psicologia Positiva, sabemos que "aquilo em que nos concentramos cresce" e que "as nossas primeiras perguntas são fatais". Portanto, se o coach iniciar a revisão inicial das informações do cliente com foco no que está "errado", é mais provável que o teste apoie essa tendência nos relacionamentos coaching. Partir do pressuposto de que todos os clientes podem explorar as capacidades e alavancar os pontos fortes para mudanças positivas permitirá ao coach apoiar melhor os clientes na construção da autoeficácia.
3. *Observe a animação do cliente*: a próxima tarefa na revisão do teste do cliente é

procurar as áreas nas quais o cliente está sentindo maior carga emocional, seja positiva ou negativa. Procure pontos em que o cliente indique que existe energia concentrada, como em suas prioridades de mudança e na importância que atribui a cada área de bem-estar. O papel do coach é procurar a motivação autônoma do cliente, as áreas nas quais o cliente expressa interesse em crescimento e mudança, e não as áreas nas quais o coach acredita que o cliente deveria estar interessado.

4. *Considere as etapas da mudança*: se o teste incluir indicadores da(s) etapa(s) de mudança do cliente, considere como isso pode impactar o programa de coaching e as necessidades do cliente. Lembre-se de priorizar as metas cognitivas e emocionais nas etapas iniciais da mudança e as metas de planejamento e ação nas etapas posteriores da mudança.
5. *Brechas de questões*: devido a erros de projeto (design) ou do usuário, ou devido a respostas incompletas, os testes às vezes deixam o coach com dúvidas sobre inconsistências nas respostas. Por exemplo, o cliente pode nomear a melhoria da nutrição como a "maior prioridade", ao mesmo tempo que indica uma pontuação baixa em termos de prontidão para mudar. Nesses casos, o coach deverá tomar nota e estar preparado para perguntar sobre a discrepância nas informações durante a sessão de coaching.
6. *Anote as preocupações*: quando apropriado, a revisão do teste deve incluir o exame de quaisquer preocupações médicas ou de saúde mental indicadas pelo cliente. Esteja ciente de quaisquer sinais de alerta, como riscos à saúde, lesões ou outros problemas de saúde que possam exigir a liberação por um médico antes de praticar exercícios regulares. Se o cliente desejar que os exercícios façam parte do programa de coaching, um formulário de liberação médica (atestado médico) poderá ser fornecido ao cliente para ser entregue a seu médico. Esse é um documento que o coach pode criar, solicitando ao médico do cliente quaisquer recomendações ou restrições no trabalho com um coach.

Diretrizes relativas à necessidade de autorização médica e à participação em exercícios estão disponíveis em organizações como o American College of Sports Medicine (ACSM, 2013), nas Diretrizes para Testes de Exercício e Prescrição do ACSM (*ACSM's Guidelines for Exercise Testing and Prescription*). Diretrizes para nutrição podem ser encontradas no site *Healthy Living* (*Vida Saudável*), da Academy of Nutrition and Dietetics, Centers for Disease Control and Prevention (CDC), e em www.nutritionfacts.org. Os coaches sem formação e experiência reconhecidas nessas áreas devem sempre consultar especialistas ou fontes especializadas.

CASO DE COACHING

Wendy Well: Eu tenho diabetes e estava pensando em não tomar o meu remédio, pois acho que me faz sentir pior. Se o nosso coaching me ajudar a fazer melhores escolhas alimentares, acho que provavelmente vou parar de tomar o remédio.

Coach Carl: Pode ser frustrante quando você toma medicamentos que fazem você se sentir pior do que melhor em alguns aspectos. E você tem esperança de que mudar sua dieta a ajude a se sentir melhor, para que um dia você não precise da medicação. Porém, eu não sou médico nem nutricionista; portanto, essas decisões estão além do escopo do nosso trabalho juntos, e eu não posso aconselhar você a respeito desse assunto. Como você está trabalhando nisso com um médico, recomendo que continue seguindo as recomendações do seu médico e que peça a ele que preencha uma autorização para que possamos trabalhar juntos com segurança.

Embora os coaches não diagnostiquem riscos para a saúde mental, eles precisam saber o que devem procurar para fazer recomendações apropriadas ou para o encaminhamento para consulta com psicólogo, terapeuta ou médico. Os seguintes indicadores são exemplos, mas não abrangem todos os possíveis:

- *Depressão*: clientes que não estão comendo ou dormindo em padrões normais – não dormem direito ou dormem o tempo todo – ou que tenham perda de apetite ou compulsão alimentar podem estar apresentando sinais de depressão clínica e talvez precisem ser encaminhados a seus médicos
- *Transtornos alimentares*: clientes que perdem muito peso sem cirurgia e/ou medicação e continuam assim mesmo quando avisados de que isso é prejudicial à saúde (anorexia) ou que praticam exercícios além de sua capacidade física normal ou continuam a ganhar e/ou perder 20 a 30 kg sem estabilizar podem estar apresentando sinais de transtorno alimentar e talvez precisem ser encaminhados a seus médicos
- *Abuso de substâncias*: clientes que apresentam comportamentos incomuns, tais como atos ou explosões violentas, que não são característicos de seus comportamentos habituais, podem estar apresentando sinais de abuso de substâncias, inclusive uso de esteroides, e talvez precisem ser encaminhados a seus médicos
- *Transtornos de ansiedade*: clientes que sofrem de ataques de pânico, comportamento claustrofóbico ou falta de ar podem estar apresentando sinais de transtorno de ansiedade e talvez precisem ser encaminhados a seus médicos.

Se o cliente compartilhar um problema de saúde, físico ou mental, sério ou com risco à vida durante o teste ou na sessão de coaching, avise-o de que a situação está fora do escopo do coaching e incentive-o e ajude-o a buscar ajuda profissional assim que possível.

Prestigie a intuição e o cliente

Se sentir que o cliente deve procurar atenção médica mais específica ou precisa de recursos fora de sua experiência, o coach deve expressar respeitosamente essa preocupação. Se o cliente optar por não recorrer a recursos adicionais, recomenda-se que a relação de coaching seja encerrada até que o cliente tenha recebido a assistência adequada. Portanto, é valioso construir relacionamentos com especialistas em saúde altamente respeitados que possam servir como fontes de encaminhamento. Isso também pode levar a referências cruzadas e à construção de negócios. Se o coach não tiver conexões com referências adequadas, os clientes também podem ser incentivados a consultarem seus médicos de atenção primária em busca de referências.

Se o coach procurar aconselhamento de outro profissional de saúde a respeito de um cliente, é fundamental que os princípios da *Health Insurance Portability and Accountability Act* (HIPAA; ou Lei de Portabilidade e Responsabilidade de Seguros de Saúde) sejam seguidos, tomando-se todas as precauções para não compartilhar o nome do cliente ou qualquer informação pessoal reveladora (US Department of Health and Human Services; ou Departamento Americano de Saúde e Serviços Humanos).

Coaching com mapeamento de bem-estar

As primeiras sessões de coaching com o cliente são uma oportunidade para estabelecer confiança e relacionamento, confirmando a percepção do coach sobre as circunstâncias do cliente com base em quaisquer mapeamentos que possam ter sido realizados antecipadamente, a fim de determinar o nível de prontidão/energia do cliente para a mudança. Nunca se deve presumir que os testes realizados antecipadamente revelem toda a história ou reflitam como o cliente se sentirá quando a sessão de coaching ocorrer. Além disso, às vezes podem ocorrer erros ou interpretações incorretas de questões durante o preenchimento de formulários.

Na sessão de coaching, é aconselhável confirmar itens importantes que podem ser significativos para trabalhar rumo à visão do cliente ou verificar itens que não parecem se encaixar com base em outros comentários. Por isso é tão importante que os coaches pratiquem mindfulness (atenção plena) e estejam presentes no momento com os clientes, em vez de ficarem presos aos resultados do teste. Os testes são úteis como guias, mas se tornam inúteis quando introduzem uma agenda que faz com que o cliente se torne resistente.

Estabeleça confiança e relacionamento

É crucial estabelecer confiança e relacionamento com os clientes no início de cada sessão de coaching. Isso é especialmente verdadeiro no início da primeira sessão de coaching. O coach e o cliente podem ser desconhecidos um do outro, exceto pelas informações trocadas antecipadamente. Por isso, é essencial que os coaches criem um ambiente de confiança e deixem os clientes à vontade:

- Mantendo-os em consideração positiva
- Expressando empatia
- Desacelerando
- Escutando com atenção total
- Permitindo que os clientes formulem e encontrem suas próprias respostas
- Compartilhando observações com sinceridade
- Prometendo pouco e entregando muito
- Sendo humildes ao compartilhar informações e conselhos
- Prestigiando a confidencialidade.

Descubra a motivação

O coach começa agradecendo ao cliente por realizar o(s) teste(s) e por ter uma noção de sua experiência e aprendizado com os testes. Então, ele pede ao cliente que compartilhe quaisquer sentimentos, problemas ou dúvidas que possa ter depois do(s) teste(s). O coach presta atenção à carga emocional e às necessidades subjacentes, para que possa oferecer uma reflexão empática em resposta. É importante que o cliente se sinta ouvido e respeitado emocionalmente antes de seguir em frente.

- "O que é mais importante para você neste momento?"
- "Sobre o que você está mais animado para falar?"
- "O que você anseia na vida?"

- "Quais áreas da vida fazem você se sentir mais vivo?"

Essas são as investigações operativas. Não importa como os clientes tenham avaliado e priorizado as coisas no momento do(s) teste(s): os coaches trabalham com eles no momento. As coisas podem ter mudado desde então e até agora por uma série de razões (inclusive pela realização dos próprios testes). É função do coach permanecer aberto à energia e às questões apresentadas pelo cliente, em vez de apresentar uma agenda para a sessão de coaching (por mais embasada que esteja nos testes). O objetivo é fluir e coconstruir as coisas com o cliente, em vez de usar o chapéu de especialista de professor ou orientador.

Use a Investigação Apreciativa para descobrir os sucessos, os pontos fortes, as estruturas e as esperanças do cliente

A melhor maneira de discutir um mapeamento é usar as informações recolhidas dele para fazer consultas poderosas, específicas do cliente e baseadas em pontos fortes, de maneira a ajudá-lo a se conhecer e a avançar rumo ao futuro desejado. Ao fazer perguntas abertas ao cliente sobre seus sucessos, pontos fortes, estruturas e esperanças, o coach não apenas aprenderá mais a respeito de suas prioridades e das questões nas quais deseja colocar foco nesse momento, mas também elevará a prontidão e a energia do cliente para mudar. Os clientes estão acostumados a realizar testes que têm o intuito de revelar falhas a serem corrigidas. Desse modo, é revigorante quando os testes são utilizados para revelar pontos fortes que precisam ser reforçados. As conversas sobre testes são um momento para aprender, mais do que de dizer o que os clientes devem saber ou fazer.

Outras investigações são:

- "Quais perguntas você teve depois de realizar o teste?"
- "Que insights você teve ao realizar o teste?"
- "Estou curioso para saber como você respondeu a... Conte mais."
- "Do que você mais se orgulha?"
- "O que surpreendeu você?"
- "O que lhe preocupa?

O coaching habilidoso consiste em prestar atenção e aproveitar a energia que os clientes demonstram para o coaching. Quando a energia deles (seja física, mental, emocional ou espiritual) estiver baixa, a empatia apreciativa pode trazer uma nova energia. Quando a energia deles estiver alta, a Investigação Apreciativa poderá ajudá-los a se inspirarem ou a permanecerem inspirados. De qualquer forma, descobrir os sucessos, os pontos fortes, as estruturas e as esperanças dos clientes, com base na realidade, conforme o que é revelado pelo(s) teste(s) e pelo que eles têm a dizer agora, no momento, vai permitir que os clientes desenvolvam uma visão e projetem as ações adequadas.

Descubra os modos e estilos de aprendizagem preferidos dos clientes

As pessoas aprendem melhor de maneiras diferentes. Mais de 80 modelos de estilos de aprendizagem foram desenvolvidos, de modo que seria necessário outro livro para fazer justiça a eles. Os testes Myers Briggs e DISC, para mencionar apenas dois dos mais populares, revelam estilos de aprendizagem e estão entre os modelos a serem considerados. Embora existam críticas consideráveis sobre a validade dos modelos de estilos de aprendizagem e dos testes feitos por psicólogos e psicometristas, não há dúvida de que as preferências individuais nos estilos de aprendizagem desempenham um papel importante na mudança e na aprendizagem. Veja a perda de peso, por exemplo. Alguns preferem aprender com livros; outros querem um mentor pessoal próximo, como um *personal trainer*; alguns gostam de programas de autoajuda online ou em redes sociais online; outros valorizam a discussão local em grupo ao vivo ou em formato de aula; alguns procuram competições, enquanto outros o fazem melhor quando vão para uma semana de aprendizado intensivo com especialistas.

Uma das principais competências de coaching da International Coaching Federation (2014) está relacionada ao estilo de aprendizagem: "[O coach] demonstra respeito pelas percepções, pelo estilo de aprendizagem e pelo ser pessoal do cliente." Além desse respeito, é importante que os clientes se conectem com os coaches no sentido de promoverem seu aprendizado e crescimento. Observando a linguagem e as abordagens que os clientes utilizam, os coaches podem então acompanhar melhor os clientes no processo que permite que adquiram novos conhecimentos e competências com mais rapidez e sucesso.

Discuta os componentes do teste

Em seguida, o coach informará ao cliente que ele revisou seus testes com antecedência, tendo uma noção de onde ele está agora e no que deseja trabalhar. No entanto, ele deve explicar que os testes jamais contam toda a história e que seria útil se eles estivessem dispostos a partilhar o que lhes veio à tona durante o teste e onde pretendem chegar com o que surgiu. O coach deve fazer perguntas específicas para esclarecer informações que faltam e para aumentar a autoconfiança do cliente. Também deve procurar sucessos para perceber a carga emocional do cliente, identificar a disposição do cliente para mudar e observar preocupações que possam estar relacionadas a riscos à saúde física ou mental.

Quando os clientes falam sobre "falhas" ou coisas que não funcionaram para eles no passado, o coach pode apoiá-los na reformulação dessas experiências como oportunidades de aprendizagem e lições de vida. Os clientes crescem por meio de "tentativa e correção", não de "tentativa e erro". Ao adotar essa estrutura orientada para o crescimento e sem julgamentos, os coaches criam um lugar seguro onde os clientes podem se abrir e dizer qualquer coisa. Sempre que possível, o coach pode defender a capacidade de mudança do cliente e ajudá-lo a encontrar razões convincentes para tentar outra vez.

A curiosidade por parte do coach capacita os clientes a encontrarem suas próprias respostas, a serem mais engenhosos e a descobrirem novas possibilidades para avançar. A curiosidade não é interrogação; é, antes, uma exploração aberta, convidativa, livre de julgamentos, descontraída e até lúdica de oportunidades de aprendizagem e crescimento. Conforme o coach demonstra curiosidade com os clientes, eles ficarão mais curiosos sobre suas próprias capacidades e mais dispostos a experimentarem coisas novas.

Para usar bem a curiosidade, o coach trabalha questões profundas e abertas que exigem reflexão para responder e conectar os clientes aos seus sonhos e desejos mais sinceros. Muitas vezes, essas questões revelam informações que de outra forma não viriam à tona. É importante:

- Observar as mudanças de energia nas respostas dos clientes
- Ser curioso quando houver mudança no afeto, seja por aumento de energia para mudança, seja por resistência a ela
- Evitar responder aos clientes com questões analíticas. Por exemplo, se o cliente

disser: "Quero perder peso" ou "Preciso entrar em forma", diga "Conte-me o que torna isso importante para você" ou "Conte-me o que isso tornaria possível para você". É provável que tal curiosidade suscite mais informações do que "Por que você quer fazer isso?", pois perguntas analíticas do tipo "por que" podem parecer desafiadoras ou críticas.

Relacionadas a um teste como o teste de bem-estar da Wellcoaches, questões como as seguintes são úteis para gerar insights mais profundos:

- **Pessoal**
  - Você mencionou que tem filhos/netos. Fale sobre eles
  - O que trouxe você ao coach?
  - O que seria diferente em sua vida se você se sentisse mais saudável e em forma?
- **Atividade física**
  - De quais atividades físicas você gostou no passado?
  - Quais atividades físicas você se vê fazendo?
  - Percebi pelo seu teste que você não fez exercícios recentemente. Conte-me sobre isso
- **Nutrição**
  - Que hábitos alimentares saudáveis você tem agora?
  - Que mudanças você gostaria de fazer na sua alimentação?
  - Como você se sente em relação à sua alimentação agora?
  - Que hábitos alimentares você gostaria de melhorar?
- **Controle de peso**
  - Quando você teve mais sucesso no controle do seu peso? Descreva a sua experiência e as circunstâncias
  - Você disse que pesa "X" agora e gostaria de pesar "Y". O que essa mudança tornaria possível?
  - Conte-me sobre as suas melhores experiências anteriores com controle de peso
  - O que funcionou no passado?
  - O que você aprendeu com os seus esforços anteriores para controlar o peso e que seria útil no futuro?
- **Estresse**
  - Quando o seu estresse está no nível mais baixo?
  - O que funciona melhor para você quando se trata de controlar o estresse?
  - O que você faz quando está sob estresse?
  - O que você tentou no passado para reduzir o estresse que seria útil no futuro?
- **Energia**
  - Como você descreveria o seu nível de energia diário?
  - O que enche o seu copo e lhe dá energia?
  - O que esvazia o seu copo e drena a sua energia?
- **Saúde**
  - Quando foi a última vez que você fez exames físicos com um médico?
  - Como você está se sentindo hoje?
  - Fale sobre o seu relacionamento com o médico
  - Eu vejo no seu questionário que você tem [nome da condição]. Qual é o plano de tratamento que você tem seguido?
  - Qual é a sua maior esperança em relação à sua saúde?
- **Satisfação com a vida**
  - Com o que você está mais satisfeito na vida?
  - Pelo que você é mais grato?
  - O que lhe dá mais prazer?

- **Outras investigações possíveis incluem o seguinte:**
  - O que você está fazendo atualmente nessa área de saúde, preparo físico e bem-estar?
  - Descreva a sua melhor experiência nessa área
  - O que você fez no passado que funcionou?
  - Como você avaliaria o seu domínio nessa área em uma escala de 0 a 10?
  - Por quais valores você se esforça para viver?
  - Como o seu ambiente, o seu trabalho e os seus relacionamentos impactam você?
  - Fale mais a respeito de...

Referências bibliográficas

American College of Sports Medicine. (2013). *ACSM's guidelines for exercise testing and prescription* (9th ed.). Lippincott Williams & Wilkins.

Baer, R. A., Smith, G. T., Hopkins, J., Krietemeyer, J., & Toney, L. (2006). Using self-report assessment methods to explore facets of mindfulness. *Assessment, 13*, 27–45.

Botelho, R. (2008). *Motivate healthy habits: Stepping stones to lasting change.* Rochester, NY: MHH Publications.

Brown, K., & Ryan, R. (2003). The benefits of being present: Mindfulness and its role in psychological well-being. *Journal of Personality and Social Psychology, 84*(4), 822–848.

Brue, S. (2008). *The 8 colors of fitness: Discover your color-coded fitness personality and create an exercise program you'll never quit!* Burlington, VT: Oakledge Press.

Clarke, W. (1976). DISC. Retrieved April 27, 2015 from https://www.discprofile.com/what-is-disc/history-of-disc/ Published by Inscape Publishing.

Edintgon, D. (2008). *Health risk assessment.* Retrieved October 29, 2008 from http://www.hmrc.umich.edu/services/HRA%20092007.pdf

Fredrickson, B. (2009). *Positivity: Groundbreaking research reveals how to embrace the hidden strength of positive emotions, overcome negativity, and thrive.* New York: Crown.

Frisch, M. B. (1994). *Quality of life inventory manual and treatment guide.* Minneapolis, MN: NCS Pearson and Pearson Assessments.

Hettler, B. (1976). *Six dimensions of wellness.* Retrieved April 27, 2015 from http://www.nationalwellness.org/?page=Six_Dimensions

International Coach Federation. *Core competencies.* Retrieved March 25, 2014 from http://coachfederation.org/credential/landing.cfm?ItemNumber=2206&navItemNumber=576

Jack, A., Boyatzis, R., Khawaja, M., Passarelli, A., & Leckie, R. (2013). Visioning in the brain: An fMRI study of inspirational coaching and mentoring. *Social Neuroscience, 8*, 369–384.

Kimsey-House, H., Kimsey-House, K., Sandahl, P., & Whitworth, L. (2011). *Co-active coaching.* Boston, MA: Nicholas Brealey America.

Moore, M. (2011). *Quickie well-being assessment.* Wellesley, MA: Wellcoaches.

Myers, I., & Briggs, K. (1975). *Myers Briggs type inventory.* Mountain View, CA: CPP.

Neff, K. (2011). *Self-compassion: The proven power of being kind to yourself.* New York: William Morrow.

Peterson, C., & Seligman, M. E. P. (2004). *Character strengths and virtues: A handbook and classification.* Washington, DC: American Psychological Association.

Prochaska, J. O., Norcross, J. C., & DiClemente, C. C. (1994). *Changing for good.* New York: HarperCollins.

Capítulo 9

Design Thinking

"Metas são sonhos com prazos."

DIANA SCHARF HUNT

OBJETIVOS

Depois de ler este capítulo, você será capaz de:

- Descrever o *Design Thinking* e sua conexão com o coaching
- Descrever o processo de projetar o acordo de coaching com o cliente
- Descrever o processo de projetar a visão dentro de uma sessão de coaching
- Descrever o processo de projetar metas trimestrais e semanais na sessão de coaching.

Introdução ao planejamento

Poucas iniciativas humanas são bem-sucedidas sem que tempo e esforços sejam investidos no desenvolvimento de planos realistas e inspiradores. No local de trabalho, o planejamento é a base para o progresso, a mudança e a transformação. Assim, o planejamento e o estabelecimento ou definição de metas estão entre as principais competências de coaching da International Coaching Federation (2014). Planos realistas e inspiradores também fornecem a estrutura para os clientes melhorarem sua saúde e seu bem-estar.

A Wellcoaches projetou e aprimorou um processo de visão, planejamento e definição de metas adequado para os coaches usarem com os clientes, mas não limitado à jornada rumo ao domínio da saúde e do bem-estar. Esse processo não só ajuda os clientes a estabelecerem novos hábitos de vida e a fazerem mudanças comportamentais duradouras, como também a aprenderem competências de vida que permitem mudanças e desenvolvem a capacidade para mudanças futuras. Os coaches auxiliam os clientes no desenvolvimento de planos bem concebidos por meio da criação de uma visão convincente, com forte apelo, com metas de 3 meses projetadas para levar a essa visão e metas comportamentais semanais que geram progresso constante e incremental.

Natureza do *Design Thinking*

O conceito de *Design Thinking*, nascido no mundo dos arquitetos e dos artistas, fornece alguns princípios importantes para a cocriação de planos com os clientes de coaching. Assim como os arquitetos, os coaches apoiam os clientes na criação de uma visão clara do que desejam construir e os ajudam a fazer planos para a criação de bases e estruturas sólidas sobre as quais construir. No processo de design (projeto), o coach, como "arquiteto", adota uma abordagem com foco na solução, incorporando a análise e a imaginação. Segundo Nelson e Stolterman (2012), "o design é a ação de trazer à existência algo novo e desejado, em uma postura proativa que resolve ou dissolve situações problemáticas pelo design". Esse estado colaborativo requer investigação aberta, escuta ativa mentalizada e, acima de tudo, empatia. O coach enquanto "designer" (projetista) não chega à fase de design com nenhuma ideia predeterminada de quais seriam a visão e as metas do cliente. Em vez disso, os coaches respeitam os princípios do design, que se baseiam nas seguintes estratégias (Brown, 2008):

Empatia. Ver o mundo através dos olhos do cliente, incentivando-o a contar a sua própria história e ouvindo as perspectivas que ele tem para compartilhar. O coach escuta o que é falado e o que não é dito, verificando as intuições e explorando a criatividade do cliente.

Otimismo. O coach assume que não importa quão desafiadoras sejam as limitações da situação do cliente, sempre haverá uma solução, e o cliente será capaz de ter sucesso. Muito parecido com o princípio antecipatório da Investigação Apreciativa, o coach que utiliza o *Design Thinking* sustenta uma imagem positiva do futuro em nome do cliente.

Colaboração. A abordagem do *Design Thinking* reconhece o valor da natureza colaborativa da inspiração e do design. Semelhante ao princípio construcionista da Investigação Apreciativa e das lições aprendidas com a Teoria Social Cognitiva, existe o reconhecimento do poder de dois ou mais cérebros trabalhando rumo a um grande projeto, que, no caso do coaching, é o grande projeto para a vida de alguém!

Experimentalismo. "Inovações significativas não surgem de ajustes incrementais. Os usuários de *Design Thinking* colocam questões e exploram restrições de maneiras criativas que seguem em direções inteiramente novas", afirma Brown (2008). No processo de criação de uma grande visão e das metas subsequentes, isso significa que tanto o coach quanto o cliente devem abandonar o pensamento de que a primeira ideia é a melhor ideia. Isso abre uma oportunidade para testes, avaliações e redesenhos de protótipos ao longo do caminho.

Projeto do programa de Coaching

O início do programa de coaching dá o tom para todo o relacionamento coaching, estabelecendo confiança e relacionamento e criando uma visão e metas inspiradoras e envolventes nas quais o cliente trabalhará durante semanas a meses. O design do relacionamento, incluindo os princípios de empatia, positividade, colaboração criativa e mentalidade de aprendizagem e crescimento por meio da experimentação, é idealmente transmitido ao cliente desde o início.

Projeto do acordo de Coaching

A primeira sessão é a oportunidade de fazer algumas perguntas do tipo "vamos conhecer você", relacionadas com ocupação, família, hobbies, atividades físicas ou rotina diária do cliente, e para encontrar áreas em comum entre o coach e o cliente. O coach pode compartilhar brevemente sua própria biografia, mas deve evitar falar demais ou muito sobre si mesmo, para não tirar o foco do cliente e da sua agenda de coaching.

Além disso, é a oportunidade para transmitir a paixão sincera do coach pelo trabalho, bem como para descrever a educação e as experiências relevantes. Os clientes percebem quando o coach está recitando falas e isso não parece genuíno. Antes de iniciar a sessão de coaching, pergunte "O que mais você quer saber sobre mim antes de começarmos?".

É claro que a razão subjacente dessas conversas de "aquecimento" é estabelecer um sentido de conexão entre o coach e o cliente. Os seres humanos têm necessidade de pertencimento, o que inclui a percepção de que o outro sente uma preocupação genuína e tem interesse a longo prazo em estar conectado (Baumeister e Leary, 1995). Para que os clientes se tornem seres autodeterminados, eles precisam se sentir conectados com os outros e experimentar o sentimento de pertencer "com" o outro (Deci e Ryan, 2002). O relacionamento coaching é, acima de tudo, uma parceria colaborativa com profundo respeito pelos talentos, pontos fortes e habilidades que cada pessoa leva até ela.

Descrever o papel do coach

A primeira sessão é o momento crítico de explicar ou lembrar ao cliente a diferença entre educação e coaching. Enquanto os educadores têm informação, experiência e sabedoria que desejam partilhar com seus alunos, os coaches permitem que os clientes descubram muito disso por si próprios. Às vezes, e quando apropriado, os coaches podem fornecer aconselhamento especializado ou conhecimento durante a sessão de coaching (Wolever et al., 2013). Na maioria das vezes, porém, os coaches escutam, fazem perguntas e refletem o que estão ouvindo de forma a promoverem o aprendizado, o crescimento e o movimento no cliente. Essa é a abordagem do coach. Trata-se de um sistema de aprendizagem personalizada que permite aos clientes encontrarem suas próprias respostas e alcançarem resultados excepcionais mesmo diante de desafios. O coach pode compartilhar a confiança de que essa abordagem muitas vezes ajuda os clientes a chegarem mais longe do que alcançariam de outra forma. É ainda melhor quando essa confiança se baseia no histórico do coach de sucesso com os clientes.

Não existe maneira "certa"

É crucial que os clientes percebam que não estão adotando uma abordagem padronizada. No que diz respeito ao apoio à autonomia e à competência do cliente, o tipo de conexão que surge do relacionamento coaching é aquele que é moldado organicamente com base nas necessidades atuais do cliente. O coach maestral não aplica um modelo de "tamanho único" ao cliente durante o processo de mudança. É por isso que coaches maestrais se baseiam em várias teorias e processos, como: Autodeterminação (Deci e Ryan, 1985); Psicologia Positiva (Peterson, 2006); Investigação Apreciativa (Cooperrider e Whitney, 2005); Comunicação Não Violenta (Rosenberg, 2005); Entrevista Motivacional (Miller e Rollnick, 2012); inteligência emocional (Goleman, 1996); *Design Thinking* (Brown, 2008); e Teoria do Fluxo (Csikszentmihalyi, 1990). Nenhum modelo único consegue fornecer todas as ferramentas necessárias para apoiar a complexidade da dinâmica de mudança nos seres humanos, que são impactados por uma multiplicidade de fatores em suas psiques e em seus ambientes. Os coaches passam a vida toda ampliando suas caixas de ferramentas para melhorarem continuamente os resultados de seus clientes.

Destacar a promessa de construir e manter a confiança

Uma das maneiras mais cruciais de construir confiança é por meio da manutenção de registros responsáveis e respeitosos. Ser claro sobre as políticas de confidencialidade e manutenção de registros garante que os coaches respeitem o direito do cliente à privacidade e sejam fundamentalmente prudentes na proteção desses direitos (dentro dos limites dos regulamentos institucionais e/ou das leis, como a *Health Insurance Portability and Accountability Act*, U.S. Department of Health and Human Services, 2014 (Lei de Responsabilidade e Portabilidade de Seguros de Saúde [Departamento de Saúde e Serviços Humanos dos EUA, 2014]). Isso se estende aos registros criados, armazenados, acessados, transferidos e descartados pelos coaches durante o trabalho com os clientes. Os clientes baseiam a confiança no coach pela avaliação da benevolência, honestidade, abertura, confiabilidade e competência do coach (Tschannen-Moran, 2004). O compromisso do coach em manter a confidencialidade é fundamental para manter essa confiança.

Concordar com os princípios de coaching

É importante que coaches e clientes concordem e se comprometam com alguns princípios-chave para programas de coaching antes ou durante a primeira sessão de coaching (Whitworth et al., 2007).

Por exemplo, o coach e o cliente podem considerar que concordam com os seguintes princípios no início do relacionamento coaching:

- **Coach**
  - Ajudarei o meu cliente a identificar e engajar plenamente os seus pontos fortes no caminho para um futuro melhor
  - Farei perguntas provocativas e encorajarei o meu cliente a chegar às suas próprias respostas sempre que possível e cocriar respostas, alternativamente
  - Encorajarei expectativas e metas realistas
  - Serei direto e firme com reflexões construtivas, quando necessário
  - Apoiarei o meu cliente no *brainstorming* de possibilidades criativas para avançar e superar obstáculos
  - Quando apropriado, com permissão e dentro do escopo da minha prática, oferecerei conselhos, instruções e recursos para melhoria da saúde, do bem-estar e do desempenho
  - Serei pontual e receptivo
  - Reconhecerei antecipadamente se a química com o cliente é boa, mas não ótima. Se não for ótima, encaminharei o cliente para outro coach
  - Reconhecerei quando o meu cliente tiver um problema que esteja fora do meu escopo de conhecimentos e habilidades e recomendarei outros recursos
  - Enviarei um resumo de cada sessão de coaching, inclusive visão e plano para edição do cliente (ou pedirei ao cliente que o faça)
- **Cliente**
  - Quero melhorar o meu nível de saúde, bem-estar ou desempenho na vida ou no trabalho
  - Estou pronto para assumir a responsabilidade de fazer e sustentar mudanças em pelo menos uma área
  - Estou pronto para investir pelo menos 3 meses para fazer melhorias
  - Serei aberto e honesto e compartilharei informações pessoais que sejam relevantes para minha saúde, meu bem-estar e meu desempenho

- Estou pronto para me tornar mais autoconsciente
- Sou curioso e aberto a sugestões e a experimentar coisas novas
- Entendo que os contratempos são normais no caminho da mudança e necessários para estabelecer novas mentalidades e comportamentos
- Serei pontual e receptivo.

Qualquer que seja a linguagem, recomenda-se que o acordo estabelecido entre o coach e o cliente seja por escrito e revisado periodicamente, para garantir que ambas as partes estejam honrando as expectativas e os limites estabelecidos. É muito mais fácil abordar preocupações sobre o relacionamento com base em princípios já acordados.

Sessão inicial de coaching

A sessão inicial de coaching normalmente concentra o foco em obter uma boa compreensão da história, dos pontos fortes e das metas do cliente, bem como em começar a construir uma visão e um plano. É importante explicar que os objetivos da primeira sessão de coaching incluem: discutir os resultados do teste (se o teste fez parte da fase inicial); aprender mais sobre as prioridades, os pontos fortes, as metas, os motivadores, os desafios e os recursos do cliente; e apoiar o cliente no desenvolvimento de um plano (inclusive de uma visão, de metas comportamentais para 3 meses e de várias metas para a primeira semana). Considerando que a sessão de coaching inicial é particularmente impactante e pode cobrir muitos assuntos, ela pode exigir mais tempo do que as sessões de coaching subsequentes, quer seja projetada como uma sessão inicial mais longa, quer seja dividida ao longo de várias sessões. Na melhor das hipóteses, as sessões iniciais de coaching (Tabela 9.1) podem variar de 60 a 90 minutos, ao passo que as sessões subsequentes podem variar de 20 a 60 minutos (Moore et al., 2002).

Tabela 9.1	Protocolo para projetar o relacionamento coaching.
Definição de expectativas	
O que é coaching e o que não é coaching?	
Apresente a biografia do coach.	
Ressalte a confidencialidade e a manutenção de registros.	
Discuta os princípios do acordo de coaching.	
Esclareça as expectativas em relação à logística (p. ex., pagamentos, agendamento, reagendamento e duração das sessões).	
Compartilhe o teste para o cliente preencher.	
Preparação para a sessão inicial	
Revise o teste de bem-estar: busque sucesso, observe a vivacidade, considere as etapas de preparação, questione as lacunas e observe as preocupações.	
Pratique o mindfulness.	
Lembre-se das principais habilidades de coaching: escuta ativa mentalizada, investigação aberta e reflexão perceptiva.	
Formule perguntas curiosas e baseadas em pontos fortes.	

(continua)

Tabela 9.1	Protocolo para projetar o relacionamento coaching. *(continuação)*
Abertura da sessão	
Dê as boas-vindas e agradeça.	
Agradeça ao cliente por preencher os testes.	
Revise a agenda da sessão: confirme as expectativas e prioridades do cliente, revise algum teste, reúna informações adicionais, crie visão e projete metas.	
Exploração do mapeamento de bem-estar	
Pergunte ao cliente quais dúvidas ele tem depois de preencher o mapeamento de bem-estar.	
Pergunte ao cliente quais insights ele pode ter tido ao preencher o mapeamento de bem-estar.	
Reúna as informações que faltam e esclareça as questões do coach.	
Discuta o histórico médico do cliente e a necessidade de liberação do médico, se aplicável.	

Projetar visões

Depois que coach e cliente tiverem um bom senso um do outro e desenvolverem confiança e relacionamento, a próxima etapa no relacionamento coaching é apoiar o cliente na articulação e no desenvolvimento de uma visão convincente do seu "eu" futuro desejado. Ter metas claras está correlacionado com a felicidade e a satisfação com a vida (Headey, 2008), enquanto ter uma visão do melhor de si mesmo melhora o bem-estar e aumenta a esperança (King, 2001). Uma visão magnética e atraente contribui para a energia motivacional que leva os clientes a avançarem nas etapas de mudança.

Ao conectar os clientes com uma visão que considera as suas melhores experiências, valores fundamentais e condições geradoras, fica mais fácil para eles imaginarem o caminho a seguir para atingirem a meta, e, portanto, a confiança também aumenta.

Na melhor das hipóteses, as visões de saúde, bem-estar e vida são as seguintes:

- Fundamentadas (com base no sucesso atual)
- Arrojadas (ampliam o *status quo*)
- Desejadas (são o que as pessoas realmente desejam)
- Palpáveis (como se já fossem verdade)
- Participativas (envolvem muitas partes interessadas) (Cooperrider e Whitney, 2005).

A visão convincente identifica o que as pessoas querem, e não o que não querem. É difícil ver e sentir a ausência de alguma coisa; por outro lado, é difícil ignorar e resistir à presença de algo. Isso vale para o bem-estar e para todas as outras áreas da vida. O bem-estar não é a ausência de doença, nem o oposto de doença (World Health Organization, 2014); o bem-estar é antes a presença do conforto e o culminar de práticas de vida e de saúde, que incluem mindfulness, autocompaixão, energia e tudo o que contribui para o sucesso. O progresso resulta do aproveitamento dos talentos, pontos fortes e propósitos especiais de alguém (Benson e Scales, 2009), de uma mentalidade de crescimento orientada para a aprendizagem (Dweck, 2006) e da capacidade de definir e alcançar as metas necessárias para crescer.

Olhar para o bem-estar de forma holística, considerando a amplitude de possibilidades para o sucesso humano, é emocionante, especialmente quando os clientes têm uma descrição personalizada do que querem e acreditam que podem fazer e ser em longo prazo (6 meses, 1 ano, 2 anos, 5 anos etc.). Programas de coaching bem-sucedidos começam nesse lugar, descobrindo, por meio de investigações e reflexões apreciativas, os valores, resultados, comportamentos, motivadores, pontos fortes e estruturas que os clientes desejam realizar por meio do coaching.

Os coaches evitam analisar as causas dos obstáculos, das barreiras, dos contratempos e dos desafios como se fossem déficits a serem corrigidos ou problemas a serem resolvidos. Não adianta ruminar por muito tempo, nem tentar resolver "por que" o cliente ainda não realizou seus sonhos. Isso pode gerar uma espiral descendente de desânimo e resistência crescentes. É melhor ajudar os clientes a gerarem novas possibilidades para enfrentarem e superarem desafios, mantendo-se positivos, valorizando os pontos fortes, debatendo alternativas e mobilizando recursos. Os clientes são empoderados quando os coaches usam a persuasão verbal para comunicarem confiança na capacidade desses clientes de seguirem em frente (Bandura, 1977).

Nas etapas iniciais da mudança, em que os desafios se avultam e podem parecer esmagadores, é especialmente importante expressar empatia pelas emoções e necessidades dos clientes, bem como expressar a confiança de que eles têm o que é necessário para o sucesso. Isso tanto valida os clientes como os reconecta com a capacidade de mudança e crescimento. Isso muda a conversa em uma direção positiva. Nas etapas posteriores da mudança, depois de já terem a medida da autoeficácia, os clientes terão de debater e planejar estratégias de ação, inclusive as abordagens para enfrentarem desafios emergentes, que serão mais fáceis de lidar, dado o nível mais elevado de autoeficácia.

Importância da motivação

Conforme os clientes exploram metas mais inspiradoras e viáveis, é importante vincular essas metas às razões de mudança do cliente, que fundamentam suas visões. Compreender as razões por trás das metas ajuda os clientes a permanecerem no caminho certo. Por exemplo, se o cliente deseja perder 4,5 kg, é importante descobrir como isso está conectado à visão do que ele tem de melhor (p. ex., "Você quer perder 4,5 kg porque...?"). Depois de definir os motivos, explore se o motivador é forte o bastante para manter o cliente no caminho certo ("Isso basta para levá-lo à linha de chegada? Esse motivo o manterá no caminho certo para fazer as mudanças necessárias?"). É importante ajudar o cliente a identificar razões que sejam fortes motivadores positivos. Diferentes instruções e motivadores funcionam para cada cliente. Para alguns, o motivador pode ser querer brincar com os netos. Nesse caso, afixar a foto dos netos na geladeira pode ajudar. Para muitos, um registro alimentar pode motivá-los a fazerem escolhas conscientes, em vez de comerem sem pensar ou em reação às emoções. Alguns podem querer adicionar um motivador de evitação, como evitar a perda de visão causada pelo diabetes. Manter em mente a imagem da saúde plena pode ser um motivador poderoso. Os clientes podem dar vida ao motivador criando uma imagem que poderão evocar mais tarde, quando estiverem tomando decisões entre comportamentos benéficos e menos saudáveis.

Escute atentamente o uso de palavras como obstáculos, barreiras, contratempos, riscos ou desafios. Explore o que os clientes querem dizer com essas palavras e o que lhes permitirá avançar para alcançarem suas metas, não apenas imediatamente, mas também a longo prazo. Mantendo o foco nas soluções e nas possibilidades, o coach pode ajudar os clientes a atingirem suas metas fazendo perguntas como:

- Fale mais sobre o que o leva a alcançar essa meta. O que é importante para você nessa meta? Quais resultados você está procurando?
- Quais foram as suas melhores experiências no cumprimento de metas como essa no passado?
- Quais valores seriam representados pelo cumprimento dessa meta?
- Para quem você deseja fazer essa mudança?
- Quais estruturas e apoios poderiam ajudá-lo a alcançar essa meta com sucesso?
- Até que ponto isso é dimensionado adequadamente com a quantidade certa de desafio? (Moore et al., 2002)

Embora cada um desses tópicos apoie a criação de uma visão convincente, a importância da ligação do cliente com sua motivação autônoma não pode ser exagerada (Deci e Ryan, 1985). Muitas vezes, vimos o primeiro "projeto" de uma visão do cliente sendo conduzido por forças externas e pela validação, com base no que os outros querem dele ou no que ele sente que "deveria" querer para si mesmo. Essas visões não estão suficientemente enraizadas para planejar e nutrir metas que conduzam a ações sustentáveis.

Conforme os clientes trabalham em suas visões, as perguntas a seguir podem ajudá-los a descobrirem não apenas os seus desejos de longo prazo, mas também a começarem a formular as suas metas para 3 meses. Essas perguntas jamais serão usadas com algum cliente, em nenhuma ocasião (ou os clientes se sentiriam interrogados). No entanto, cada uma dessas questões acrescenta valor e pode ser útil quando os clientes procuram destilar sua visão em uma proposta provocativa (Tabelas 9.2 e 9.3).

- Como você gostaria que a sua saúde, o seu bem-estar ou o seu desempenho na vida ou no trabalho fossem daqui a 3 meses, 1 ano, 2 anos, 5 anos etc.?
- O que você acredita ser possível?
- Quais são os três principais valores da sua vida? Como o seu bem-estar está ligado a esses valores?
- Quais são as três principais metas da sua vida? Como o seu bem-estar está vinculado a essas metas?
- Que parte da sua vida é mais importante para você? Como o bem-estar se encaixa nisso?
- Do que você gostaria mais em sua vida? Como isso está relacionado ao seu bem-estar?
- Do que você gostaria menos em sua vida? Como isso está relacionado ao seu bem-estar?
- O que entusiasma você? Como podemos vincular isso ao seu bem-estar?
- Quais motivadores poderão permitir que você supere a sua inércia e comece a avançar?
- Como seria a sua vida se você alcançasse a sua visão? Como seria isso?
- Como seria a sua vida se você não alcançasse a sua visão? Como seria isso?
- Qual é o melhor cenário?
- O que você tentou e realizou na vida que seja semelhante a essa meta?
- Quais são algumas novas possibilidades que você não considerou antes?
- Qual você acha que é o melhor resultado possível do nosso coaching?
- Qual você acha que será o resultado provável do nosso coaching?
- Qual você gostaria que fosse o resultado do nosso coaching? (Moore et al., 2002)

Tabela 9.2	Protocolo para o projeto de uma visão de bem-estar.
Valor: explique o valor de criar uma visão de bem-estar. A visão é uma declaração convincente de quem você é e de quais comportamentos que promovem saúde e são vivificantes você deseja adotar de forma consistente.	
O que está funcionando agora: pergunte sobre os pontos fortes e os sucessos atuais. O que você está fazendo atualmente para apoiar a sua saúde e o seu bem-estar? A respeito de quais elementos da sua vida você se sente melhor? De que forma você contribuiu para tornar isso verdadeiro e/ou possível?	
Pontos fortes: colabore para identificar os pontos fortes do cliente. Quais são as suas histórias de sucesso? O que dá orgulho a você? Quais qualidades você mais aprecia em si mesmo?	
Progresso: identifique maneiras pelas quais o cliente pode progredir. O que o faz progredir? Quando você está mais vivo?	
Importante: pergunte o que é mais importante para o cliente nesse momento. Considerando que tudo está indo bem, o que você deseja? Quais elementos da sua saúde e do seu bem-estar você deseja melhorar?	
Motivação: descubra os motivadores do cliente. Quais são os benefícios de fazer mudanças agora? Qual é a força motriz por trás do desejo de mudar agora? O que você mais valoriza na mudança em potencial?	
Visualizar: apoie o cliente a visualizar sua visão e a descrevê-la detalhadamente. Quais são os elementos mais importantes da sua visão? Fale como é a sua visão. Faça um resumo para mim. Como você pareceria e se sentiria em seu nível ideal de bem-estar? Que tipo de pessoa você quer ser no que diz respeito à sua saúde e ao seu bem-estar?	
Sucessos passados: descubra experiências positivas anteriores com elementos da visão. Quais foram as suas melhores experiências até agora com os elementos-chave da sua visão, momentos em que você se sentiu vivo e totalmente engajado? Conte uma ou duas histórias em detalhes.	
Pontos fortes para concretizar a visão: identifique os pontos fortes e os valores que poderiam ser usados para alcançar a visão. Sem ser modesto, o que você mais valoriza na vida? Quais valores a sua visão de bem-estar apoia? Quais pontos fortes você pode aproveitar para ajudá-lo a preencher essa lacuna e concretizar a sua visão? Como as lições dos seus sucessos na vida podem ser transferidas para a sua situação atual?	
Principais desafios que prejudicam a confiança: identifique os obstáculos para aumentar a confiança. Quais desafios você prevê que terá de enfrentar no caminho para alcançar a sua visão? (fale sobre múltiplas possibilidades e expresse empatia). O que mais lhe preocupa?	
Estratégias: explore as estratégias e as estruturas (pessoas, recursos, sistemas e ambientes) necessárias para enfrentar os desafios e garantir o sucesso. Quais pessoas, recursos, sistemas e ambientes você pode atrair para ajudá-lo a concretizar a sua visão e a enfrentar os seus desafios? Quais estratégias podem ser eficazes para ajudá-lo a concretizar a sua visão e a enfrentar os seus desafios? (Faça um *brainstorming* e esclareça as múltiplas possibilidades antes de focar em alguma delas).	
Recapitulação: reflita e resuma o que você ouviu o cliente dizer sobre a visão. Colabore em um primeiro rascunho de declaração que capte a visão de forma significativa e convincente para ele.	
Comprometer-se: peça ao cliente para declarar e se comprometer com a visão.	

(continua)

Tabela 9.3	Ferramenta de visualização para o desenvolvimento da visão. *(continuação)*

Este exercício de visualização leva apenas de 5 a 10 minutos e pode ser uma contribuição significativa quando os clientes buscam desenvolver suas visões:

- Feche os olhos, respire fundo a partir do abdome e expire lentamente (use isso como transição ao longo do exercício).
- Mentalmente, vá para um lugar tranquilo onde você se sinta confortável, em paz, forte e confiante. Você se sente relaxado. Como é o seu lugar tranquilo? Como você se sente estando lá? Observe o que está ao redor.
- Imagine-se (em 1 ano, 5 anos etc.) a partir de agora. Como é a sua saúde, o seu condicionamento físico ou o seu bem-estar? Como você está fisicamente? O que está vestindo? Como o seu corpo se move? Observe quaisquer outras mudanças em sua vida. Descreva o que você está fazendo, sentindo e pensando em relação ao seu bem-estar.
- Imagine que daqui a 5 anos você alcançou as suas metas. Qual é a sensação? O que você está fazendo de diferente? O que ainda é igual? O que você fez para chegar lá? Quem está ao seu lado? Quais atividades você está fazendo? Descreva a sua saúde agora. Quem ajudou você ao longo do caminho?
- Pense em uma palavra-chave para resumir essa experiência e/ou o seu compromisso com a saúde, a boa forma e o bem-estar.

Abra os olhos e vamos discutir o que você aprendeu no exercício. Faça um mapeamento com certa confiança e explore os pontos fortes e os recursos aos quais os clientes podem recorrer para que isso aconteça.

Exemplos de visões

As visões são mais bem escritas no presente, como se já estivessem acontecendo e na voz do cliente. Uma declaração de visão completa pode soar mais ou menos assim: "Sou forte, magro e estou 9 kg mais leve, comprando roupas novas, bonitas, da moda, para o meu corpo atraente. Estou feliz e com muita energia para fazer o que tenho vontade. A minha saúde está melhor e estou aberto, mais paciente e sociável. Os meus motivadores estão se sentindo bem e parecendo ótimos, com energia abundante. Também quero estar por muito tempo com meus pais, minhas sobrinhas e meus sobrinhos. Quando enfrento desafios, como ficar muito ocupado, desanimado, sobrecarregado ou estressado, faço uma pausa, me recomponho e tomo medidas viáveis para voltar aos trilhos. Alimentação saudável, exercícios e lidar bem com o estresse são importantes para mim e estão ao meu alcance. Com um planejamento contínuo, intencional e realista, alcanço as minhas metas e realizo a minha visão de bem-estar."

Ou: "A minha visão de bem-estar é ter hábitos alimentares saudáveis e dar um bom exemplo para os meus filhos. Pratico exercícios regularmente para atrasar o envelhecimento e preservar a minha capacidade de funcionar bem na velhice. Estou melhor e me sinto mais jovem."

Ou: "Tenho muita força e resistência para poder brincar com energia com os meus netos. Sou responsável pela minha saúde e sinto maior bem-estar e contentamento. Sou ex-fumante (para sempre) e aproveito a vida ao máximo."

No entanto, não existe maneira certa de criar a visão. Embora muitos clientes tendam a escolher um parágrafo de estrutura padrão, alguns podem ressoar com siglas ou marcadores. Por exemplo:

- Estável (*Stable*)
- Fiel a si mesmo (***T**rue to self*)
- Resiliente (***R**esilient*)
- Otimista (***O**ptmistic*)
- Nutrido pela natureza (***N**urtured by nature*)
- Grato (*Grateful*).

Alguns até preferem criar visões por meio de métodos criativos, como música, poesia e arte (Moore et al., 2002).

O pano de fundo é que, quanto mais os clientes se conectarem com seus valores e motivadores e sentirem que são "donos" da visão, mais sucesso terão na definição de uma visão que os convença a adotarem e manterem ações para realizá-la.

Tornar as visões reais: projetar metas comportamentais

Visões convincentes incorporam não apenas os resultados desejados, mas também os comportamentos necessários para alcançar esses resultados. Quando os clientes iniciam um relacionamento coaching, normalmente sabem mais sobre o que desejam (os resultados) do que sobre como chegarão lá (os comportamentos). Por exemplo, eles podem dizer que suas metas são manter um peso saudável, aumentar a sensação de calma ou praticar exercícios com gosto. Essas são metas de resultados e têm o seu lugar, especialmente no contexto das declarações de visão. Elas refletem sentimentos, necessidades, valores e desejos que podem motivar e sustentar a mudança de comportamento. Por si sós, porém, as metas de resultados levam à mudança de comportamento quando apoiadas por um plano claro e convincente (Locke e Latham, 2002).

Sem um plano claro, a motivação por conta própria não impulsiona os clientes a agirem, e muitas vezes ela mingua diante da adversidade. Com o plano claro, no entanto, os clientes sabem o que fazer para alcançarem os resultados desejados e tornarem suas visões realidade. O que os clientes precisam é de força de vontade e poder de decisão (Snyder, 2003).

Planos claros incluem metas comportamentais que:

- Incentivem o cliente a assumir um *desafio* que o expanda e, ao mesmo tempo, atenda às suas competências e habilidades potenciais
- Permitam que os clientes pensem e identifiquem as *ações específicas* e os comportamentos que desejam realizar em seguida para trabalharem rumo às suas visões, respondendo à pergunta "E agora?" (Mileiro, 2009)
- Incentivem os clientes a *medirem o progresso* em relação aos seus comportamentos iniciais, ajustando-os e redesenhando-os ao longo do caminho. Tentativa e correção, e não tentativa e erro, representam a estrutura de coaching para o planejamento de ações
- Estejam fundamentadas na *motivação* do cliente, enraizadas em seus valores, em seus pontos fortes e em seus desejos
- Apoiem *a autoeficácia e a autodeterminação*, proporcionando oportunidades para desenvolver competências e criar conexões (Deci e Ryan, 2002)
- Permitam que os coaches avaliem o sucesso. Ter dados *baseados em evidências* é fundamental para estabelecer eficácia e credibilidade não apenas na prática de coaching, mas também nas comunidades de consumidores e de tratamentos de saúde (Grant, 2005).

Isso é SMART?

Uma das fórmulas para garantir que os experimentos sejam metas comportamentais é a sigla em inglês SMART, que corresponde a "inteligente" em português (Doran, 1981):

- Específico (***S**pecific*)
- Mensurável (***M**easurable*)
- Baseado em ação (***A**ction-based*)
- Realista (***R**ealistic*)
- Com limite de tempo (***T**ime-bound*).

Ajudar os clientes a serem *específicos* sobre as ações e os comportamentos em que se engajarão para alcançarem suas visões aumentará seus níveis de sucesso. Ser específico sobre os detalhes de como e quando é crucial porque dá aos clientes um *prazo* para alcançarem a meta (é a diferença entre colocar algo em sua agenda agora e "retomar esse assunto" quando sobrar tempo). A criação de metas *mensuráveis* identifica quando o sucesso é alcançado.

Divida a visão em *ações* ou *comportamentos* que os clientes desejam realizar em uma base consistente de 3 meses. A cada semana com o cliente, construa em conjunto novos passos de experimento incremental que o ajudarão a se aproximar cada vez mais das metas de 3 meses. Lembre os clientes desde o início e com frequência de que a mudança gradual leva à mudança permanente.

Estabelecer ou definir metas *realistas* é essencial para o sucesso do cliente. Se a meta for realista, o sucesso virá. Ganhos e vitórias rápidos são importantes. Ter sucesso em alcançar uma meta ajuda os clientes a avançarem com outras metas. O sucesso constrói autoeficácia e autoestima. Nada atrapalha mais o processo de mudança do que estabelecer metas irrealistas e inatingíveis.

Por que definir metas?

Os escritores Locke e Latham (2002) pesquisaram exaustivamente o conceito de estabelecimento de metas ao longo de muitas décadas. Vamos resumir uma pequena seção de sua obra, *Building a Practically Useful Theory of Goal Setting and Task Motivation: A 35-Year Odyssey* (*Construindo uma Teoria Praticamente Útil de Definição de Metas e Motivação de Tarefas: Uma Odisseia de 35 Anos*): as metas afetam o desempenho por meio de quatro mecanismos. Primeiro, as metas têm uma função diretiva. Elas direcionam a atenção e o esforço para atividades relevantes para as metas e para longe das atividades irrelevantes para elas. Segundo, as metas têm uma função energizante. Metas de alto nível levam a um esforço maior do que metas de baixo nível. Terceiro, as metas afetam a persistência. Quando os participantes podem controlar o tempo que gastam na tarefa, metas rígidas prolongam o esforço (LaPorte e Nath, 1976). Quarto, as metas afetam a ação indiretamente, levando a estímulo, descoberta e/ou uso de conhecimentos e estratégias relevantes para a tarefa (Locke e Latham, 1990).

"A felicidade exige ter na vida objetivos claros que nos deem um senso de propósito e direção" (Miller, 2009). Melhor ainda, quando o cliente tem sucesso com uma meta, ele aumenta a autoeficácia e aumenta o potencial de sucesso em outras áreas.

Contudo, conforme indicado no Modelo Transteórico de Mudança, as metas comportamentais devem ser adaptadas à etapa de mudança da pessoa. Avançar muito rapidamente para o planejamento de ações, sobretudo com clientes nas etapas iniciais da mudança, acabará por se revelar contraproducente. Até que os clientes estejam prontos, dispostos e sejam capazes de agir, é importante que os coaches permaneçam no modo de escutar e investigar e ajudem os clientes a desenvolverem as metas de "pensar a respeito", "sentir a respeito" e/ou "aprender a respeito", que aumentarão a sua disposição para mudar em uma área em particular. Exemplos dessas metas extraídos do Modelo Transteórico (Prochaska et al., 1995), da Investigação Apreciativa (Cooperrider e Whitney, 2005) e da Entrevista Motivacional (Miller e Rollnick, 2012) incluem:

- Relembrar as melhores experiências que a pessoa teve com saúde e bem-estar
- Identificar os valores fundamentais que regem a vida de uma pessoa
- Perceber a energia da pessoa em diferentes ambientes
- Pensar e anotar os componentes de uma visão de bem-estar
- Aprender sobre coisas que melhoram a saúde e o bem-estar
- Pesar os prós e os contras de mudar *versus* permanecer o mesmo
- Pensar na importância de fazer alguma mudança
- Imaginar como seria ter a saúde perfeita.

Metas comportamentais intermediárias: primeiro passo na busca da visão

Depois que uma visão convincente tiver sido articulada pelo seu cliente ou adiada para mais tarde, incentive-o a estabelecer metas que aproximem a visão da realidade. O programa de coaching da Wellcoaches incentiva metas de 3 meses como uma etapa intermediária porque é longo o bastante para fazer progressos significativos, estabelecer alguns novos hábitos e experimentar os benefícios, ao mesmo tempo que é curto o bastante para estimular o senso de urgência.

Ao trabalhar com clientes para definir suas metas intermediárias, o coach pergunta ao cliente o que ele deseja estar fazendo de forma consistente daqui a 3 (ou em 1 ou 2) meses em cada área de bem-estar físico ou mental que incluiu em sua visão. Metas comportamentais específicas e gerenciáveis devem estar diretamente ligadas à visão do cliente. Por exemplo, se os clientes desejarem estar em boa forma, pergunte quais comportamentos eles desejam adotar de forma consistente que lhes permitirão alcançar esse resultado.

É importante priorizar as áreas-alvo por importância para o cliente, perguntando o que é mais importante e por quê. Em seguida, o coach e o cliente podem debater e se comprometer com metas comportamentais específicas de 3 meses nas áreas prioritárias que os ajudarão a realizarem a visão. Antes de passar para o plano de ação e metas experimentais, os clientes devem declarar e resumir claramente suas metas como parte do processo de persuasão verbal (Bandura, 1977).

Exemplos de metas comportamentais de 3 meses que apoiam os resultados desejados

Resultado desejado: melhorar a saúde cardiovascular para que eu viva uma vida longa e ativa.

Meta comportamental de 3 meses: fazer três sessões de caminhada de 30 minutos por semana, a 60 a 70% da minha frequência cardíaca máxima, com a minha amiga Jane (Tabela 9.4).

Resultado desejado: aumentar a densidade óssea para ser suficientemente forte para caminhar pela Trilha dos Apalaches no meu aniversário de 70 anos.

Meta comportamental de 3 meses: fazer duas sessões de treinamento de força de 20 minutos por semana na academia.

Resultado desejado: ter paz de espírito e parar de tomar medicamentos para pressão arterial.

Meta comportamental de 3 meses: escrever no meu diário todas as noites três coisas que aconteceram durante o dia pelas quais sou grato e que compartilharei com a minha esposa.

Tabela 9.4	Projeção de experimentos/ metas de 3 meses.
Explique a natureza e o valor de estabelecer metas para 3 meses	
Faça um *brainstorming* de ações que levariam à concretização da visão de bem-estar	
Peça ao cliente para escolher as três ações mais importantes a serem realizadas	
Confirme a ligação das ações com a visão de bem-estar	
Auxilie o cliente a traduzir as ações em metas comportamentais SMART	

Projetar experimentos semanais

Inicie a discussão do primeiro plano de ação concentrando o foco nas metas intermediárias de maior prioridade e, em seguida, trabalhe em outras áreas que sejam importantes para o cliente. Para cada área, o coach perguntará aos clientes o que desejam fazer imediatamente na próxima semana. As metas semanais permitem que os clientes deem pequenos passos gerenciáveis rumo a suas metas a longo prazo. Subir esses degraus costuma ser um avanço na construção da confiança do cliente.

Quando se trata das metas semanais, ser específico sobre os detalhes de como e quando é crucial ajuda os clientes a definirem os detalhes necessários para alcançar essas metas. Ter a experiência de domínio com uma meta cria senso de eficácia e ajuda os clientes a estarem mais prontos, dispostos e capazes de avançarem com outras metas. Nada atrapalha mais o processo de mudança do que estabelecer metas irrealistas e inatingíveis. E "metas baixas", como Locke e Latham (2002) as chamam, metas sem desafio suficiente, produzem baixa produtividade e poucos resultados.

Os clientes experimentam o fluxo quando suas metas são desafiadoras ligeiramente além de suas habilidades e de sua experiência. Essa é a zona em que os clientes devem entrar com a maior frequência possível enquanto trabalham em suas metas. Essa zona é aquele lugar que não é nem muito difícil nem muito fácil, mas perfeitamente adequado para o aprendizado, o crescimento e o sucesso do cliente. Como quase sempre o potencial do cliente é maior do que ele reconhece, não tenha medo de considerar metas para as quais ele possa exclamar: "De jeito nenhum!" Os clientes gostam de ser chamados a irem além do que imaginam. Para ajudar os clientes a entrarem nessa zona com mais frequência, o coach irá encorajá-los a não usarem as expressões "vou tentar", "pode ser" ou "talvez". É melhor fazer com que os clientes falem com segurança a respeito do que *farão*, até o ponto de enquadrarem as metas comportamentais no tempo presente, como se já fossem totalmente verdadeiras. Isso pode moldar positivamente a autoimagem do cliente e a realização das metas (Tabelas 9.5 e 9.6) (Moore et al., 2002).

Tabela 9.5	Projeção dos primeiros experimentos/das primeiras metas.
Peça ao cliente para escolher uma meta que seja importante	
Explore as estruturas (pessoas, recursos, sistemas e ambientes) necessárias para garantir que essa meta seja atingida	
Ajude o cliente a projetar a meta comportamental SMART	
Use um parâmetro de confiança para melhorar a confiança do cliente em atingir a meta	
Peça ao cliente para reafirmar a meta	
Afirme a capacidade do cliente de atingir a meta	

Tabela 9.6 Exemplos de metas.	
Metas não escritas como metas comportamentais	**Metas comportamentais (trimestrais e semanais)**
Fazer mais exercícios cardiovasculares na academia	Caminhar na esteira por 20 minutos com frequência cardíaca mínima de 70% nas segundas, quartas e sextas-feiras depois do trabalho
Comprar alimentos para preparar lanches mais saudáveis	Ir ao supermercado no sábado de manhã comprar maçãs e amêndoas para cada dia útil de trabalho
Ficar menos estressado	Fazer uma pausa para o chá da tarde todos os dias úteis às 15h
Estar mais consciente do meu consumo de açúcar	Depois do jantar, todos os dias desta semana, listar o(s) lanche(s) açucarado(s) que comi durante o dia
Ficar mais calmo e consciente	Meditar no sábado de manhã das 8h às 8h30
Aumentar a minha ingestão de água e beber mais água no meio da manhã e no meio da tarde	Aumentar a minha ingestão de água de dois para quatro copos por dia, bebendo um copo de 250 mL de água no meio da manhã e no meio da tarde, de segunda a sexta-feira
Comer menos sobremesas neste fim de semana	Comer sobremesa uma vez nesta semana, no sábado à noite, e saboreá-la lentamente
Ouvir mais música	Ouvir o meu álbum de jazz favorito por 45 minutos na noite de sexta-feira
Fazer uma rotina de treinamento de força com cinco exercícios usando halteres de 4 kg	Fazer uma rotina de treinamento de força de cinco exercícios na terça às 6h30 e no sábado às 10h usando halteres de 4 kg com 12 repetições, com descanso de 15 segundos entre cada série
Perder meio quilo esta semana	Comer uma xícara de cereais com baixo teor de açúcar e alto teor de fibras no café da manhã, de segunda a sexta-feira
Pensar no que me motiva	Antes da minha próxima sessão de coaching, anotar os meus três principais motivadores para mudança e os enviar por e-mail ao meu coach
Fazer uma lista dos prós e contras	Fazer uma lista dos prós e contras de perder peso na terça à noite, antes de ir para a cama
Prestar atenção em como me sinto ao comer	Registrar os meus pensamentos e as minhas emoções quando almoçar e jantar na terça e na quinta-feira desta semana

Além de garantir que as metas sejam desafiadoras, específicas, mensuráveis e motivadoras, as metas devem:

- *Considerar o que é necessário para apoiar o sucesso.* Aborde os fatores ambientais, inclusive a equipe de apoio do cliente e outros sistemas que impactam a implementação bem-sucedida das metas
- *Fazer com que o cliente avalie a confiança.* É valioso avaliar a confiança do cliente em sua capacidade de alcançar uma meta perguntando: "Qual é o seu nível

de confiança, em uma escala de 0 a 10, para atingir essa meta?" Explore por que o cliente não escolheu um número menor ou o que seria necessário para gerar um número maior. Se a confiança não for suficientemente alta para apoiar o sucesso, reavalie a meta, faça mudanças e desenhe estratégias para que o cliente se sinta confiante em sua capacidade de alcançá-la

- *Medir a importância da meta.* Para avaliar se os clientes estão prontos, dispostos e são capazes de mudar, é essencial determinar a importância da meta para eles. Pergunte "Como você classificaria a importância dessa meta em uma escala de 0 a 10?". Explore por que eles não escolheram um número menor e o que seria necessário para gerar um número maior. Se os clientes não estiverem preparados para a mudança, expresse empatia e aceitação e explore as condições que gerariam prontidão para que eles as reconheçam quando chegarem.

Papel do *brainstorming* na definição de metas

O *brainstorming*, a geração de possibilidades sem censura, é uma habilidade essencial e uma parte fundamental dos momentos generativos do coaching. É um momento para coaches e clientes cogerarem uma ampla variedade de metas possíveis para consideração. Para que as sessões de *brainstorming* sejam mais eficazes, é importante:

- Esclarecer o assunto
- Esclarecer o resultado (o que está sendo gerado)
- Evitar julgamentos
- Incentivar ideias ousadas e até mesmo extravagantes
- Basear-se no que os outros dizem
- Ser visual e específico
- Optar pela quantidade
- Fazer isso depressa.

O *brainstorming* permite que os clientes desenvolvam abordagens criativas e seus melhores planos antes da implementação. Após a geração de múltiplas possibilidades, os clientes podem explorar cada uma delas para determinar quais são as mais inspiradoras e viáveis. Mais importante ainda, o tom da conversa de *brainstorming* deve ser positivo, demonstrando grande consideração pela criatividade e capacidades do cliente, uma vez que a positividade leva a insights e a melhor resolução de problemas (Subramaniam et al., 2009).

O cliente está no assento do motorista

Certifique-se de que os clientes entendam que podem se afastar de qualquer desafio ou meta. A escolha é sempre deles. Se eles parecerem intrigados com a meta comportamental, mas intimidados pelo desafio, incentive-os a fazerem uma contraproposta que seja mais confortável. O trabalho do coach é encontrar o equilíbrio entre desafiar os clientes a fazerem mais do que eles acham que podem e, ao mesmo tempo, incentivar a redução de metas que estejam fora de alcance. A escuta perceptiva é uma ótima estratégia para usar nessa situação e no estabelecimento de metas em geral. Muitas vezes, ela promoverá conversas pró-mudança, explorará a ambivalência e estabelecerá as bases para obter um compromisso.

Outra forma de liberar a capacidade do cliente é incentivá-lo a ter autocompaixão por meio do processo de estabelecimento ou definição de metas. O caminho para a autocompaixão é mudar as perspectivas sobre as metas, pensando nelas como "experimentos". O uso da premissa de experimentação do *Design Thinking*, vendo as metas como experimentos a serem testados e ajustados conforme necessário, permite que os clientes tenham maior probabilidade de serem resilientes diante dos desafios de experimentarem novos comportamentos e habilidades.

Rastreamento e mensuração do progresso dos resultados

A Teoria da Autorregulação (MacKenzie et al., 2012) sugere que a capacidade da pessoa de se monitorar é um fator-chave para o cumprimento de metas, enquanto o uso de ferramentas (como testes) apoia a autonomia, um componente-chave na Teoria da Autodeterminação. Portanto, é importante não apenas obter feedback qualitativo sobre o progresso do cliente, mas também acompanhar os resultados alcançados a partir do estabelecimento de novos comportamentos em termos objetivos e mensuráveis. Ao definir metas, várias medidas básicas e técnicas de rastreamento podem ser usadas para:

- Ajudar os clientes a acompanharem o progresso ao longo do tempo em resultados selecionados (p. ex., redução de peso ou centímetros perdidos, melhor equilíbrio de vida, maior paz de espírito, maior condicionamento físico etc.)
- Ajudar os clientes a permanecerem motivados para alcançarem suas metas
- Fornecer resultados de grupo importantes para a prática de coaching e para o campo do coaching como um todo.

A combinação de diversas abordagens de acompanhamento é melhor porque, em determinado período, uma medida pode mudar, enquanto outra, não. Os clientes ficarão mais motivados se observarem mudanças positivas em pelo menos uma área de comportamento a partir do monitoramento comportamental.

CASO DE COACHING

Coach Carl: Você teve várias ideias de metas que são perfeitamente possíveis de serem alcançadas. Ótimo trabalho! Vamos falar sobre como isso pode se traduzir em ação. Qual delas você acha que seria mais benéfica experimentar na próxima semana?

Wendy Well: Sabe, pode parecer bem simples, mas a ideia de tomar banho depois do trabalho parece muito boa.

Coach Carl: Qual é o apelo disso para você?

Wendy Well: Existe alguma coisa na água, na maneira como ela bloqueia os sons da casa, que me faz me sentir bem revigorada.

Coach Carl: Parece que isso também acalma você.

Wendy Well: Sim, não existe nada melhor do que aqueles primeiros minutos no chuveiro quando a água está quente e você finalmente conseguiu algum tempo para si mesmo.

Coach Carl: Vamos parar um minuto e imaginar a noite em que você chega em casa e vai diretamente para o banho antes de fazer qualquer outra coisa. O que mais acontece para permitir que você faça isso?

Wendy Well: Bem, meus filhos teriam que ser avisados; quer dizer, teriam que ser praticamente ameaçados, para deixarem a mamãe sozinha por alguns minutos.

Coach Carl: Ok!

Wendy Well: Na verdade, eles são muito gentis e prestativos. Tenho certeza de que, se eu contasse o que estou fazendo, eles fariam o possível para não me incomodar.

Coach Carl: Parece que você criou filhos respeitosos e amorosos.

Wendy Well: Obrigada. Acho que também precisaria contar ao meu marido sobre o meu plano. Ele normalmente me liga quando volta do trabalho para casa. E, geralmente, eu estou preparando o jantar, então ele teria que esperar para falar comigo.

Coach Carl: Então, para isso acontecer, você precisaria informar a sua família a respeito do que vai fazer e definir expectativas.

Wendy Well: Sim, acho que é isso.

Coach Carl: Vamos falar sobre como tudo isso soaria como uma meta específica. Estamos fazendo assim há algumas semanas. Como você definiria a meta para ser específica?

Wendy Well: Ok! Vou tomar banho quando chegar em casa do trabalho.

Coach Carl: Quantos dias por semana você se imagina fazendo isso?

Wendy Well: Vamos começar com segunda e sexta logo depois do trabalho.

Coach Carl: E você gostaria de incluir o que mencionou sobre a sua família ao definir essa meta?

Wendy Well: Sim, farei isso amanhã.

Coach Carl: Maravilha! E, em uma escala de 1 a 10, quão confiante você está de que terá sucesso com essa meta?

Wendy Well: Eu diria que um 8.

Coach Carl: Incrível. O que faz você dizer que seria um 8?

Wendy Well: A imagem está bem fresca na minha mente. Lembro-me de como era bom ter esse hábito, e espero que tenha o mesmo resultado agora, 15 anos depois.

Coach Carl: Essa memória é tão forte que você quase consegue se colocar lá e acreditar que pode fazer isso de novo. Isso é ótimo. Também tenho certeza de que você consegue. Vamos falar sobre a sua outra meta para a próxima semana. Que meta você gostaria de definir?

Wendy Well: Eu definitivamente quero caminhar na esteira 2 dias na próxima semana.

Coach Carl: Ok! Então em quais dias você gostaria de fazer isso?

Wendy Well: Eu diria segunda e sexta.

Coach Carl: E por quanto tempo?

Wendy Well: Vamos ficar com 15 minutos.

Coach Carl: Ok! Então você vai andar na esteira por 15 minutos na segunda e na sexta. E a que horas você gostaria de fazer isso?

Wendy Well: Bem, acho que o meu desafio era o meu cansaço durante a noite, então quero tentar de manhã.

Coach Carl: Você quer fazer de manhã, especialmente porque teve algum sucesso com isso na semana passada?

Wendy Well: Sim.

Coach Carl: E que horas você gostaria de fazer isso?

Wendy Well: Às 6h30.

Coach Carl: Às 6h30 da manhã de segunda e sexta.

Wendy Well: Sim.

Coach Carl: E qual é a sua confiança de que vai alcançar essa meta?

Wendy Well: Eu diria de 6 a 7.

Coach Carl: É um ótimo começo, mais de 50% de confiança. O que existe entre você e o nível de confiança de 8?

Wendy Well: É que 6h30 é bem cedo. Eu sei que vou ter que me convencer a sair da cama.

Coach Carl: O que tornaria mais fácil você se convencer a pular da cama?

Wendy Well: Para começar, preciso ter certeza de que não estou tão cansada. Acho que tentar ir para a cama em um horário mais razoável durante a semana, pelo menos às 22h, ajudaria.

Coach Carl: Então, se dormisse pelo menos 8 horas, você acredita que conseguiria acordar mais cedo na segunda e na sexta para fazer exercícios?

Wendy Well: Sim, sim, definitivamente.

Coach Carl: E como você se sentirá depois de se exercitar 2 dias esta semana?

Wendy Well: Incrível. Ficarei muito orgulhosa de mim mesma, e imagino que terei mais energia.

Coach Carl: Qual é o seu nível de confiança agora?

Wendy Well: Definitivamente de 8 a 9.

Com o tempo, é importante monitorar qual combinação de técnicas de rastreamento ajudará melhor o cliente a alcançar o sucesso. Durante as sessões iniciais, pergunte ao cliente quais abordagens ele prefere e discuta quais medidas ele gostaria de acompanhar. É melhor começar concordando com algumas medidas eficazes e ajustá-las ao longo do tempo, conforme a motivação aumenta. Especialmente quando os clientes criam metas de domínio ou metas para desenvolverem ou melhorarem o sucesso, é mais provável que tomem medidas para aumentarem as probabilidades de sucesso, especialmente quando apoiados por evidências claras (Halverson, 2010).

Pedir feedback sobre as sessões de coaching

Por fim, é importante tanto para a aprendizagem do coach como para o crescimento do cliente que o coach obtenha feedback sobre a sessão de coaching antes de encerrar a sessão inicial. Fazer perguntas, como as seguintes, fornece insights valiosos sobre o que o cliente deseja da experiência de coaching:

- "Qual foi a parte mais valiosa da sessão de hoje?"
- "Como as futuras sessões de coaching poderiam apoiar melhor o seu caminho?"
- "Existe alguma coisa que você gostaria de mudar em nossa sessão?"
- "O que eu posso fazer de diferente para atender você melhor?"

A menos que sejam questionados diretamente, os clientes normalmente não dizem que gostariam que o coaching fosse diferente.

Os clientes podem ficar entusiasmados com as sessões iniciais de coaching, mas é melhor perguntar sobre a satisfação deles em cada sessão. O coach deve continuar recebendo feedback e aprimorando o programa. Solicitar que o cliente transmita feedback depois da sessão, por e-mail, é uma forma de incentivar a franqueza. Se houver alguma dúvida sobre a química do coaching, é importante ser corajoso e abordar a questão. Se o sentimento for mútuo, o cliente deve receber permissão total para procurar outro coach e receber assistência no processo.

Juntar tudo

Resumindo, os coaches ajudam os clientes a conceberem visões convincentes e engajadoras que inspiram motivação e, depois, os ajudam a traduzirem suas visões em passos de ações comportamentais realistas para que melhorem a autoeficácia, aumentem o potencial de sucesso e aprendam uma habilidade fundamental para a vida: o desenvolvimento e a implementação de planos para a melhoria da saúde e do bem-estar.

Referências bibliográficas

Bandura, A. (1977). Self-efficacy: Toward a unifying theory of behavioral change. *Psychological Review, 84*(2), 191–215.

Baumeister, T., & Leary, M. (1995). The need to belong: Desire for interpersonal attachments as a fundamental human motivation. *American Psychological Association, 117*(3), 497–529.

Benson, P. L., & Scales, P. C. (2009). The definition and preliminary measurement of thriving in adolescence. *Journal of Positive Psychology, 4*(1), 85–104.

Brown, T. (2008). Design thinking. Harvard Business Review, 86(6), 84–92, 141.

Cooperrider, D., & Whitney, D. (2005). *Appreciative inquiry: A positive revolution of change.* Oakland, CA: Berrett-Koehler.

Csikszentmihalyi, M. (1990). *Flow.* New York: Harper & Row.

Deci, E., & Ryan, R. (1985). *Intrinsic motivation and self-determination in human behavior.* New York: Plenum Press.

Deci, E. D., & Ryan, R. M. (2002). *Handbook of self-determination research.* New York: University of Rochester Press.

Doran, G. T. (1981). There's a S.M.A.R.T. way to write management's goals and objectives. *Management Review, 70*(11), 35–36.

Dweck, C. (2006). *Mindset: The new psychology* of success. New York: Random House.

Grant, A. M. (2005). What is evidence-based executive, workplace and life coaching? In M. Cavanagh, A. M. Grant, & T. Kemp (Eds.), *Evidence-based coaching: Theory, research and practice from the behavioural sciences,* 1:1–12.

Goleman, D. (1996). *Emotional intelligence: Why it can matter more than IQ.* New York: Bloomsbury Publishing.

Halverson, H. (2010). Succeed: How we can reach our goals. New York: Penguin.

Headey, B. (2008). Life goals matter to happiness. *Social Indicators Research, 86*(2), 213–231.

International Coach Federation. *Core competencies.* Retrieved March 25, 2014 from http://coachfederation.org/credential/landing.cfm?ItemNumber=2206&navItemNumber=576

King, L. (2001). The health benefits of writing about life goals. *Personality and Social Psychology Bulletin, 27*(7), 798–807.

LaPorte, R., & Nath, R. (1976). Role of performance goals in prose learning. *Journal of Educational Psychology, 68,* 260–264.

Locke, E. A., & Latham, G. P. (1990). A theory of goal setting and task performance. Englewood Cliffs, NJ: Prentice Hall.

Locke, E. A., & Latham, G. P. (2002). Building a practically useful theory of goal setting and task motivation. A 35-year odyssey. American Psychologist, 57(9), 705–717.

MacKenzie, M., Mezo, P., & Francis, S. (2012). A conceptual framework for understanding self-regulation in adults. *New Ideas in Psychology, 30,* 155–165.

Miller, C. (2009). *Creating your best life.* New York: Sterling.

Miller, W. R., & Rollnick, S. (2012). *Motivational interviewing: Helping people change* (3rd ed.). New York: Guildford Press.

Moore, M., Tschannen-Moran, R., & Jackson, E. (2002). *First coaching session & wellness vision coaching tool.* Wellcoaches Core Coach Training Program.

Nelson, H., & Stolterman, E. (2012). *The design way: Intentional change in an unpredictable world.* Cambridge, MA: MIT Press.

Peterson, C. (2006). *A primer in positive psychology.* New York: Oxford University Press.

Prochaska, J. O., Norcross, J. C., & DiClemente, C. C. (1995). *Changing for good: A revolutionary six-stage program for overcoming bad habits and moving your life positively forward.* New York: Harper Collins.

Rosenberg, M. (2005). *Nonviolent communication: A language of life.* Encinitas, CA: PuddleDancer.

Snyder, C. (2003). *The psychology of hope.* New York: Free Press.

Subramaniam, K., Kounios, J., Parrish, T. B., & Jung-Beeman, M. (2009). A brain mechanism for facilitation of insight by positive effect. *Journal of Cognitive Neuroscience, 21*(3), 415–432.

Tschannen-Moran, M. (2004). *Trust matters: Leadership for successful schools.* Jossey-Bass.

U.S. Department of Health and Human Services. (n.d.). *Understanding health information privacy.* Retrieved December 15, 2014 from http://www.hhs.gov/ocr/privacy/hipaa/understanding/index.html

Whitworth, L., Kimsey-House, K., Kimsey-House, K., & Sandhal, P. (2007). *Co-active coaching: New skills for coaching people toward success in work and life.* Boston, MA: Nicholas Brealey Publishing.

Wolever, R., Simmons, L., Sforzo, G. A., Dill, D., Kaye, M., Bechard, E., . . . Yang, N. (2013). A systematic review of the literature on health and wellness coaching: Defining a key behavioral intervention on healthcare. *Global Advances in Health and Medicine, 2,* 38–57.

World Health Organization. (1948). Official records of the World Health Organization No. 2. Proceedings and final acts of the International Conference held in New York from 19 June to 22 July 1946. Geneva, Switzerland: Author.

Capítulo 10

Momentos Generativos

"Tudo o que você pode fazer, ou sonha que pode fazer, comece a fazer. A ousadia contém genialidade, poder e magia."

GOETHE

OBJETIVOS

Depois de ler este capítulo, você será capaz de:

- Definir momentos generativos e seu valor
- Discutir a origem dos momentos generativos e como aproveitar esses momentos para um progresso significativo
- Discutir como usar o Modelo Transteórico (MTT), a Comunicação Não Violenta (CNV), a Investigação Apreciativa e a Entrevista Motivacional (EM) em momentos generativos
- Citar as habilidades necessárias para criar e facilitar momentos generativos
- Listar as cinco etapas do processo de criação do momento generativo.

Definição do momento generativo

Os momentos generativos podem ser considerados o auge da sessão de coaching. O momento generativo pode ser preenchido com a alta energia que vem de estar pronto para fazer algo novo ou com a calma pacífica que vem com a nova maneira de pensar.

Os momentos generativos ocorrem quando os clientes são estimulados no caminho da mudança e do crescimento. Eles são o coração das sessões de coaching que ocorrem ao longo do caminho para alcançar ou se aproximar da visão do cliente. Nesses momentos cruciais, os sentimentos, as necessidades e os desejos do cliente são investigados em torno do "tópico do dia". Durante os momentos generativos, os coaches e os clientes exploram a natureza do tópico acordado, esclarecem os resultados desejados, discutem estratégias e identificam os próximos passos. Nesses momentos, os coaches e os clientes cogeram novas perspectivas e constroem projetos engajadores para seguirem em frente. Quase sempre, os coaches descrevem essa colaboração como uma dança intuitiva.

Nós chamamos esses momentos de "generativos" porque eles inspiram os clientes a gerarem novas ideias, perspectivas ou insights. Eles também podem descobrir capacidades que talvez levem a ações ousadas que podem alterar positivamente o futuro do cliente (Bushe, 2007). Momentos generativos são minitransformações que energizam tanto o coach quanto o cliente e catalisam a próxima etapa do progresso do cliente.

Conforme as emoções do cliente se intensificam, variando de animado a ambivalente e a medroso, os coaches e os clientes têm a oportunidade única de assumirem riscos, expandirem perspectivas e desafiarem suposições. Quanto mais os clientes puderem descobrir novas perspectivas, capacidades e ações que atendam às suas necessidades, mais progresso eles farão no avanço em direção às suas visões. É importante reservar tempo para o momento generativo na maioria das sessões de coaching, a fim de colocar o foco em algum tópico que recarregue as baterias do cliente. Isso facilita tanto o desejo de mudar quanto a confiança para chegar lá.

Trabalhar com o cliente para estabelecer e revisitar a visão pode facilitar momentos generativos no início de um programa de coaching e sempre que uma sessão atrasar. É bom rever a visão detalhadamente pelo menos uma vez por ano, até mesmo trimestral ou mensalmente. Embora os clientes se comprometam a mudar e crescer por meio da construção de visões, muitos tópicos novos e antigos surgem para consideração nas sessões de coaching. Muitas coisas podem despertar o interesse dos clientes por um tópico que exige um momento generativo, quer ele esteja vivenciando energia positiva ou negativa. A energia e suas necessidades subjacentes tornam o cliente maduro para explorar novas maneiras de atender a essas necessidades.

Um jeito de pensar nos momentos generativos é que eles surgem como coisas que os clientes desejam menos (indicadores aversivos), coisas que desejam mais (indicadores atrativos) ou alguma combinação de ambos. Os primeiros são geralmente acompanhados por maior resistência, ao passo que os últimos, por maior disponibilidade para prosseguir a mudança transformacional.

A Tabela 10.1 fornece uma lista parcial dos indicadores emocionais que podem sugerir que o cliente está apresentando um tópico para um momento generativo.

Às vezes, os momentos generativos surgem quando os clientes ainda estão considerando a mudança, como, por exemplo, quando estão nas etapas de pré-contemplação ou contemplação em torno de um comportamento em particular. Isso geralmente acontece em resposta a eventos externos. A dores e as más notícias chamam a atenção das pessoas, tanto quanto a mensagem "mude ou morra" do médico. A esperança e as boas notícias também conseguem chamar a atenção das pessoas. Por exemplo, muitas mulheres param de fumar no instante em que descobrem que estão grávidas. O desejo de ter um bebê saudável eclipsa o desejo de fumar. Em momentos assim, os coaches e os clientes têm a oportunidade única de agitar as coisas e fazê-las avançar.

Quando ocorrem momentos generativos nas sessões de coaching?

As sessões de coaching tendem a ter início, meio e fim distintos. O início é a fase de aquecimento, que consiste em estabelecer conexão, explorar e valorizar acontecimentos e experiências recentes em torno das metas do cliente e esclarecer o tema no qual ele gostaria de colocar o foco. O fim consiste na identificação de metas e no desenvolvimento de estratégias inovadoras que levarão o cliente adiante até a próxima sessão de coaching (e além). O fim pode ser considerado uma fase de relaxamento depois de algum trabalho mais enérgico no meio. No meio, tem-se um espaço para o momento generativo, o epicentro energético ou de malhação da sessão. *Aviso*: embora exista um local e um momento específicos no processo da sessão de coaching para o "momento generativo", a geratividade não se limita a esse momento e a esse local. Idealmente, a geratividade estará presente durante toda a sessão de coaching.

A boa conexão interpessoal e a compreensão das experiências do cliente são cruciais para dar início aos primeiros passos do momento generativo. Compreender a experiência do cliente com suas metas semanais, qualquer que seja o progresso ou a falta dele, pode revelar tópicos em torno dos quais os clientes despertaram energia.

A revisão das metas de 3 meses pode reconectar os clientes com seus valores, seus motivadores e sua inspiração. Na ausência de julgamento e na presença de apoio ao crescimento, esses momentos revelam o que há de vivo e importante para os clientes. Incentivar os clientes a compartilharem histórias pode esclarecer os sentimentos, as necessidades satisfeitas e não satisfeitas, as esperanças e os desejos deles. São essas coisas que produzem os momentos generativos.

Tabela 10.1 Indicadores emocionais para momentos generativos.

Indicadores aversivos	Indicadores atrativos
Apatia, letargia	Foco, energia
Preocupação, medo	Confiança, controle
Ansiedade	Contentamento
Distresse	Eustresse
Tédio	Animação
Triste, deprimido	Feliz, emocionado
Incerto, hesitante	Certo, disposto
Confuso, desarticulado	Claro, articulado
Inseguro	Seguro
Bloqueado	Liberado
Preso na lama	Livre para se mexer
Fora de equilíbrio	Em equilíbrio
Distraído, desligado	Mentalizado, engajado
Compromisso rígido ou frouxo	Determinação prazerosa
Autossabotagem	Autoajuda
Hábitos intransigentes	Ação experimental

O que promove momentos generativos?

Toda vez que o cliente participa de uma sessão de coaching, o que é importante para ele também aparece na sessão, embora talvez seja necessária uma fase de aquecimento para descobrir o que é isso. Para usar a linguagem da CNV, os clientes chegam ao coaching com algo "vivo" ou agitado dentro deles naquele momento. É tarefa do coach escutar atentamente essa força vital, refleti-la de volta ao cliente e perguntar onde ele deseja chegar com essa energia (Rosenberg, 2005).

Momentos generativos orientados para o cliente representam uma mudança na educação em saúde tradicional e na abordagem especializada para a mudança. Não cabe ao coach gerar o momento. Cabe ao cliente aparecer com energia para explorar e vontade de aprender. O cliente tem essa responsabilidade em cada sessão de coaching. Os coaches permitem que os clientes avancem positivamente, seguindo o exemplo deles, prestando muita atenção aos sentimentos, necessidades e desejos dos clientes por meio do uso de empatia, Investigação Apreciativa e reflexões. Tal como uma parteira que apoia a mãe durante as fases de transição até o parto, não é função do coach ter "o momento", mas sim apoiar os clientes durante o fluxo do momento generativo.

Assim que o momento generativo termina, as sessões de coaching fluem facilmente para o design (projeto) e o planejamento por meio do uso de metas comportamentais e de planos de ação. Muitas vezes, os clientes necessitam de assistência para enquadrarem tais planos como pontos de partida de experimentação, descoberta e aprendizagem, em vez de modelos para execução. Os modelos de planejamento estáticos (*i. e.*, fazer e implementar o plano) não refletem a dinâmica do desenvolvimento humano. Modelos de planejamento inovadores que incluem design empático centrado no cliente capacitam os clientes a fazerem ajustes e improvisações em tempo real, apoiando melhor a sua confiança em serem bem-sucedidos.

Momentos generativos engajam todas as habilidades de coaching

Para aproveitar todo o potencial dos momentos generativos, o coach precisa usar *cada* habilidade e *cada* ferramenta de coaching de forma dinâmica no momento. Na melhor das hipóteses, os momentos generativos estimulam a dança intuitiva do coaching. Quando mal administrados, os momentos generativos não apenas são desperdiçados, mas também podem retroceder os clientes tanto na motivação quanto na ação. As seguintes habilidades de coaching, já apresentadas nos capítulos anteriores, precisam ser totalmente engajadas para conduzir efetivamente os clientes ao longo de momentos generativos.

Compaixão irradiante

Os momentos generativos requerem um ambiente livre de julgamentos, caracterizado pela confiança e pela "disposição para ser vulnerável ao outro com base na confiança de que o outro é benevolente, honesto, aberto, confiável e competente" (Tschannen-Moran, 2004). Segurança e forte sentido de apoio são pré-requisitos para o sucesso em todas as sessões de coaching. Isso cria as condições ideais para os momentos generativos, em que os clientes são desafiados a irem até o limite das suas capacidades. Estabelecer um ambiente compassivo permite que os clientes sejam abertos e autênticos para que as coisas importantes possam ser ditas e consideradas.

Empatia expressiva

Definida como a "compreensão respeitosa da experiência de outra pessoa", a empatia utiliza a consciência emocional e cognitiva para se conectar e dar voz ao que os clientes estão sentindo, necessitando e desejando. Sem receber empatia, os clientes muitas vezes não conseguirão avançar e obter todos os benefícios dos momentos generativos. A empatia difere da pena e da simpatia, uma vez que é o reflexo do coach sobre a experiência percebida pelo cliente, em vez de o compartilhamento dela. Os clientes estão conscientes da empatia e da presença não apenas de forma consciente, mas também inconscientemente, talvez pela influência dos neurônios-espelho. Quando o coach, especialmente aquele que desenvolveu uma posição importante para o cliente, expressa descontentamento, isso pode levar o cliente ao frenesi físico, aumentando a frequência cardíaca e espalhando energia negativa por toda parte (Goleman e Boyatzis, 2008).

Escuta ativa

Definida como a "consciência sem julgamento do que está acontecendo no momento presente", o mindfulness é uma forma de se libertar do piloto automático. Não há como identificar momentos generativos além da escuta ativa. Ao prestarem atenção sem julgamento ao que está acontecendo com eles mesmos e com os clientes, os coaches podem ajudar os clientes a ganharem consciência das suas necessidades e das suas escolhas. Esse é um componente essencial da presença coaching necessária para manter um relacionamento de construção de confiança e promoção de crescimento.

Investigação evocativa

Se os coaches fizerem muitas perguntas sugestivas com respostas "certas" implícitas, o momento generativo poderá ser perdido. A verdadeira investigação vem da estrutura de "não presumir", de "não saber" as respostas e de ter a mente do iniciante. Quanto mais os coaches navegarem com curiosidade aberta, especialmente no que diz respeito às capacidades e aos pontos fortes dos clientes, mais os clientes descobrirão sobre si próprios e para onde querem ir. Quando os coaches permanecem na fase de descoberta da Investigação Apreciativa, com perguntas engajadoras que conectam os clientes ao que eles têm de melhor, os clientes são mais capazes de colocarem seus pontos fortes em ação. "Sem curiosidade, não conseguimos manter a nossa atenção, evitamos riscos, abortamos tarefas desafiantes, comprometemos o nosso desenvolvimento intelectual, não conseguimos atingir competências e pontos fortes, limitamos a nossa capacidade de estabelecer relações com outras pessoas e, essencialmente, estagnamos" (Kashdan, 2009).

Investigação aberta

Quando se trata de momentos generativos, a investigação que evoca histórias e imagens tem muito mais poder para gerar a espiral ascendente do que a investigação que leva a respostas curtas ou analíticas. Perguntas abertas que começam com "o que" ou "como" são chaves para evocar tais respostas. Muitas perguntas fechadas que exigem respostas curtas de "sim" ou "não" tendem a encerrar essa dinâmica. Perguntas do tipo "por que" podem parecer críticas ou levar à paralisia da análise. O engajamento total ocorre mais diretamente, incentivando os clientes a lembrarem e verbalizarem completamente as histórias e imagens de si mesmos.

Reflexões perceptivas

Fazer muitas perguntas seguidas ao cliente, mesmo que perguntas excelentes, pode parecer um interrogatório para ele e comprometer o momento generativo. Essa investigação muitas vezes tem mais a ver com o desejo do coach de impulsionar os clientes do que com o desejo dos clientes de descobrirem as coisas por si próprios. As cinco formas de reflexão usadas em EM, que são especialmente úteis no contexto de momentos generativos, são: reflexões simples, amplificadas, dupla face, de foco alterado e de empatia. Elas comunicam o engajamento total do coach e conectam o cliente com a motivação para mudar.

Silêncio respeitoso

Em resposta à empatia, à investigação e às reflexões, os clientes precisam fazer uma pausa para pensar, sentir ou se conectar com suas verdades. Isso acontece especialmente durante os momentos generativos. É essencial que os coaches respeitem esse silêncio, sentindo-se confortáveis com as pausas, e que não se intrometam prematuramente. Quando a bola estiver na quadra do cliente, geralmente é melhor esperar até ele devolvê-la. Intervir muito rapidamente impede que os clientes maximizem suas descobertas. O silêncio afirma o desejo do coach de escutar o que o cliente tem a dizer e, melhor ainda, implica confiar em "seus pensamentos e suas ideias". É um presente especial ficar em silêncio com os clientes, principalmente com os introvertidos, pois o silêncio lhes dá tempo para organizarem seus pensamentos, sentimentos e desejos antes de traduzi-los em palavras.

Brainstorming criativo

O *brainstorming* é uma habilidade essencial do coaching, especialmente quando se trata de momentos generativos. Com o aumento da motivação para a mudança, surge maior interesse em estratégias de mudança específicas. Essas estratégias não são entregues aos clientes pelos coaches. Em vez disso, elas são coconstruídas com os clientes a partir do *brainstorming* criativo de ideias, questões, abordagens e estruturas. Os coaches e os clientes podem gerar um enorme número de possibilidades sem avaliarem os méritos relativos até mais tarde. O clima pode ser alternadamente lúdico, perspicaz, corajoso e realista. O revezamento na criação de possibilidades é uma boa maneira de se criar e manter o impulso durante o processo de *brainstorming*.

Afirmação infalível

A afirmação infalível consiste em reconhecer firmemente as capacidades, as características e os pontos fortes do cliente para a mudança. Dessa forma, os coaches impactam positivamente a eficácia e a autocompaixão do cliente. "A minha certeza é maior que a sua dúvida" expressa a estrutura de onde vêm os coaches ao trabalharem com momentos generativos. Quando os clientes sabem que os coaches acreditam em sua capacidade de mudar e alcançar os resultados desejados, é mais provável que saiam dos seus próprios caminhos e tentem novas estratégias. Tal endosso permite que os clientes não apenas fiquem entusiasmados com as possibilidades geradas a partir do *brainstorming*, mas também avancem com uma ou mais delas.

Os momentos generativos surgem da conexão que os coaches estabelecem com os clientes no início de cada conversa de coaching. Ao estabelecer uma "zona sem culpa", onde os clientes podem se abrir e compartilhar de forma inocente e sem reprimendas, os coaches possibilitam que os clientes aprendam com suas experiências e sigam em frente. O uso precoce e eficaz de empatia, investigação e reflexão na revisão das metas dos clientes (metas semanais e trimestrais) ajuda a descobrir os tópicos que eles desejam explorar com maior profundidade.

Facilitação de momentos generativos

Ao criar o espaço reservado específico para o momento generativo na sessão de coaching, o processo inclui oito etapas principais:

1. Colaborar com o cliente para identificar um tema que ele deseja trabalhar que desperte sua energia emocional e seu interesse.
2. Pedir permissão para explorar e trabalhar no tema agora.
3. Incentivar o cliente a descrever o que ele realmente deseja agora em relação ao tema.

4. Explorar os pontos fortes ou valores que o cliente pode aproveitar para seguir em frente.
5. Explorar os ambientes que o cliente pode aproveitar para seguir em frente.
6. Explorar o equilíbrio decisório e desenvolver discrepância (quando o cliente demonstrar ambivalência).
7. Engajar o cliente em um *brainstorming* criativo sobre caminhos a serem seguidos.
8. Expressar e facilitar a confiança na capacidade do cliente de seguir em frente.

Colaborar com o cliente para identificar um tema que ele deseja trabalhar que desperte sua energia emocional e seu interesse

Para identificar o tema que o cliente gostaria de focar, preste atenção às emoções, às necessidades, aos desejos e aos valores que o cliente expressou ao longo da sessão. Escute:

- O que o cliente está sentindo
- O que atrai o cliente
- O que o cliente quer menos
- O que o cliente está celebrando
- Quais necessidades estão vivas no cliente
- A que o cliente está resistindo
- Quão pronto o cliente está para mudar
- O que dá energia ao cliente
- O que leva o cliente a agir
- O que o cliente destaca e lembra das sessões anteriores.

Às vezes, surgem vários tópicos interligados ou definidos de forma ambígua. A investigação antes das sessões de coaching (p. ex., por meio de e-mail) e o uso de reflexões, especialmente de reflexões simples, são necessários para aprofundar algum tópico subjacente a outro ou esclarecer uma definição clara do tópico. Idealmente, o tema do momento generativo ficará evidente tanto para o cliente quanto para o coach. Ele brilhará como uma luz na escuridão. Quando isso acontece, fica fácil nomear o tópico e passar para a próxima etapa.

Mais frequentemente, os coaches e os clientes apresentarão diferentes tópicos para consideração até que um deles venha claramente à superfície. Os coaches podem nomear a meta e perguntar se é uma área que o cliente gostaria de explorar. Quando os clientes concordam, pode ser útil usar um parâmetro de estilo de EM para medir quanta energia eles têm em torno desse tópico. Se a energia for baixa, pode existir outro tópico que vale a pena abordar. Ou, então, pode ser possível revigorar a energia do cliente discutindo seu índice de energia.

Outra abordagem é engajar o corpo do cliente na busca por temas. Incentive os clientes a prestarem atenção às suas sensações físicas no momento, fazendo-os se movimentar, posar, mudar de posição corporal, caminhar ou usar labirintos táteis (Rehm, 2000). Alongamentos, exercícios respiratórios e meditações guiadas também são formas de revigorar o momento. Richard Strozzi Heckler (2002) refere-se a isso como coaching somático. O corpo é um recurso de aprendizagem e de criação de mudanças sustentáveis para os clientes conforme eles identificam o que é mais importante no momento.

Alternar questionamentos abertos e reflexões é uma forma de esclarecer o tema. Por exemplo:

1. A partir da nossa discussão, parece que existem três tópicos potenciais que poderíamos explorar hoje. Eis o que eu escutei até agora... (descreva sucintamente).

2. Temos tempo para trabalhar em um tópico. Em qual você gostaria de trabalhar?
3. O que torna esse tema o mais importante para o nosso coaching hoje?
4. Qual resultado você gostaria de alcançar no final da sessão de hoje?

A questão não é estar "certo" sobre o melhor tópico a ser abordado, mas sim convidar os clientes a olharem mais profundamente para o que há de vivo neles. Independentemente de o coach ou o cliente nomear o tópico primeiro, a chave é considerar esse tópico como oportunidade para uma conexão e uma aprendizagem mais profundas. O momento generativo é o coração da sessão de coaching, e o coração do cliente determina o foco do momento generativo.

CASO DE COACHING

Coach Carl: Eu vi você fazer um tremendo progresso nas últimas semanas. Tem sido emocionante fazer parte desse processo, e admiro a sua tenacidade nisso. Estou animado para ver você continuar dando os próximos passos rumo às suas metas de 3 meses. Parabéns!

Wendy Well: Obrigada. Sinto-me bem com o progresso.

Coach Carl: E você deve saborear esse momento. Agora, antes de definirmos metas para a próxima semana, temos alguns minutos para realmente mergulhar em qualquer tópico que você ache que seria útil aprender mais e entender com mais clareza, enquanto pensa em avançar rumo à sua visão. Você tem em mente alguma coisa relacionada à sua visão que seria útil conversar com outra pessoa?

Wendy Well: Eu gostaria de me concentrar em ideias para garantir uma alimentação mais saudável. Percebi que, conforme a semana passa e tento voltar para casa do trabalho, fazer exercícios e depois jantar, as minhas metas meio que se afastam de mim, especialmente em relação à alimentação. E a minha meta de caminhada também. No começo da semana, basta subir na esteira e tudo bem, mas parece que isso fica mais difícil no final da semana.

Pedir permissão para explorar e trabalhar no tema agora

Uma vez identificado e esclarecido o tema, o coach e o cliente concordam sobre a conveniência de trabalhar nele agora. O coaching protege sempre a liberdade e a escolha dos clientes, o que aumenta tanto a motivação para a mudança como a probabilidade de sucesso. A etapa de mudança do cliente impacta significativamente tanto a sua prontidão para abordar o tema quanto a abordagem a ser adotada. Se os clientes estiverem nas etapas iniciais de mudança em relação a determinado tema, pode ser difícil para eles reunirem a energia necessária para um momento generativo que os leve à ação. No entanto, nessas etapas, os clientes podem ter pensamentos e sentimentos valiosos sobre as possibilidades, trabalhando o equilíbrio decisório para a mudança e explorando novas relações ou ambientes de apoio. O momento generativo que gera esperança pode ser catalisador para aumentar a prontidão que acabará por levar a ações transformacionais.

CASO DE COACHING

Coach Carl: Entendo que você quer encontrar maneiras de ser consistente e estar tão conectada com as suas metas de saúde no final da semana quanto no início da semana.

Wendy Well: Sim, é isso.

Coach Carl: Você gostaria de conversar alguns minutos sobre isso?

Wendy Well: Sim, seria útil.

Incentivar o cliente a descrever o que ele realmente deseja agora em relação ao tema

O trabalho do momento generativo começa com o aprofundamento até o cerne da questão. É uma dança de autodescoberta para os clientes, que os desafia a ver e pensar de forma diferente sobre o tema e sobre si mesmos. Experiências do tipo "Ah-ha!" são comuns. Comece explorando ou criando esperança e otimismo, perguntando sobre a visão ideal do cliente ou sobre o resultado ideal relacionado ao tema em questão.

Em seguida, os modelos de Investigação Apreciativa e EM oferecem caminhos diferentes para chegar ao âmago da questão. Em geral, é valioso começar primeiro com a Investigação Apreciativa, para construir e colher o máximo de energia e emoção positivas que possam ser evocadas em determinado momento. A reconexão com os pontos fortes e as capacidades do cliente pode ser suficiente para avançar no *brainstorming* e no planejamento. A EM também oferece muitas ferramentas para compreender as raízes da ambivalência, para brincar com a ambivalência e, melhor ainda, para resolvê-la. Com frequência, os coaches usam uma combinação de ambos os modelos.

CASO DE COACHING *(continuação)*

Coach Carl: Ótimo! Diga-me, se você pudesse usar a sua varinha mágica, como seria a sua semana com uma alimentação consistente se tudo realmente se encaixasse como você deseja?

Wendy Well: Seria algo automático. Seria uma rotina ótima, pois eu saberia exatamente o que levaria para o almoço. Eu teria o prato em mãos. Seria fácil de montar, e eu sempre levaria um almoço para o trabalho, de modo que seria quase todo dia. E, depois do almoço, eu me sentiria bem com o que comi. Não, não apenas no almoço: eu me sentiria ótima no final do dia, todos os dias. Sem arrependimento.

Coach Carl: E o que é importante nisso?

Wendy Well: Primeiro, eu teria mais energia no trabalho e comeria de forma mais saudável para poder fazer algumas dessas coisas que eu quero fazer na minha vida. Eu também teria mais tempo se levasse o almoço embalado na marmita. Eu não precisaria ir ao refeitório. Eu simplesmente poderia ficar na minha mesa para comer e ter momentos tranquilos. Ou, talvez, se o tempo estiver bom, para sair e me sentar lá fora. Acho que é uma boa pausa mental na metade do dia. No refeitório, você sempre se senta com alguém, acaba falando de trabalho de novo, e então jamais sente que fez essa pausa.

Coach Carl: Então, parece que temos vários motivadores aqui: um deles é mais energia; outro é se sentir melhor com relação às suas escolhas em geral. O resultado atraente da alimentação saudável seria ter maior sensação de calma e tranquilidade. Outro motivador é recuperar algum tempo de tranquilidade.

Explorar os pontos fortes ou valores que o cliente pode aproveitar para seguir em frente

É importante abordar cada tema como uma possibilidade a ser explorada, e não como um problema a ser resolvido. Trabalhar a partir de uma estrutura baseada no déficit, concentrando-se no que está errado e no que precisa de ser "consertado", pode influenciar negativamente a forma como os coaches veem o potencial do cliente e pode comprometer a autoeficácia dele. Em vez disso, coaches habilidosos exploram um tópico a partir de uma perspectiva baseada em pontos fortes, mesmo quando os clientes enfrentam resistência à mudança. As investigações baseadas em pontos fortes se concentram mais no que é significativo e atraente para os clientes do que naquilo que eles não desejam. Além disso, elas convidam os clientes a relembrarem e a se reconectarem com experiências anteriores de sucesso.

Os benefícios do uso de investigações baseadas em pontos fortes são abundantes. Eles incluem: gerar esperança, otimismo e outros tipos de positividade; lembrar os clientes de suas capacidades; e encorajar mais comportamentos que geraram sucesso anteriormente. Lembre-se do princípio da Investigação Apreciativa: aquilo que nós apreciamos, nós valorizamos. Usando o protocolo da entrevista de Investigação Apreciativa, o que vem a seguir representa um exemplo das perguntas que podem gerar mudanças positivas em pensamentos e comportamentos:

- Conte-me sobre uma ocasião em que você experimentou um desafio semelhante e navegou firme em seu caminho por ele
- Como foi a sensação do sucesso?
- Quais valores se refletiram, e como você lidou com a situação?
- Como isso se conecta com a sua visão?
- Quais necessidades seriam atendidas se essa visão se concretizasse para você?
- Quais estruturas (pessoas, lugares, coisas, ferramentas, rotinas) permitiriam que você fosse bem-sucedido nessa meta?
- Quais são as suas expectativas sobre como você gostaria de lidar com esse problema no futuro?
- Nomeie o seu principal desejo.

O objetivo básico de usar a abordagem de Investigação Apreciativa primeiro é engajar os clientes em conversas que os reconectem com sua vitalidade, com aquele local de profundo desejo que os levou ao coaching em primeiro lugar. Essas perguntas e solicitações iluminam a esperança e o entusiasmo que os clientes têm por suas visões e realinham as situações com suas visões.

Explorar os ambientes que o cliente pode aproveitar para seguir em frente

Como Peterson e Seligman (2004) descobriram ao estudarem a prevalência de forças e valores universais, a autorregulação é uma das forças menos valorizadas e utilizadas. A autorregulação é vital no processo de mudança. Ela se manifesta no planejamento, na preparação e na execução diligente de experimentos comportamentais; na descompactação da aprendizagem; seguida pelo ajuste de o que, como e quando praticar novos comportamentos, repetidamente. Considerando que os clientes tomam decisões e fazem escolhas comportamentais ao longo do dia sob as fortes influências de seus ambientes, então como eles podem ajustar os seus ambientes para reforçarem seu sucesso, inclusive reforçando a tão necessária autorregulação?

CASO DE COACHING *(continuação)*

Wendy Well: Sim. Foi assim que eu me senti quando almocei na segunda-feira.

Coach Carl: Isso é poderoso. Conte-me sobre a segunda-feira. Foi claramente um sucesso. O que levou a esse sucesso? Quais coisas aconteceram na sua vida, no domingo, que apoiaram a alimentação saudável de segunda-feira?

Wendy Well: Bem, basicamente, domingo é o nosso dia em família. Eu faço a limpeza, as compras, as tarefas e as coisas domésticas no sábado. Então, o domingo apenas é um dia meio devagar, e, à noite, eu sempre reservo algum tempo para me recompor e me reorganizar para a semana. Então é uma noite calma, eu acho. Não é aquela loucura das outras noites, quando você chega tarde do trabalho e tem muita coisa para fazer.

Coach Carl: Você tem esse espaço no domingo que sabe que pode usar. Parece que os domingos oferecem a oportunidade de fazer algumas dessas coisas mais produtivas acontecerem.

Wendy Well: Certo. Em geral, é o que sempre tenho feito. Então ficou muito fácil encaixar a marmita e ter o almoço preparado e organizado no domingo à noite, porque eu meio que aproveito esse tempo para me organizar de qualquer maneira.

Coach Carl: Ok, então você reserva esse tempo. O que mais você implementou no domingo que tornou mais fácil fazer isso acontecer?

Wendy Well: Eu acho que eu já sabia o que tinha na geladeira, pois tinha acabado de comprar no sábado. Eu sabia o que estava fresco, sabia o que tinha ali. Isso estava meio que mais presente na minha mente e no meu pensamento.

Coach Carl: Ok, entendi. Você tinha os suprimentos que precisava para fazer marmitas, lembrou-se deles e teve tempo para preparar os almoços.

Em primeiro lugar, é claro, o processo de coaching fornece um apoio valioso para melhorar a autorregularão por conta própria. Assim, os coaches podem ajudar os clientes a avaliarem como seus ambientes afetam sua autorregulação e encorajá-los a considerar "o que pode acontecer, quando pode acontecer e como isso pode afetar" o seu progresso. "*Coaching the Environment*" ("Fazer o Coaching do Ambiente") é uma estratégia proativa que apoia o cumprimento de metas (Gollwitzer e Sheeran, 2006). Os clientes podem projetar ambientes que lhes permitam que sejam mais competentes, o que é uma necessidade psicológica chave e um recurso psicológico fundamental, como aprendemos ao explorar a Teoria da Autodeterminação. Juntos, o coach e o cliente podem encontrar ambientes que melhorem a realização de novos experimentos e projetar estruturas (pessoas, lugares, coisas) que aumentem a probabilidade de experiências de domínio.

Explorar o equilíbrio decisório e desenvolver discrepância (quando o cliente demonstrar ambivalência)

Quando os princípios da Investigação Apreciativa não revelam o cerne da questão e elevam a prontidão dos clientes para seguirem rumo aos seus desejos, as ferramentas de EM podem ser úteis para ajudá-los a compreenderem e a se libertarem da "estagnação", resolverem a ambivalência e seguirem em frente.

Ferramentas como expressar empatia, desenvolver discrepância, enfrentar a resistência e apoiar a autoeficácia foram todas projetadas para a criação de um espaço seguro onde os clientes exploram seus pensamentos, sentimentos, necessidades e intenções. Quando o espaço é adequado, os clientes podem deixar para trás a incerteza de mudar e podem se abrir para novas possibilidades. Quase sempre essa é uma parte crítica do coaching bem-sucedido dos clientes em seus momentos generativos.

Convidar os clientes a descreverem suas razões autênticas para mudar (conversa a respeito da mudança), em vez de dizer e vender aos clientes por que eles "deveriam" mudar, é uma mudança desafiadora para o coach novato. "Vá pescar e esqueça as vendas", diz o psicólogo Robert Rhode, coach de EM. Tenha em mente que é mais provável que os clientes se movam na direção da mudança positiva quando descobrirem e descreverem com suas próprias palavras quais resultados eles realmente desejam e esclarecerem quais desafios podem estar atrapalhando e o que será necessário para alcançarem suas metas (conversa a respeito da mudança). Depois de os clientes terem ficado "sentados na lama" durante algum tempo, lutando com a discrepância ou o conflito entre as necessidades de não mudar e as necessidades de mudar, eles ganharão energia motivacional em virtude do desejo de resolverem a discrepância e de se prepararem para agir e seguir em frente.

As ferramentas de coaching não funcionarão a menos que o coach comece com a intenção de compreender a experiência do cliente. Quanto mais os coaches tentarem manipular o comportamento ou forçar um resultado, mais essas ferramentas aumentarão, em vez de diminuir, a resistência do cliente. Quando isso acontece, os coaches trabalham contra a geratividade, em vez de a favor dela. A Teoria da Autodeterminação deixa claro que a propensão humana para o crescimento só acontece quando a mudança é escolhida livre ou autonomamente no momento e apoiada pela competência e pelo relacionamento (Markland et al., 2005).

Engajar o cliente em um *brainstorming* criativo sobre caminhos a serem seguidos

Depois que a conversa sobre mudança tiver começado e a energia do cliente for maior, é útil engajá-lo na geração descontraída ou no *brainstorming* de ideias e abordagens para seguir em frente. No *brainstorming*, possibilidades são geradas, mas não criticadas ou avaliadas. Uma boa regra quando se trata de geração de ideias é: quanto mais, melhor. Coaches e clientes podem se revezar na geração de ideias e experimentos. Gerar possibilidades no momento pode ser um desafio para coaches e clientes, mas o esforço vale a pena. Às vezes, os coaches apresentam possibilidades que os clientes jamais teriam pensado por conta própria. Quando os coaches fazem o revezamento, os clientes têm espaço para pensarem mais profundamente ou saltarem de uma possibilidade para uma direção totalmente nova sugerida pelo coach. Esse *brainstorming* é valioso e geralmente divertido durante os momentos generativos.

É útil designar determinado tempo durante o momento generativo para debater ideias, questões ou abordagens. O *brainstorming* muito precoce pode sobrecarregar os clientes e provocar resistência. No entanto, deixar de fazer o *brainstorming* pode desperdiçar o potencial do momento, seja porque nenhuma possibilidade é gerada, seja porque uma possibilidade assume o controle antes que outras sejam consideradas. Seguir a primeira ideia que surge não é apenas limitante, mas também pode ser perigoso. Como escreveu o filósofo francês Emile Chartier (1959): "Nada é tão perigoso quanto uma ideia, quando é a única que você tem."

CASO DE COACHING *(continuação)*

Coach Carl: Gostaria de saber se poderíamos reservar algum tempo para gerar algumas ideias novas que tornem isso mais fácil para você. O que podemos fazer para que essa meta seja alcançável de forma mais consistente, tendo em mente algumas das coisas que você aprendeu no domingo, alguns fatores ambientais que realmente a apoiaram em ser bem-sucedida? Talvez pudéssemos gerar de cinco a sete coisas que você poderia implementar ao longo da semana para ter mais sucesso nesse caso. Vale tudo quando estamos fazendo *brainstorming*: não existem ideias ruins. O que você acha disso?

Wendy Well: Claro, seria útil!

Coach Carl: Ok, talvez possamos ir e voltar com ideias. Você quer lançar alguma ideia?

Wendy Well: Acho que a ideia que me veio à mente quando eu disse que sabia o que tinha em mãos. Talvez fosse útil manter uma lista ou algo parecido na minha geladeira. Se eu marcasse as coisas no momento em que peguei para ver o que sobrou, poderia ser mais uma lembrança do que eu tinha.

Coach Carl: Ok, manter uma lista na geladeira. Ótimo. Eu tenho a ideia de fazer uma lista de refeições no domingo. Você poderia planejar como serão os seus almoços no resto da semana.

Wendy Well: Sim, isso pode funcionar.

Coach Carl: O que mais?

Wendy Well: Talvez comprar frutas no início da semana e levá-las para o trabalho comigo.

Coach Carl: Ok, levar alguns suprimentos, talvez na segunda-feira, então você os teria em mãos.

Wendy Well: Sim. Eu poderia embalá-los segunda-feira de manhã.

Coach Carl: Aqui está outra ideia: toda tarde, das 18h30 às 18h40, pode ser a hora de preparar o almoço.

Wendy Well: Pode ser, exceto que esse também é o meu horário de exercício. Acho que, se eu pudesse empacotar o meu almoço na esteira, estaria tudo certo.

Coach Carl: Seria uma grande façanha! Ok, bem, vamos brincar com a aparência dessas ideias no mundo real. Vamos pegar mais uma.

Wendy Well: Mais uma. Eu poderia trazer o almoço pré-preparado, que eu nem preciso preparar, talvez saladas em vasilhas, ou algo assim.

Coach Carl: Almoços pré-preparados. Ok! Isso exigiria menos esforço. Vamos mudar de assunto, revisitar e reacender a sua motivação. Wendy, é muito importante para você ter uma alimentação saudável de forma mais consistente? Talvez possamos usar aquele parâmetro familiar de 0 a 10, sendo 10 o mais importante.

Wendy Well: Essa é 8 ou 9. Acho que é uma espécie de base para as outras coisas que eu quero fazer para ser saudável e ter energia. Eu estava indo bem no café da manhã e no jantar, mas a hora do almoço estava me escapando e diminuindo a minha confiança em outras áreas.

Coach Carl: Parece uma espécie de base para o sucesso em outras áreas.

Wendy Well: Sim, e acho que comer um almoço saudável melhora a minha energia para o trabalho à tarde. Às vezes, comer uma comida menos saudável na lanchonete me dá sono e vontade de tirar uma soneca.

Coach Carl: Você percebe que existem boas consequências quando você faz uma refeição saudável, tanto depois do almoço quanto pelo dia inteiro e além.

Os protocolos básicos para o *brainstorming* bem-sucedido incluem o seguinte:

- Definir um limite de tempo
- Evitar julgamentos ou avaliação de ideias
- Incentivar ideias malucas, divertidas e exageradas
- Não deixar nenhuma ideia passar despercebida
- Definir um número mínimo de ideias ou perguntas a serem geradas
- Aproveitar as possibilidades apresentadas pelo outro
- Combinar e expandir ideias
- Pedir permissão para contribuir com ideias.

Com muitas ideias atraentes e relevantes em mente, o cliente avançará cheio de confiança e energia para a elaboração de planos de ação, o próximo passo da sessão de coaching. Com alta autoeficácia, os clientes estarão prontos, dispostos e capazes de se comprometerem com comportamentos específicos que contribuirão para a concretização de suas visões.

Expressar e facilitar a confiança na capacidade do cliente de seguir em frente

A transição para o design de planos de ação no final do momento generativo torna-se convincente quando o coach defende e apoia a capacidade do cliente de avançar com uma ou mais das novas ideias ou abordagens. O movimento para a frente é mais atraente quando os clientes acreditam que têm a capacidade de transformarem as novas ideias em ações. Assim, os coaches não apoiam a autoeficácia apenas durante toda a sessão de coaching: isso é especialmente importante quando o momento generativo chega ao fim.

Ao reconhecer o que os clientes trouxeram para o momento generativo, o bom trabalho que realizaram no *brainstorming* e a capacidade de concretizarem seus sonhos, os coaches permitem que os clientes se comprometam e adotem ações que gerarão sucesso.

W. H. Murray (1951), da expedição escocesa ao Himalaia, abordou essa dinâmica de forma famosa quando escreveu:

> Em relação a todos os atos de iniciativa (e de criação), existe uma verdade elementar, cuja ignorância mata inúmeras ideias e planos esplêndidos: é que no momento em que alguém se compromete definitivamente, a providência também se move. Coisas de todos os tipos ocorrem para ajudar alguém, o que de outra forma jamais teria ocorrido. Toda uma correnteza de eventos surge da decisão, levantando a favor de alguém incidentes imprevistos, reuniões e assistência material de todos os tipos, que ninguém poderia imaginar que apareceriam no caminho dessa pessoa. Eu aprendi a ter um profundo respeito por uma frase de Goethe: Tudo o que você pode fazer, ou sonha que pode fazer, comece a fazer. A ousadia contém genialidade, poder e magia (pp. 6-7).

Defender o cliente no final do momento generativo é uma parte essencial do coaching habilidoso.

Fluxo relacional em momentos generativos

O processo anterior fornece uma estrutura para lidar com momentos generativos. No entanto, em muitos aspectos, esses momentos não são "geridos"; em vez disso, eles têm uma qualidade lúdica, surpreendente, improvisada e fluida que não pode ser roteirizada. Os melhores momentos generativos movem-se de forma contínua e orgânica, parecem uma dança, às vezes lenta, às vezes rápida, talvez mais uma dança de salsa.

Considerando o impacto que têm, os coaches novatos podem se sentir pressionados a demonstrarem grande habilidade, sabedoria ou técnica. O mais importante a lembrar é que os momentos generativos tratam das necessidades e dos desejos do cliente. Ao seguirem o exemplo do cliente, os coaches podem facilitar o caminho para conversas colaborativas e cocriativas. Os coaches se lembram de que estão em parceria, e não no comando, e permanecem atentos à energia e aos insights do cliente, em vez de se distraírem com seus próprios pensamentos, e são inspirados, em vez de serem inspiradores. Na melhor das hipóteses, os momentos generativos parecem intensos, excitantes, profundos, poderosos e comoventes, mas não difíceis. Momentos generativos fluem.

O que é fluxo relacional?

O fluxo relacional, outra maneira de definir os momentos generativos, ocorre quando os coaches e os clientes percebem que estão em sincronia e engajados em um diálogo generativo, interdependente e colaborativo. Ao refletirem sobre as melhores experiências de coaching, muitas vezes os coaches e os clientes descrevem seus melhores momentos como se estivessem em uma dança intuitiva: "uma dinâmica relacional entre coaches e clientes quando entram em uma zona onde são totalmente desafiados em um elevado nível de habilidade e consciência. Essa dinâmica, conceitualizada como 'fluxo relacional', pode embasar como e quando tanto os coaches quanto os clientes darão grandes passos em seu trabalho" (Moore et al., 2005).

É um desafio criar o fluxo relacional, para não falar em captá-lo ou medi-lo. Isso porque é uma dinâmica intuitiva e sinérgica criada pelo coach, pelo cliente e pelo campo entre ambos. Assim como acontece com aprender a dançar, os passos fundamentais devem ser dominados antes que o estilo, a fluidez e o fluxo possam ser demonstrados. No fluxo, os coaches não estão vinculados a um plano que determina o que acontece em seguida, nem vinculados a um resultado específico. Em vez disso, os coaches conseguem usar o que está acontecendo no momento para determinar o que acontecerá no momento seguinte, improvisando com agilidade com base no que é mais importante para o cliente no momento presente.

O que dá apoio ao fluxo relacional?

Embora a pesquisa sobre a dinâmica continue, vários corpos de conhecimento iluminam e apoiam a dança intuitiva do coaching. Eles incluem o seguinte:

- *Estudos de fluxo*: conforme foi definido por Mihaly Csikszentmihalyi (2000), o fluxo existe quando alguém está engajado em uma situação desafiadora que requer engajamento total e a ampliação das habilidades em um alto nível como resposta. No fluxo, a pessoa fica imersa em uma atividade com maior atenção, menos esforço e a sensação de tempo alterada
- *Praticante reflexivo*: a habilidade de dançar sem esforço também vem da prática. O coach com experiência está "menos vinculado a regras, processos e dicas contextuais explícitas para saber como agir de forma eficaz; e, ainda assim, o faz com menos esforço" (Moore et al., 2005). Os coaches experientes confiam mais em percepções e pensamentos intuitivos. Eles se baseiam muito em experiências anteriores bem-sucedidas. A intuição do mestre é poderosa, enquanto a dos novatos é limitada
- *Prontidão para mudar*: a capacidade do cliente de se engajar no fluxo depende da etapa de mudança. O coach deve estar ciente da prontidão do cliente para mudar e ajustar a abordagem de acordo com ela. Os coaches habilidosos não empurram os clientes nas etapas de mudança; em vez disso, eles puxam os clientes considerando as suas necessidades do momento
- *Inteligência emocional*: conforme definido por Daniel Goleman (1998), a inteligência emocional é a capacidade de "reconhecer os nossos próprios sentimentos e os dos outros, para nos motivarmos e para gerenciarmos bem as emoções em nós mesmos e em nossos relacionamentos". Na conversa do coaching, as competências que contribuem para a inteligência emocional são necessárias para a intuição e para usá-la visando a resultados positivos. É uma parte essencial da empatia que contribui para o fluxo relacional
- *Competência relacional*: no momento generativo, a dança é a colaboração entre duas pessoas conectadas. Da Teoria Cultural Relacional (Jordan et al., 2004; Walker e Rosen, 2004), sabemos que o crescimento a partir da conexão, em vez de a partir da separação, leva ao funcionamento saudável. Em profunda conexão com seus coaches, os clientes se sentem mais vitais, fortalecidos, claros, dignos e direcionados para mais conexão com os outros (Moore et al., 2005).

Hall e Duvall (2005) concluem:

> O coach dança com o cliente para facilitar a liberação de potenciais e a experiência da mudança. A dança do diálogo cria motivação e energia no dançarino ou no cliente. A dança cria prontidão para a mudança, o poder para mudar e a alavancagem para a mudança. Nessa dança, novos estados de espírito são cocriados para facilitar essa mudança. O diálogo é uma dança em torno do apoio, da celebração, da responsabilidade, da diversão e da realização do potencial. É uma dança para permitir que os sonhos se tornem realidade. Você quer dançar? (p. 6)

Referências bibliográficas

Bushe, G. (2007). Appreciative inquiry is not (just) about the positive. *Organization Development Practitioner, 39*(4), 30–35.

Chartier, E. (1959). About religion. Paris: University Press of France.

Csikszentmihalyi, M. (2000). *Beyond boredom and anxiety: Experiencing flow in work and play.* San Francisco: Jossey-Bass.

Goleman, D. (1998). *Working with emotional intelligence.* New York: Bantam Books.

Goleman, D., & Boyatzis, R. (2008). Social intelligence and the biology of leadership. *Harvard Business Review, 86*(9), 74–81.

Gollwitzer, P., & Sheeran, P. (2006). Implementation intentions and goal achievement: A meta-analysis of effects and processes. *Advances in Experimental Social Psychology, 38*, 69–119.

Hall, L. M., & Duval, M. (2005). *Meta-coaching, volume II: Coaching conversations for transformational change.* Clifton, CO: Neuro-Semantics.

Jordan, J., Walker, M., & Hartling, L. M. (2004). *The complexity of connection: Writings from the Stone Center's Jean Baker Miller Training Institute.* New York: The Guilford Press.

Kashdan, T. (2009). *Curious?: Discover the missing ingredient to a fulfilling life.* New York: HarperCollins.

Markland, D., Ryan, R. M., Tobin, V. J., & Rollnick, S. (2005). Motivational interviewing and self-determination theory. *Journal of Social and Clinical Psychology, 24*(6), 811–831.

Moore, M., Drake, D., Tschannen-Moran, B., Campone, F., & Kauffman, C. (2005). Relational flow: A theoretical model for the intuitive dance. *Proceedings of the Third International Coach Federation Coaching Research Symposium.* Lexington, KY: International Coach Federation.

Murray, W. H. (1951). *The Scottish Himalayan expedition.* London: J. M. Dent & Sons.

O'Hanlon, B., & Beadle, S. (1997). *A guide to possibility land: 51 methods for doing brief, respectful therapy.* New York: W. W. Norton.

Peterson, C., & Seligman, M. E. P. (2004). *Character strengths and virtues: A handbook and classification.* New York: Oxford University Press.

Rehm, J. (2000). Pathways to peacefulness. *On Wisconsin.* Winter, 28–32.

Rosenberg, M. S. (2005). *Nonviolent communication: A language of life.* Encinitas, CA: PuddleDancer Press.

Strozzi Heckler, R. (2002). Power of somatics. In Strozzie Institute. Retrieved April 27, 2015 from http://www.strozziinstitute.com/somatic+coaching+mastery.

Tschannen-Moran, M. (2004). *Trust matters: Leadership for successful schools.* San Francisco: Jossey-Bass.

Walker, M., & Rosen, W. (2004). *How connections heal: Stories from relational-cultural therapy.* New York: Guilford Press.

Capítulo 11

Condução de Sessões de Coaching

"Sorte é o que acontece quando a oportunidade se encontra com o planejamento."

THOMAS ALVA EDISON

OBJETIVOS

Depois de ler este capítulo, você será capaz de:

- Identificar o processo para conduzir sessões de coaching seguindo um modelo de coaching baseado em evidências
- Seguir uma lista de verificação (checklist) para programas e sessões de coaching baseados em evidências (Anexo A).

Introdução

Entre as principais competências de coaching da International Coaching Federation está "gerenciar o progresso e a responsabilidade", permitindo que os clientes passem do ponto A (onde estão hoje) para o ponto B (para onde querem ir). Existem muitas abordagens para o projeto (design) e o processo de programas e sessões de coaching que facilitam o movimento para o ponto B.

Embora jamais exista apenas uma maneira "certa" de fazer coaching, clientes e coaches apreciam a estrutura como um meio de compreenderem e terem domínio no processo de facilitação da mudança. Conforme os coaches ganham experiência e ampliam suas caixas de ferramentas, eles podem modificar o processo das sessões de coaching de forma a manter o engajamento para si e para seus clientes.

Desde 2002, a Wellcoaches desenvolveu, praticou e aprimorou continuamente um protocolo para programas e sessões de coaching, que agora é baseado em evidências, provando ser altamente eficaz em um número crescente de estudos de resultados. Esse protocolo fornece apoio valioso para os coaches novatos, para que eles sejam mais eficazes desde o início, e foi aplicado em diversos ambientes com diversas populações. A seguir, seguem alguns exemplos:

1. Polak et al. (2014): melhoria do consumo de alimentos saudáveis em um paciente com diabetes por meio de coaching de bem-estar.
2. McGloin et al. (2014): coaching de bem-estar para diabetes tipo 2.

3. Sforzo et al. (2014): coaching de bem-estar para deixar de fumar.
4. Roy et al. (2014): coaching de bem-estar para pacientes com condições crônicas de saúde encaminhados por médicos.
5. Sforzo (2013): coaching de bem-estar para funcionários de Ithaca College.
6. Sherman et al. (2013): coaching de saúde em ambiente de cuidados primários para funcionários no Massachusetts General Hospital (MGH).
7. Schwartz (2013): coaching de bem-estar como alternativa à cirurgia bariátrica.
8. Berna (2013): coaching de bem-estar para pacientes com diabetes em um centro de saúde comunitário tribal.
9. Galantino et al. (2009): coaching de bem-estar para sobreviventes de câncer que tiveram melhorias significativas em escores de depressão, comportamentos de exercício e de qualidade de vida.

Tendo apresentado o protocolo da sessão de coaching para projetar o relacionamento, a visão e as metas comportamentais de 3 meses no Capítulo 9, o foco deste capítulo será no protocolo das sessões contínuas de coaching que seguem as sessões de inicialização de coaching. O Anexo A contém uma lista de verificação (checklist) do programa de coaching para quatro fases: fase de prospecção, inicialização, sessões contínuas e encerramento ou conclusão do programa.

Preparo da sessão de coaching

O momento mais importante da sessão de coaching é, sem dúvida, o minuto imediatamente anterior ao seu início (Tabela 11.1). É quando os coaches relaxam e limpam suas mentes, definem suas intenções e adotam a mentalidade do coach. Se o crescimento e a autodeterminação vêm dos relacionamentos, o coach deve estar atento ao cultivo desses relacionamentos em cada oportunidade, lembrando o seguinte:

A confiança é contagiante. Quando os coaches comunicam sua confiança genuína de que os clientes podem ter sucesso, a confiança destes também melhora.

O que é apreciado aprecia. Quanto mais o coach se concentra no que os clientes querem e não no que eles não querem, mais energia e ideias os clientes terão para seguirem em frente.

Escutar as necessidades do cliente. Quanto mais o coach deixar de lado a sua própria agenda em favor de escutar as agendas dos clientes, mais os clientes descobrirão sobre si mesmos e criarão novas perspectivas, possibilidades e aprendizados.

Falar a verdade. Quanto mais o coach ajuda os clientes a se revelarem por meio de empatia, autenticidade e honestidade, mais progresso os clientes farão, e mais rapidamente. O coach pode usar coragem e gentileza para perceber e refletir discrepâncias entre metas e comportamentos atuais e para observar padrões de pensamento descendentes ou pensamentos em espiral descendente.

Confiar na intuição. Quanto mais profundamente o coach ouvir a sua própria intuição durante as conversas de coaching, mais profundamente os clientes se conectarão com sua própria intuição. Isso ajuda a levar à dança intuitiva ou aos momentos generativos de coaching.

Tabela 11.1	Preparo da sessão.
Prepare-se: revise os resultados do teste do cliente e a comunicação com ele	
Esteja presente: pratique o mindfulness (atenção plena), defina a intenção e conecte-se ao propósito	
Seja curioso: considere consultas iniciais baseadas em pontos fortes	

Abertura da sessão

Primeiro, vamos abordar o gerenciamento do tempo. Em uma sessão de coaching contínua, semanal, quinzenal ou mensal, por exemplo, as porcentagens a seguir indicam como os coaches podem querer passar seu tempo com os clientes, apontando o número de minutos que eles podem querer passar com os clientes em cada parte durante uma sessão de 30 minutos:

- Abertura da sessão: 7% (2 a 3 minutos)
- Revisão das metas semanais: 20% (5 a 7 minutos)
- Revisão das metas para 3 meses (mais ou menos mensalmente): 7% (2 a 3 minutos)
- Momento generativo: 40% (10 a 12 minutos)
- Estabelecimento de metas: 20% (5 a 7 minutos)
- Fechamento da sessão: 6% (2 a 3 minutos).

Isso pode ser comparado a aquecimento, treino e volta à calma. Para sessões mais longas, de 40 a 60 minutos, haverá mais tempo disponível para colaboração generativa e mergulho mais profundo na jornada da mudança, por exemplo, mudando mentalidades que dificultam a mudança para mentalidades que criam possibilidades para a mudança. Pensar na gestão do tempo antes de cada sessão e fazer ajustes conforme as situações surgem ajudará tanto os coaches quanto os clientes a terem mais sucesso e satisfação com a experiência de coaching.

A confiança e o relacionamento não são conquistados de uma vez por todas já na primeira sessão de coaching. São elementos conquistados novamente cada vez que os coaches e os clientes se encontram. Compreender esse fenômeno é importante para estar preparado para iniciar a sessão perguntando sobre os sentimentos e a energia do cliente naquele momento e para escutar atentamente a resposta.

Em seguida, o coach deve explorar os destaques, em vez de as áreas problemáticas, desde a última sessão. Quando os clientes aparecem com muito desânimo ou pouca energia, o foco nos destaques pode reconectá-los com sua própria desenvoltura e potencial. Quando isso não acontece diretamente, o coach deve expressar empatia pelos sentimentos e pelas necessidades do cliente. Ao compreender e apoiar os clientes dessa forma, os coaches os ajudam a reiniciarem e a recuperarem o equilíbrio para que possam considerar novamente as possibilidades de mudança (Tabela 11.2).

Tabela 11.2 Abertura da sessão.
Pergunte como o cliente está agora, "neste momento"
Use reflexões para mostrar entendimento do estado do cliente
Peça ao cliente para compartilhar a melhor coisa que aconteceu nas semanas anteriores
Relate algo positivo a respeito do cliente (p. ex., destaques, pontos fortes ou emoções)
Peça ao cliente para selecionar a primeira meta semanal a ser discutida

CASO DE COACHING

Abertura da sessão

Coach Carl: Olá, Wendy. Como você está hoje?

Wendy Well: Estou bem, Carl, obrigada.

Coach Carl: É bom saber disso. Eu adoraria ser um pouco mais específico sobre o que significa "estar bem". Você se lembra que usamos uma escala de energia antes. Estou curioso para saber como você está se sentindo em uma escala de 1 a 10, sendo 10 que você poderia escalar uma montanha e 1 que você gostaria de se enfiar embaixo das cobertas. Onde você está hoje?

Wendy Well: No final da semana passada, eu provavelmente teria dito 1, pois fiz uma viagem de negócios e estive viajando muito, mas hoje estou meio que voltando aos trilhos novamente, então eu diria que provavelmente estou em 6 ou 7.

Coach Carl: Então você estava se sentindo sobrecarregada pelas viagens da semana passada, mas está subindo na escala. E me diga como é 6 ou 7. Como você descreveria isso?

Wendy Well: O 7 é quando o alarme dispara ou antes de o alarme tocar, você se levanta e se prepara e se sente bem em fazer as coisas. Vou jogar um monte de roupa na lavadora ou levar o cachorro para passear, fazer as coisas e deixar outras encaminhadas antes mesmo de ir para o trabalho. Parece que tenho energia para fazer tudo o que preciso e quero fazer.

Coach Carl: Você se sente mais produtiva e energizada. Viajar às vezes é cansativo, principalmente quando há mudança de horário.

Wendy Well: Isso mesmo, sim. Produtiva é uma boa palavra. Estou sendo mais produtiva no trabalho também. Sei que, se tiver mais energia, eu sou mais produtiva no trabalho.

Coach Carl: Ao pensar na última semana, voltando à rotina e aproveitando isso, você está cumprindo todas as metas que se propôs a atingir a cada dia. O que temos para comemorar? Qual foi a melhor coisa que aconteceu com você nos últimos dias?

Wendy Well: Acho que voltar aos exercícios. Também notei que simplesmente ando mais. Vou levar o meu cachorro para passear um pouco mais ou vou até a esquina e volto. Acabei de notar nessa semana que isso acontece por conta própria, sem eu sequer tentar fazer isso. Então, tem sido ótimo.

Coach Carl: Wendy, isso é emocionante. Eu sei que, quando as nossas sessões começaram, você estava achando difícil se motivar em algumas dessas etapas extras, e eu suspeitei que isso estava realmente presente em você o tempo todo. É ótimo saber que o prolongamento do seu exercício está apenas começando a acontecer naturalmente, sem pensar nisso.

Revisão de metas/ experimentos

Depois de a conexão ser restabelecida, é hora de os clientes selecionarem a primeira meta a ser discutida. Não presuma que essa será a meta mais importante para o cliente. Pelo contrário, é uma abertura para a colaboração, uma oportunidade para entrar na dinâmica do coaching. A maioria dos clientes definirá de duas a cinco metas comportamentais para trabalhar entre as sessões de coaching. Cada uma dessas metas deve ser revisada para descobrir as realizações, os desafios e as lições do cliente. Tendo por base os princípios da Psicologia Positiva e da Investigação Apreciativa, é mais eficaz começar com uma pergunta positiva sobre a "melhor experiência" para cada meta.

Ao revisar as metas, é melhor começar perguntando a respeito do que deu certo e das lições que foram aprendidas. Os clientes devem primeiro ser orientados a considerarem o que realizaram, em vez de começarem com o que não realizaram. Por exemplo, "Infelizmente, coloquei manteiga na minha torrada de trigo integral no café da manhã quatro vezes esta semana" pode ser reformulado como: "Fui bem-sucedido na minha meta de substituir a pasta de amendoim por manteiga na torrada integral no café da manhã cinco vezes 20% do tempo esta semana." Ao reformularem a realização das metas em termos positivos e ao fazerem perguntas positivas, os coaches ajudam os clientes a encontrarem confiança e energia para seguirem em frente. As emoções positivas criam uma espiral ascendente, levando à criatividade e à abertura necessárias para enfrentar os desafios de metas que não foram alcançadas tão facilmente ou das metas ainda a serem sonhadas (Fredrickson, 2009).

Exemplos de investigações para o processo de revisão incluem o seguinte:

- Qual foi a sua melhor experiência com as suas metas na semana passada?
- Que porcentagem de realização você alcançou para essa meta? O que contribuiu para esse nível de sucesso?
- O que impediu que fosse inferior?
- O que poderia ter aumentado?
- Do que você gosta nessa meta?
- O que você aprendeu com essa experiência?
- Quais desafios você enfrentou ao longo do caminho?
- Você acha que essa meta é muito ambiciosa, muito cautelosa ou apenas correta?
- Quando você pensa a respeito dessa meta, quais sentimentos ela estimula e quais necessidades ela atende?

Investigações como essas consideram a autonomia e a competência do cliente, ao mesmo tempo que permitem que ele cresça em parceria com um colaborador de confiança, o coach.

Responsabilidade no coaching

A responsabilidade no coaching envolve monitorar e prestar contas do que foi feito, do que aconteceu, do que funcionou, do que não funcionou e do que se deseja fazer de diferente no futuro. Quando essa responsabilidade surge da colaboração coach-cliente, discutindo o que foi realizado em termos objetivos e não de julgamento, os clientes muitas vezes ficam capacitados para alcançarem suas metas de forma mais consistente e eficaz.

Quando se trata de saúde e bem-estar, em geral as pessoas são responsáveis apenas perante si mesmas, e isso muitas vezes não é suficiente, especialmente nas fases iniciais da mudança. Com tanto isolamento e anonimato, é fácil perder motivação, diligência e acompanhamento. Construir a responsabilidade ajuda a garantir que os clientes permaneçam no caminho certo.

Verificar a experiência do cliente com metas não é o mesmo que importunar ou incomodar. É antes uma conversa bem-vinda que inclui a revisão das melhores experiências do cliente com o projeto (design) de sua meta e o aprendizado que surge daí. Quando apropriado, o coach pode ajudar os clientes a reformularem a "conversa sobre fracasso" como "oportunidades de aprendizagem".

Com a completa ausência de julgamento, explorar o progresso como uma atividade de responsabilização representa uma conversa fortalecedora que fornece estrutura, medida e apoio sem ser uma experiência desagradável para o cliente (Tabela 11.3). O segredo é mantê-la leve, sem deixar de levantar temas importantes. Para ser eficaz, é importante que os coaches não se apeguem ao resultado, lembrando que o coach não é o chefe nem o pai do cliente.

Tabela 11.3	Revisão de experimentos/ metas.
Explore a experiência completa com a meta semanal, começando pelo lado positivo	
Use reflexões para mostrar escuta e compreensão da experiência da meta	
Amplie a investigação sobre a melhor experiência do cliente com sua meta semanal	
Responda aos desafios do cliente com reflexões e perguntas livres de julgamento	
Pergunte o que o cliente aprendeu com sua experiência	
Afirme os pontos fortes, as escolhas e/ou as situações do cliente	
Investigue a respeito da porcentagem de sucesso do cliente	

Adotando a perspectiva do projeto (design) (Brown, 2008), uma vez testadas as metas (ou experimentos), o mapeamento da eficácia delas é a próxima etapa. É importante explorar a forma como os clientes se sentem em relação ao seu progresso, bem como os aspectos factuais do progresso.

Check-in da meta de 3 meses

Não é necessário que o cliente reveja sua visão e suas metas de 3 meses todas as semanas. É importante, porém, fazer isso pelo menos mensalmente, para que os experimentos e as metas semanais permaneçam conectados à visão e ao propósito mais amplo do cliente. É fortalecedor ligar os pontos entre as etapas incrementais menores e as metas de vida motivadoras maiores.

CASO DE COACHING

Revisão de experimentos/metas

Coach Carl: Quais das suas metas da semana passada você gostaria de discutir primeiro?

Wendy Well: Vamos falar primeiro sobre a minha meta de caminhada.

Coach Carl: Conte o que aconteceu com a meta de caminhada, inclusive aquelas coisas pelas quais você se sente satisfeita ou grata e que estão relacionadas a essa meta.

Wendy Well: Acho que estou muito orgulhosa de mim mesma por me exercitar assim que chego em casa depois de trabalhar, mesmo que seja difícil. É muito fácil voltar ao meu computador e tentar responder a mais alguns e-mails. Mas eu digo: "Não, vou fazer isso porque sei que o Carl vai me perguntar sobre isso." É uma grande mudança para mim.

Coach Carl: Isso é interessante. E é claro que não se trata apenas de entrar em contato comigo. Estou curioso para saber o que aconteceu, à parte de saber que você tem que contar a alguém sobre isso. O que foi que fez você subir na esteira?

Wendy Well: Acho que foi saber como eu me sinto bem quando saio da esteira. E realmente demorar apenas de 15 a 20 minutos. Antigamente, quando eu iniciava um programa de exercícios, eram pelo menos 30 minutos, então eu parava de fazer, porque era muito longo e chato. Então, apenas saber que seria pouco tempo e depois lembrar como tinha sido bom na semana passada foi energizante.

Coach Carl: Só quero ter certeza de que entendi o que aconteceu com essa meta. Sei que a sua intenção era caminhar 15 minutos nas segundas e sextas-feiras às 18h30. O que realmente aconteceu com você?

Wendy Well: Eu fiz isso na segunda-feira por 15 minutos, às 18h30. Não sei por que disse que poderia fazer na sexta-feira, porque eu e meus colegas de trabalho frequentemente nos encontramos para um café da manhã na sexta-feira. Então, enquanto estava olhando para as minhas metas, decidi fazer isso na quinta à noite.

Coach Carl: Ótima previsão, ótimo planejamento e ótimo comprometimento com a sua meta!

Wendy Well: Sim, e parte disso foi porque eu voltei de uma viagem de trabalho na quinta-feira, então eu realmente ansiava pela esteira depois de ficar enfiada no avião.

Coach Carl: Do que você mais gostou ao fazer exercício?

Wendy Well: Odeio dizer, mas uma parte foi terminar de fazer isso. Quer dizer, é bom, mas não posso dizer que sou muito fanática por exercícios. Mesmo assim, é bom estar no caminho certo.

Coach Carl: Entendo que não foi sem desafios.

Wendy Well: Sim, às vezes é preciso uma forte conversa de autoencorajamento.

Coach Carl: Algo em que você está melhorando. Então, qual é a sua conclusão sobre essa experiência enquanto pensamos nas metas para a semana que vem?

Wendy Well: Acho que a lição é apenas fazer e estar preparada para ser flexível com isso também. Em vez de dizer: "Ah, sexta-feira não vai dar certo" e jogar fora toda a meta, eu a reiniciei e fiz funcionar.

Coach Carl: Eu só quero afirmar a maneira como você está sendo ao mesmo tempo tolerante e flexível. Essa mentalidade realmente irá ajudá-la a permanecer positiva conforme avança. Então, em termos das suas porcentagens de sucesso aqui, de 0 a 100%, quão bem-sucedida você foi?

Wendy Well: Eu diria que 100%.

Coach Carl: Parabéns. E sobre qual meta você gostaria de falar a seguir?

Wendy Well: Bem, a meta nutricional. Essa não foi tão bem. Almocei bem na segunda-feira, mas não na quarta, nem na sexta.

Coach Carl: Ok! Com certeza vamos explorar o que aconteceu na quarta e na sexta-feira, então segure esses pensamentos por um momento. Vamos nos concentrar primeiro na segunda-feira. Conte-me o que aconteceu nesse dia.

Wendy Well: Fui ao supermercado no domingo e estocamos coisas para o almoço e outras coisas em geral. Então, eu tinha frutas, alguns daqueles saquinhos de cenoura e algumas coisas fáceis de embalar. No domingo à noite, geralmente verifico se a casa está limpa e se as roupas estão arrumadas, então estou pronta para começar a semana sendo muito produtiva. Eu tinha preparado algumas coisas que não precisavam ser refrigeradas, e elas estavam lá, prontas para serem usadas na segunda de manhã quando eu me levantei, então foi muito fácil de montar um almoço e levar comigo.

Coach Carl: Fez parte da sua rotina, e você também tinha alguma comodidade embutida nessa rotina, porque você tinha em mãos algumas coisas de que precisava.

Wendy Well: Certo.

Coach Carl: E como você se sentiu na segunda-feira, quando atingiu essa meta enquanto comia esse almoço saudável?

Wendy Well: Foi bom. Os meus colegas de trabalho compram o almoço fora, ou temos um refeitório no trabalho que não tem muita variedade. Francamente, a comida do refeitório não tem um gosto muito bom. Enfim, eu tinha uma maçã e uma laranja embaladas, então comi a laranja no almoço, depois guardei a maçã e a comi no final da tarde. Foi muito legal também. Isso me impediu de ir até a máquina de venda automática para comprar uma barra de chocolate quando senti fome.

Coach Carl: Então você realmente foi além com essa meta. Você gostou de almoçar algo que sabia que iria gostar?

Wendy Well: Sim, porque estava lá, e era fácil. Normalmente, se alguém colocasse uma maçã e uma barra de chocolate na minha mesa, eu iria para a barra de chocolate, mas acho que foi porque eu tinha comido um almoço bom e saudável. Então, como a fruta estava lá, foi mais fácil, eu acho.

Coach Carl: E o que aconteceu na quarta e na sexta quando você não pôde almoçar?

Wendy Well: Na terça-feira, eu tinha acabado de voltar de uma viagem de negócios, estava muito cansada, e fui dormir tarde. Então, quando acordei na quarta-feira, realmente pensei nisso. E, na sexta, eu meio que perdi o hábito de novo e achei que tudo o que tinha comprado no fim de semana passado estava ficando velho, então não empacotei.

Coach Carl: Estou escutando você dizer que está se culpando um pouco por isso. Talvez possamos voltar a isso em algum momento da conversa, depois de terminarmos de verificar as metas. Também escutei você dizer que isso não foi tão conveniente para você na quarta e na sexta.

Wendy Well: Certo.

Coach Carl: Algumas coisas não estavam preparadas para que isso acontecesse. Então, o que você sabe agora sobre você mesma ou sobre a meta que você não sabia na semana passada quando definiu essa meta?

Wendy Well: Acho que o que eu sei é que preciso de tempo, preciso de pré-planejamento e preciso ter tudo organizado se quiser que funcione. Também sei que, quando fico cansada, não faço boas escolhas. Não coloco energia para fazer as coisas com antecedência. Isso acontece às vezes.

Coach Carl: Bom, em outras ocasiões você coloca energia, planeja e realiza com grande sucesso. Então me conte sobre sua porcentagem de sucesso nesse caso.

Wendy Well: Acho que seria cerca de 33%.

Isso permite que o cliente seja flexível e adaptável, talvez modificando suas metas para 3 meses e/ou redefinindo a data de início ou término se as metas forem muito desafiadoras, se surgir uma grande perturbação ou se for necessário um desafio maior.

Essa é uma oportunidade para o coach pedir ao cliente que diminua o zoom e confirme se sua visão ainda está ligada às metas de 3 meses, fazendo um balanço do que o cliente aprendeu ao longo da jornada até então (Tabela 11.4).

Tabela 11.4	Revisão de metas de 3 meses.
Valide a relevância da visão do cliente e a conexão com as metas de 3 meses	
Pergunte sobre a melhor experiência de aprendizado ou crescimento do cliente com suas metas de 3 meses	
Pergunte sobre o nível de compromisso no engajamento do cliente com suas metas e se deseja revisá-las	
Afirme os pontos fortes, as habilidades ou o crescimento do cliente	

CASO DE COACHING

Revisão da meta de 3 meses

Coach Carl: De que forma essas metas de 3 meses a ajudam a alcançar aquela visão poderosa que você definiu há alguns meses?

Wendy Well: Eu sei que essas metas de 3 meses são o caminho direto para ter mais energia, realizar mais e me sentir melhor em geral.

Coach Carl: Ótimo. E são essas metas pelas quais você deseja continuar trabalhando?

Wendy Well: Sim.

Coach Carl: E, enquanto você trabalhou nessas metas nas últimas semanas, o que você aprendeu sobre si mesma no processo?

Wendy Well: Aprendi que posso fazer mudanças. Não é uma coisa do tipo tudo ou nada. Mas também aprendi que é fácil me desviar e adiar coisas importantes.

Coach Carl: Parece que você aprendeu a respeito da importância de ter um plano e algumas prioridades em vigor.

Wendy Well: Ah, sim! Você me ajudou a desfazer as malas e a estar atenta aos detalhes essenciais para iniciar novos hábitos.

Coach Carl: Esse é o meu trabalho! Tenho visto você fazer um progresso tremendo nas últimas semanas. Tem sido emocionante fazer parte desse processo. Eu realmente admiro a sua tenacidade nisso. Estou animado para ver você continuar dando os próximos passos rumo a essas metas de 3 meses. Bom trabalho!

Produção de novos aprendizados com o momento generativo

Depois da revisão do progresso da meta, a área pela qual os clientes são mais estimulados ou a área na qual enfrentam mais dificuldades normalmente se torna evidente. Às vezes, o sucesso e o entusiasmo os levam ao momento generativo (ver Capítulo 10). Outras vezes, é o desafio, a ambivalência, a ansiedade ou a incerteza. De qualquer forma, os coaches vão querer passar mais tempo com os clientes nessas áreas (Tabela 11.5). Elas são as grandes rochas em torno das quais os clientes desejam se mover em momentos generativos.

Tabela 11.5	Momento generativo.
Colaborar com o cliente para identificar um tema que ele deseja trabalhar que desperte sua energia emocional e seu interesse	
Pedir permissão para explorar e trabalhar no tema agora	
Incentivar o cliente a descrever o que ele realmente deseja agora em relação ao tema	
Explorar os pontos fortes ou valores que o cliente pode aproveitar para seguir em frente	
Explorar os ambientes que o cliente pode aproveitar para seguir em frente	
Explorar o equilíbrio decisório e desenvolver discrepância (quando o cliente demonstrar ambivalência)	
Engajar o cliente em um *brainstorming* criativo sobre os caminhos a serem seguidos	
Expressar confiança na capacidade do cliente de seguir em frente	

Definição de metas

A definição de metas (ou o projeto de experimentos) surge naturalmente na sequência de um momento generativo. Quando os clientes aumentam a autoeficácia ou a crença na capacidade de realizarem alguma tarefa ou alguma meta, especialmente em uma área que seja importante para eles, para a semana seguinte eles querem estabelecer novas metas que os façam avançar. É importante ter certeza de que as metas sejam mensuráveis, que pertençam ao cliente e que sejam reforçadas pelo maior número possível de estruturas de apoio (Tabela 11.6).

Além das metas que fluem do momento generativo de colaboração, é importante ajudar os clientes a definirem metas em todas as áreas de interesse ou preocupação.

Tabela 11.6	Definição de metas.
Pedir ao cliente que escolha uma meta que seja importante e que ele esteja pronto para perseguir	
Explorar o apoio, a estrutura ou os ambientes necessários para garantir o sucesso e lidar com os desafios	
Ajudar o cliente a refinar a meta para ser uma meta comportamental SMART	
Usar parâmetro de confiança para melhorar a confiança do cliente em alcançar essa meta	
Pedir ao cliente que reafirme as metas	
Afirmar a capacidade do cliente de alcançar suas metas	

Idealmente, um resumo escrito das metas é trocado entre os coaches e os clientes depois de cada sessão de coaching. Isso serve para facilitar o processo de responsabilização e para manter o dinamismo semanal. Inicialmente, pode ser útil para o coach redigir o plano (visão, metas para 3 meses e metas da primeira semana) para demonstrar como resumir um plano sucinto e convincente.

Fechamento da sessão

Assim como acontece com o fechamento da sessão para as sessões iniciais, é importante terminar com uma nota positiva, expressando apreço pelo trabalho do cliente e captando o que ele aprendeu. O coach também pode aproveitar a oportunidade para pedir feedback sobre como tornar a sessão de coaching ainda mais eficaz na promoção do progresso do cliente (Figura 11.1) antes de agendar a próxima sessão (Tabela 11.7).

Tabela 11.7	Fechamento da sessão.
Comunicar uma apreciação do trabalho do cliente na sessão	
Descobrir e refletir sobre o que o cliente aprendeu na sessão	
Pedir feedback sobre como futuras sessões de coaching apoiariam melhor o caminho do cliente	
Agendar a próxima sessão	

Figura 11.1 Comemoração do sucesso e incentivo do cliente.

Como lidar com os desafios do cliente

Embora cada cliente e cada interação de coaching sejam únicos, existem alguns desafios comuns que podem acontecer no processo de coaching. É importante estar ciente de algumas situações comuns que os clientes podem enfrentar ao longo do caminho e das possíveis abordagens que podem ser adotadas.

Situação. Os clientes podem ter a tendência a serem excessivamente zelosos e irrealistas.

Abordagem. Monitore cuidadosamente as metas para ajudar os clientes a mantere-rem-nas realistas.

Situação. Os clientes demoram a ficar motivados e não fazem progressos visíveis.

Abordagem. Aborde a prontidão para mudanças ou os problemas motivacionais por meio de Investigação Apreciativa e Entrevistas Motivacionais (EM). Descubra pontos fortes, desenvolva autoeficácia, avalie os prós e os contras da mudança, modifique as condições ambientais, experimente novas estratégias para superar obstáculos e reconfirme ou encontre novos motivadores.

Situação. Os clientes estão começando a ficar entediados.

Abordagem. Acrescente variedade às discussões dos momentos generativos, ofereça um novo teste e explore outros domínios para mudanças e metas.

Situação. Os clientes não estão priorizando seu processo de mudança (isso pode se manifestar por meio de desculpas, bem como por compromissos perdidos e/ou atrasados).

Abordagem. Compartilhe as suas observações, expresse empatia e pergunte o que poderia tornar as visões e metas deles mais prioritárias. Compartilhe com os clientes o valor de darem passos pequenos e incrementais (p. ex., como são benéficos pequenos períodos de exercício).

Situação. Os clientes percebem que os coaches não são mágicos e ficam desiludidos com a quantidade de trabalho necessária para fazer mudanças.

Abordagem. Normalize as experiências deles (todo mundo passa por isso). Enfatize etapas menores. Compartilhe a sua confiança no processo com os clientes e ajude-os a criarem planos de ação que considerem engajadores e com os quais possam ter sucesso no cumprimento das metas semanais.

Situação. Os clientes não estão adotando semanalmente os comportamentos que estabeleceram para si mesmos como metas SMART.

Abordagem. Procure o que está funcionando no comportamento dos clientes para definir novas metas que eles experimentarão como um novo começo. Investigue profundamente em busca de motivadores inspiradores. Se a situação persistir, discuta o assunto com o coach mentor para determinar os próximos passos.

Situação. O cliente não atingiu 50% de suas metas de 3 meses na semana 6.

Abordagem. Reavalie as metas de 3 meses com o cliente para ter certeza de que são realistas. Revisite a visão para reacender seu poder. Discuta a situação com o coach mentor para novas ideias que geram sucesso.

Situação. Os clientes ficam desanimados por não verem resultados em diversas áreas.

Abordagem. Primeiro, concentre o foco no que está funcionando e nos pontos fortes dos clientes. Em seguida, passe mais tempo discutindo as áreas nas quais as expectativas não foram atendidas e crie um plano de melhoria. Experimente diferentes ferramentas e recursos. Discuta as opções com o coach mentor.

Atualização ou encerramento do programa de coaching

O ponto de 3 meses no coaching é um bom momento para revisar e renovar o programa de coaching. É o momento para comemorar a conquista de marcos, considerar o desenvolvimento de um novo plano de 3 meses, modificar a frequência das sessões de coaching e/ou renovar o compromisso do seu cliente com o programa de coaching.

Quando o programa de coaching chega ao fim, é hora de colher e celebrar as conquistas e o aprendizado do cliente. A sessão de coaching pode ser dedicada a uma reflexão mais profunda, revelando toda a experiência para aprender com ela. O que foi bem? Quais mudanças sustentáveis de mentalidade e comportamento foram feitas? Qual impacto as mudanças estão tendo na vida do cliente? O que vem em seguida? Como o coach pode apoiar o cliente na próxima fase?

Talvez o cliente queira consolidar o que aprendeu e encerrar a parceria de coaching por enquanto. Talvez o cliente queira continuar o programa de coaching com novo foco. De qualquer forma, é um bom momento para o cliente preencher uma pesquisa de avaliação do programa de coaching nos moldes resumidos no Anexo B. Também pode ser útil acompanhar os resultados pós-coaching um ou mais anos depois para confirmar o impacto e o histórico do coaching (Tabela 11.8).

Em geral, coaches e clientes mantêm a conexão por muitos anos. O coach pode enviar mensagens de aniversário ou verificar periodicamente o bem-estar do cliente. Eles podem se encontrar de vez em quando. O cliente satisfeito é uma excelente fonte de referências e pode até desejar reiniciar o programa de coaching em um novo domínio posteriormente.

Tabela 11.8	Encerramento do programa de coaching.
Explore os motivos pelos quais o cliente optou por interromper o programa de coaching e/ou peça a ele que preencha uma breve pesquisa como a do Anexo B	
Recolha e celebre o aprendizado do cliente e explore o que ele pode querer considerar em seguida	
Incentive o cliente a continuar progredindo e a informar como está se saindo	
Pergunte se você pode conversar com ele de vez em quando	
Expresse a sua gratidão pelo privilégio de trabalhar com o cliente	

Acima de tudo, o coach pode reservar algum tempo para refletir sobre o que deu certo e considerar quais áreas das habilidades, dos processos e dos impactos do coaching apresentam oportunidades de crescimento e desenvolvimento profissional. A jornada de aprendizado e crescimento jamais termina para os coaches e os clientes.

Referências bibliográficas

Berna, J. (2013). Wellness coaching outcomes in a case report of a Native American diabetic male. *Global Advances in Health and Medicine, 2*(4), 62–67.

Brown, T. (2008). Design thinking. *Harvard Business Review, 86*(6), 84–92, 141.

Fredrickson, B. L. (2009). *Positivity: Groundbreaking research reveals how to embrace the hidden strength of positive emotions, overcome, negativity, and thrive.* New York: Crown.

Galantino, M., Schmid, P., Milos, A., Leonard, S., Botis, S., Dagan, C., . . . Mao, J. (2009). Longitudinal benefits of wellness coaching interventions for cancer survivors. *International Journal of Interdisciplinary Social Sciences, 4*(10), 41–58.

McGloin, H., Timmons, F., Coates, V., & Boore, J. (2014). A case study approach to the examination of a telephone-based health coaching intervention in facilitating behaviour change for adults with type 2 diabetes. *Journal of Clinical Nursing*. Advance online publication. http://dx.doi.org/10.1111/jocn.12692.

Polak, R., Dill, D., Abrahamson, M., Pojednic, R., & Phillips, E. (2014). Improving consumption of healthy food in a patient with diabetes through wellness coaching. *Global Advances in Health and Medicine, 3*(6), 42–48.

Roy, B., Lisowski, C., & Roberts, P. (2014). Wellness coaching with physician-referred patients with chronic health conditions. *Journal of Clinical Exercise Physiology, 3*(1), 9–15.

Schwartz, J. (2013). Wellness coaching for obesity. *Global Advances in Health and Medicine, 2*(4), 1–3.

Sforzo, G. (2013). Wellness coaching for Ithaca College employees. *Global Advances in Health and Medicine, 2*(3), 58–64.

Sforzo, G., Kaye, M., Ayers, G., Talbert, M., & Hill, M. (2014). Effective 4.1 tobacco cessation via health coaching: An institutional case report. *Global Advances in Health and Medicine, 3*(5), 37–44.

Sherman, R., Crocker, B., Dill, D., & Judge, D. (2013). Health coaching integration into primary care for the treatment of obesity. *Global Advances in Health and Medicine, 2*(4), 1–3.

Anexo A

Diretrizes do programa de Coaching

Fase 1: etapa de prospecção

- Envie por e-mail boas-vindas pessoais, introdução e artigos, conforme apropriado
- Discuta o que é coaching e o que não é
- Apresente a biografia do coach
- Discuta o protocolo do programa, as taxas e as condições de pagamento.

Fase 2: inicialização do programa

Definição de expectativas

- Compartilhe, discuta e chegue a um acordo sobre os princípios ou modelos do contrato de coaching
- Confirme a confidencialidade e a manutenção de registros
- Esclareça as expectativas em relação à logística (p. ex., pagamentos, agendamento, reagendamento e duração das sessões)
- Compartilhe o teste para o cliente preencher.

Preparo da sessão

- Prepare-se: revise os resultados do teste do cliente e a comunicação com ele
- Esteja presente: pratique o mindfulness, defina a intenção e conecte-se ao propósito
- Seja curioso: considere investigações iniciais baseadas em pontos fortes.

Abertura da sessão

- Dê as boas-vindas e agradeça
- Agradeça ao cliente pelo preenchimento do teste
- Revise a agenda da sessão: confirme as expectativas e prioridades do cliente, revise o teste, reúna informações adicionais, crie visão e projete metas.

Exploração do teste

- Encontre aspectos positivos para enfatizar e compartilhar nos testes do cliente
- Pergunte ao cliente o que ele aprendeu sobre si mesmo ao preencher os testes
- Pergunte ao cliente quais dúvidas ele tem após preencher os testes
- Reúna as informações que faltam
- Discuta o histórico médico do cliente e a necessidade de liberação do médico, se aplicável.

Projeto (design) da visão

- Explique o valor de criar uma visão
- Pergunte o que é mais importante para o cliente neste momento e o que o faz prosperar
- Colabore para identificar os pontos fortes do cliente: analise histórias de sucesso, discuta o que está funcionando agora e descubra o que dá orgulho ao cliente
- Descubra os motivadores do cliente: pergunte sobre os benefícios de fazer mudanças agora e sobre a força motriz por trás do desejo de mudar
- Pergunte a respeito da visão do cliente (esperanças, desejos e sonhos) em relação à saúde, à boa forma ou ao bem-estar
- Apoie o cliente na visualização de sua visão e na descrição dela em detalhes
- Use parâmetros de confiança para avaliar e melhorar a autoeficácia
- Pergunte quais desafios seriam enfrentados e quais coisas seriam possíveis se a visão se tornasse realidade

- Descubra experiências positivas anteriores com elementos da visão
- Identifique os pontos fortes e os valores que poderiam ser usados para alcançar a visão
- Explore o apoio (pessoas, recursos, sistemas e ambientes) necessário para garantir o sucesso e lidar com os desafios
- Peça ao cliente para declarar e se comprometer com a visão.

Projeto (design) de metas para 3 meses

- Explique a natureza e o valor de estabelecer metas para 3 meses
- Faça *brainstorming* de comportamentos consistentes que podem levar à realização da visão
- Peça ao cliente para escolher várias metas comportamentais que sejam as mais importantes a serem perseguidas
- Confirme a conexão dos comportamentos com a visão
- Auxilie o cliente no desenvolvimento de metas comportamentais SMART e de uma mentalidade de aprendizagem experimental.

Projeto (design) do plano de ação

- Peça ao cliente para escolher metas/experimentos que sejam os próximos passos importantes em direção às metas comportamentais de 3 meses
- Auxilie o cliente a projetar as metas comportamentais SMART
- Use parâmetros de confiança para melhorar a confiança do cliente em atingir a meta
- Explore os pontos fortes e o apoio do cliente (pessoas, recursos, sistemas e ambientes) necessários para garantir o sucesso e lidar com os desafios
- Peça ao cliente para reafirmar e se comprometer com as metas SMART
- Afirme a capacidade do cliente de atingir as metas e enfatize a mentalidade de aprendizagem/crescimento.

Fechamento da sessão

- Expresse apreço pelo trabalho do cliente
- Descubra e reflita o que o cliente aprendeu
- Confirme se o cliente está pronto, confiante e comprometido em realizar as ações acordadas
- Peça feedback sobre como futuras sessões de coaching apoiariam melhor o caminho do cliente
- Esclareça as expectativas em relação a pagamentos, agendamento, reagendamento e duração das sessões
- Agende a próxima sessão.

Fase 3: programa de coaching contínuo

Preparo da sessão

- Prepare-se: revise as anotações das sessões anteriores
- Esteja presente: pratique o mindfulness, defina a intenção e conecte-se ao propósito
- Seja curioso: considere consultas iniciais baseadas em pontos fortes.

Abertura da sessão

- Pergunte como o cliente está exatamente agora, neste momento
- Use reflexões para mostrar apreciação e compreensão do estado do cliente
- Peça ao cliente para compartilhar a melhor coisa que aconteceu na(s) semana(s) anterior(es)
- Comente algo positivo sobre o cliente (p. ex., destaques, pontos fortes ou emoções)
- Peça ao cliente para selecionar a primeira meta semanal a ser discutida.

Revisão de ações/metas experimentais

- Explore a experiência completa com a meta semanal começando pelo lado positivo

- Use reflexões para mostrar escuta e compreensão da experiência da meta
- Expanda a investigação sobre a melhor experiência do cliente com sua meta semanal
- Responda aos desafios do cliente com reflexões e perguntas livres de julgamento
- Pergunte o que o cliente aprendeu com a experiência
- Afirme os pontos fortes, os valores, as escolhas e/ou situações do cliente
- Pergunte sobre a porcentagem de sucesso do cliente.

Check-in da meta de 3 meses

- Valide a relevância da visão do cliente e a conexão com as metas de 3 meses
- Pergunte sobre a melhor experiência de aprendizado ou crescimento do cliente com suas metas de 3 meses
- Pergunte sobre o nível de engajamento e comprometimento do cliente com suas metas
- Afirme os pontos fortes, as habilidades ou o crescimento do cliente.

Momento generativo

- Colabore com o cliente para identificar um tema que ele deseja trabalhar que desperte sua energia emocional e seu interesse
- Peça permissão para explorar e trabalhar no tema agora
- Incentive o cliente a descrever o que ele realmente deseja agora em relação ao tema
- Explore os pontos fortes ou os valores que o cliente pode aproveitar para seguir em frente
- Explore os ambientes que o cliente pode aproveitar para seguir em frente
- Explore o equilíbrio decisório e desenvolva discrepância quando o cliente demonstrar ambivalência
- Engaje o cliente em um *brainstorming* criativo dos caminhos a serem seguidos
- Expresse confiança na capacidade do cliente de seguir em frente.

Definição de metas

- Peça ao cliente para escolher alguma meta que seja importante
- Ajude o cliente a projetar uma meta/um experimento comportamental SMART
- Use parâmetros de confiança para melhorar a confiança do cliente em atingir a meta
- Explore o apoio (pessoas, recursos, sistemas e ambientes) necessário para garantir o sucesso e lidar com os desafios
- Peça ao cliente para reafirmar e se comprometer com a meta SMART
- Afirme a capacidade do cliente de atingir a meta.

Fechamento da sessão

- Comunique uma apreciação do trabalho do cliente na sessão
- Descubra e reflita o que o cliente aprendeu na sessão
- Peça feedback sobre como futuras sessões de coaching apoiariam melhor o caminho do cliente
- Agende a próxima sessão.

Fase 4: encerramento do programa de coaching

- Explore as razões pelas quais o cliente optou por interromper o programa de coaching e/ou peça a ele que preencha uma breve pesquisa, como a do Anexo B
- Recolha e celebre o aprendizado do cliente e explore o que ele pode querer considerar em seguida
- Incentive o cliente a continuar progredindo e a informar como está
- Pergunte se você pode conversar com o cliente de vez em quando
- Expresse a sua gratidão pelo privilégio de trabalhar com o cliente.

Anexo B
Pesquisa de feedback do programa de coaching

Nome do coach:

Nome do cliente:

Data de início do coaching:

Por favor, avalie a competência do seu coach em uma escala de 1 a 10:

10 = Muito competente; 1 = Muito incompetente.

Fique à vontade para acrescentar quaisquer comentários.

	Teste	Comentários
Conhecimento:		
Assistência:		
Empatia e conexão:		
Qualidade do apoio à mudança:		
Qualidade da orientação:		

Qualidade dos recursos:

Eficácia:

Outros comentários:

Áreas para melhoria:

De que forma o coaching mais beneficiou ou mudou você? Descreva "antes" e "depois", se possível.

Qual é a meta mais importante para você agora?

Por favor, comente a respeito de como o coaching beneficiou você em alguma das seguintes áreas:

Confiança:

Motivação:	
Energia:	
Desempenho/produtividade no trabalho:	
Hábitos de exercício:	
Hábitos alimentares:	
Sono:	
Gerenciamento de estresse:	

Autocompaixão:	
Saúde:	
Satisfação de vida:	
Quais são as melhores qualidades do seu coach?	
Como o seu coach poderia melhorar?	
Como a sua experiência de coaching difere das suas expectativas?	

Capítulo 12

O Coach Bem-Sucedido

"Não pergunte do que o mundo precisa. Pergunte o que mantém você vivo e faça isso. Porque o que o mundo precisa é de pessoas que se sintam vivas."

HOWARD THURMAN

Últimas palavras da coach Meg

É muito bom que os coaches ajudem os seus clientes a crescerem, mudarem e progredirem. No entanto, a integridade do coach depende de ele seguir esse mesmo caminho, crescendo e aprendendo continuamente e, melhor ainda, modelando o sucesso. Como exploramos ao longo deste *Manual*, existem muitos modelos e construtos para o progresso e o bem-estar humanos. Vamos fazer um resumo rápido e considerar como os coaches podem usar as lições deste manual para progredir. Em seguida, deixaremos vocês com um novo modelo provocativo e um chamado à ação.

No Capítulo 1, introduzimos a Teoria da Autodeterminação (Deci e Ryan, 2002), que é um modelo para a prosperidade humana. O coach progride se suas necessidades de autonomia, relacionamento e competência forem atendidas. No Capítulo 2, exploramos as principais habilidades de coaching que sustentam a colaboração evocativa do coaching, que apoia o sucesso tanto do coach quanto do cliente no momento. Não só os clientes são energizados e inspirados pela sessão de coaching generativa, mas os coaches também. Quase sempre, esses são os momentos de pico na vida profissional do coach. O Capítulo 3 ajuda os coaches a considerarem novas formas de se engajarem e de manifestarem plenamente os seus pontos fortes no coaching e além. Novas ferramentas de navegação e ajuste de emoções negativas são exploradas no Capítulo 4 e são úteis tanto para os coaches quanto para os clientes aprenderem a lidar bem com o sofrimento e a encontrar rapidamente a calma em uma tempestade emocional. No Capítulo 5, apresentamos o campo da Psicologia Positiva, dedicado a estudar o que faz os seres humanos progredirem, sobretudo mentalmente. O fundador do campo, Martin Seligman (2011), fez um chamado à ação para que 51% da população progredisse até 2051, um aumento em relação aos cerca de 20% da população atual, por meio de emoções positivas, engajamento, melhores relacionamentos e propósito para além de si mesmos. Os coaches estão liderando o caminho e inspirando seus clientes a fazerem o mesmo.

Descobrir a motivação sincera e autônoma e a força vital e aplicar essa energia motivacional para a melhoria da competência e da confiança, explorada no Capítulo 6, são a receita para progredir e, ao mesmo tempo, mudar e crescer todos os dias. Os coaches podem fazer isso experimentando novas ferramentas de coaching ou assumindo riscos nas sessões de coaching. O Capítulo 7 explora as características das etapas iniciais de preparação para a mudança, quando as pessoas podem se sentir presas à contemplação crônica. Os coaches podem reconhecer rapidamente a prontidão pessoal delas e, assim, colocar o foco em novos hábitos mentais e corporais para os quais elas estejam prontas, dispostas e capazes de desenvolver. Além disso, podem deixar de lado metas mais intimidantes. Testes de vários aspectos e construtos de bem-estar não faltam. Introduzimos alguns deles no Capítulo 8 para ajudar os coaches a fazerem um balanço contínuo e a explorarem novas oportunidades para a melhoria de seu próprio bem-estar.

Os coaches se beneficiam do projeto de visões, metas e experimentos tanto quanto os clientes. Eles podem modelar a atenção com foco em uma abordagem de mudança pessoal bem pensada, flexível e orientada para o futuro, como exploramos no Capítulo 9. Nos Capítulos 10 e 11, nos quais descrevemos os processos de coaching durante as sessões, mostramos como os clientes projetam visões e metas e desdobram totalmente sua experiência rumo às suas metas. Uma lição importante para os coaches é trabalhar regularmente com eles próprios, a fim de experimentarem a geratividade criativa, as mudanças e as transformações de mentalidade que acontecem de forma consistente com o coach qualificado.

Antes de nos despedirmos, o que nunca é fácil, mesmo quando se escreve um livro, queremos compartilhar uma nova abordagem provocativa para o progresso e para a inteligência emocional, o mindfulness e o coaching, explorada em um estudo de hipótese publicado: *Coaching the Multiplicity of Mind: A Strengths-Based Approach* (Moore, 2013), base para um livro em preparação, sequência do nosso primeiro livro, *Organize Your Mind, Organize Your Life* (Hammerness e Moore, 2011). Sem dúvida, a segunda edição do *Manual de Coaching: Um Guia Prático e Didático* estará desatualizada em poucos anos, e novos construtos e ferramentas de coaching baseados em pesquisas serão acrescentados à próxima edição. No entanto, este modelo oferece uma nova perspectiva e contribui para um diálogo mais amplo sobre o que significa progredir.

Prosperidade humana: Nove Capacidades Primárias

A base do modelo é que a psique é composta de um conjunto de necessidades, impulsos ou capacidades humanas distintas que se manifestam como subpersonalidades, criando juntas um diálogo interno contínuo e um caleidoscópio de agendas e preocupações em constante mudança. Essas capacidades comunicam suas agendas por meio de vozes, emoções e sensações físicas, sinalizando continuamente se as necessidades estão sendo satisfeitas ou não. Nessa perspectiva, o progresso ocorre quando somos capazes de decodificar as nossas necessidades e as capacidades geneticamente baseadas, satisfazer essas necessidades e utilizar as capacidades tão plenamente quanto possível. Tendo isso em mente, descrevemos Nove Capacidades Primárias que, em conjunto, contribuem para a prosperidade humana. Essas capacidades não parecerão novas ou surpreendentes, já que tocamos nos temas ao longo deste *Manual*. É uma prova para o campo de que os coaches, baseados em evidências, integraram os principais temas da prosperidade humana na caixa de ferramentas do coaching. O resumo a seguir foi adaptado de um artigo da International Coaching Federation na *Coaching World*, intitulado "From Surviving to Thriving" (Moore, 2014).

Regulação corporal

Junto a todos os organismos vivos, nós, seres humanos, temos a necessidade básica de um equilíbrio saudável e calmo dos nossos sistemas fisiológicos: a necessidade de passarmos do caos para a homeostase continuamente. Como Stephen W. Porges (2007) descreve em sua teoria polivagal, os nossos corpos buscam o equilíbrio entre esforço, descanso e recarga. Eles buscam homeostase, estabilidade, segurança, saúde e um sistema nervoso autônomo robusto, equilibrando as atividades simpática (estresse) e parassimpática (descanso e recuperação). Escutar os sinais do nosso corpo nos diz quando é hora de acalmarmos o sistema nervoso, o que acalma a mente e melhora a função cerebral a curto prazo e atrasa doenças e a morte precoce a longo prazo. Considerando as epidemias de doenças crônicas relacionadas com o estilo de vida, o regulador do corpo é uma voz que está sendo abafada por outras necessidades, descritas no texto a seguir. Os coaches podem ajudar os clientes a sintonizarem-se com sua "inteligência corporal", aprendendo a escutar as necessidades básicas de equilíbrio, energia física e saúde (Gavin e Moore, 2010), incentivando-os a prestarem atenção aos sinais do corpo nas sessões de coaching por meio do mindfulness e de outras práticas de intenção.

A questão existencial colocada por essa parte da nossa psique é: "Será que eu tenho os recursos físicos e outros recursos de que preciso para viver plenamente?"

Autonomia

Os psicólogos Edward L. Deci e Richard M. Ryan (2002), que estudaram a motivação humana durante três décadas, levando à sua robusta Teoria da Autodeterminação, concluíram que a autonomia, o impulso de marchar ao som do próprio baterista, é a primeira necessidade orgânica básica. Para progredir (ou prosperar), precisamos ser autênticos e criar uma vida alinhada com os nossos valores. A motivação autônoma que utiliza a força vital de uma pessoa não é apenas uma força autônoma para o progresso: é o tipo de motivação que permite a manutenção de hábitos evasivos, inclusive alimentação saudável, exercícios e perda e manutenção de peso. É uma fonte de combustível muito superior aos motivadores externos, como incentivos, prêmios ou a "vara" baseada no medo das críticas externas ou internas. A questão existencial colocada por essa parte da nossa psique é: "Será que estou fazendo as coisas certas na minha vida, marchando ao som do meu próprio baterista, alinhado com os meus valores genuínos?"

Criação de significado e propósito

O psicólogo clínico Paul Wong (2014) é um dos porta-vozes mais apaixonados pela importância de criar significado e propósito para além de si mesmo em cada momento, em cada domínio da vida e ao longo da vida. Em seu capítulo, "O modelo de busca de significado e a Psicologia Positiva de

Viktor Frankl" ("Viktor Frankl's Meaning Seeking Model and Positive Psychology"), Wong mantém viva a história do lendário psiquiatra e sobrevivente do holocausto, registrada em *Man's Search for Meaning* (Frankl, 2006). A história contada é de como um propósito inabalável foi essencial para sobreviver a quatro campos de concentração nazistas. O senso de um propósito mais elevado é uma fonte poderosa de combustível vital, especialmente em tempos difíceis. Por exemplo, uma equipe de pesquisadores do Rush Alzheimer's Disease Center e do Rush University Medical Center, em Chicago, descobriu que o senso de propósito de vida melhora significativamente a função cognitiva em pessoas com doença de Alzheimer. Enquanto isso, Barbara Fredrickson et al. ganharam manchetes científicas em 2013 com um experimento, agora repetido duas vezes, que mostrou que pessoas com baixo nível de propósito de vida tinham três vias genéticas prejudicadas em seus sistemas imunológicos, enquanto pessoas com alto nível de propósito de vida tinham expressão genética saudável dessas três vias genéticas. Os nossos genes podem nos recompensar por estarmos ligados a uma causa maior do que nós, combatendo os vírus do resfriado e da gripe e outros invasores que podem nos deixar doentes. A questão existencial colocada por essa parte da nossa psique é: "Será que eu estou contribuindo para tornar o mundo um lugar melhor de maneiras pequenas ou maiores?"

Relacionamentos

Servir os outros, cuidar dos outros, ser compassivo e gentil e, por vezes, escolher colocar as necessidades dos outros à frente das nossas são fontes importantes da prosperidade humana. Na verdade, Deci e Flaste (1996) identificam o relacionamento como outra necessidade psicológica inata. Em *Love 2.0: How Our Supreme Emotion Affects Everything We Feel, Think, Do, and Become*, Fredrickson (2013) nos incentiva a "fazermos amor o dia todo"; em outras palavras, a infundirmos cada momento na companhia de outra pessoa com toda atenção, com a mente e o coração juntos. Além de simplesmente nos sentirmos bem, compartilhar emoções positivas com outras pessoas cria micromomentos de conexão, que acalmam o sistema nervoso e melhoram o funcionamento do cérebro. Com o tempo, esses micromomentos se acumulam, ajudando a retardar a doença e a evitar a morte precoce. A compaixão pelas emoções negativas experimentadas por nós mesmos e pelos outros é um bálsamo calmante. Assim como os bebês que choram, as emoções negativas precisam de um abraço caloroso e agradecido para se acalmarem e nos permitirem continuar o dia. A questão existencial colocada por essa parte da nossa psique é: "Será que estou ajudando os outros a satisfazerem suas necessidades, a canalizarem seus impulsos, a considerarem seus valores e a usarem suas capacidades também para preocupações que vão além do interesse próprio?"

Confiança e competência

A confiança, aquilo que Albert Bandura (1997) colocou no mapa como o termo psicológico "autoeficácia", é um forte preditor de desempenho bem-sucedido nas metas de trabalho e na criação de novos hábitos de saúde. Como afirmou Henry Ford: "Quer pense que pode, quer pense que não pode, você está certo." A Teoria da Autodeterminação de Deci e Ryan (2002) identifica a competência como uma das três necessidades organísmicas básicas, sugerindo que adquirir novos conhecimentos e competências, aplicar os nossos principais pontos fortes e aumentar continuamente a confiança são atividades vitais ao longo da vida. O engajamento de coaching ou o processo de autocoaching centrado no bem-estar pode nos colocar no caminho certo, incutindo confiança na capacidade de combinarmos uma vida profissional e familiar plena com o foco no autocuidado e no bem-estar. Isso inclui fazer exercícios com segurança, cozinhar bem, manter um peso saudável e estável, dormir em paz e domar o frenesi avassalador provocado pelo interruptor de vida preso na posição "ligado". A questão existencial colocada por essa parte da nossa psique é: "Será que estou melhorando e ficando mais competente e confiante?"

Curiosidade e busca de novas experiências

O psicólogo Todd Kashdan (2012) afirma que a curiosidade é o principal impulsionador do bem-estar humano ao escrever: "Quando sentimos curiosidade, estamos dispostos a abandonar o que é familiar e rotineiro e a correr riscos, mesmo que isso nos deixe ansiosos e desconfortáveis. Os exploradores curiosos se sentem confortáveis com os riscos de enfrentarem novos desafios. Em vez de tentarmos desesperadamente explicar e controlar o nosso mundo, como exploradores curiosos, abraçamos a incerteza e vemos as nossas vidas como uma busca agradável para descobrir, aprender e crescer."

É fácil ver a necessidade básica de buscar novas experiências para explorar, aprender e mudar em crianças curiosas. Contudo, quase sempre ela é esmagada pelas exigências da vida adulta. Essa é uma capacidade importante de adaptação a um mundo em constante mudança: ser sempre curioso e jamais considerar nada garantido, inclusive os próprios pressupostos e crenças. De fato, Kashdan observa que o declínio da curiosidade é um importante sinal precoce da demência e da doença de Alzheimer. Os coaches apoiam os clientes na mudança para a perspectiva de que a vida é apenas um grande conjunto de experiências com resultados imprevisíveis. A questão existencial colocada por essa parte da nossa psique é: "Será que estou aberto, curioso e engajado nas aventuras da vida?"

Criatividade

Também vemos ligeiramente nas crianças a capacidade básica de serem criativas, generativas, imaginativas e espontâneas. Todavia, quase sempre essas características parecem fora do alcance dos adultos, que lidam com dias e mentes sobrecarregados. A criatividade melhora a saúde física e mental. Quase sempre funciona melhor se o nosso cérebro estiver livre para vagar, desconectado de prazos e metas. Essa parte de nós se diverte fazendo *brainstorming*, participando de jogos e sendo impulsiva. Quando em pleno voo, ela produz estados de fluxo, que Mihaly Csikszentmihalyi (2008) descreve como fundamentais para o bem-estar ideal: são aqueles momentos em que desfrutamos tanto da atividade que perdemos a noção do tempo. Sem esforço excessivo, executamos a atividade da melhor maneira possível. Embora o local de trabalho seja o melhor lugar para experimentarmos estados de fluxo regulares, a maioria das pessoas não se permite desfrutar de estados de fluxo todos os dias, pois suas mentes estão limitadas por listas de tarefas e distrações esmagadoras. A questão existencial colocada por essa parte da nossa psique é: "Será que sou generativo, apresentando novas ideias e possibilidades para enfrentar os desafios da vida?"

Função executiva

Graças a Deus, os seres humanos têm a capacidade básica de serem organizados, de planejarem, de regularem emoções e impulsos e de permanecerem no caminho certo para executarem listas de tarefas e cumprirem metas. Essa capacidade é altamente aperfeiçoada no local de trabalho (embora muitas vezes à custa de outras capacidades, descritas anteriormente). Pessoas com déficit de atenção precisam trabalhar mais para desenvolverem habilidades de autorregulação e aprenderem a deixar de lado emoções perturbadoras, impulsos e distrações, para poderem realizar as coisas importantes. A função executiva ganha um impulso poderoso quando as pessoas controlam seu frenesi emocional, fazem exercícios regularmente, dormem bem e seguem uma dieta saudável. A questão existencial colocada por essa parte da nossa psique é: "Será que estou fazendo as coisas certas ou bem?"

Configuração padrão

Como os animais mais sociais do planeta, os seres humanos compartilham a necessidade básica de aprovação, apreciação, validação e tratamento justo por parte dos outros. Nenhum homem é uma ilha. Queremos ser aceitos e valorizados pela nossa família, pelos nossos amigos, pelos nossos colegas e pelas nossas comunidades. Essa capacidade nos permite estabelecer modelos ou padrões, definir metas para o nosso desempenho e, depois, avaliar e julgar esse desempenho em nós mesmos e nos outros em todos os domínios da vida, desde tirar boas notas na escola até morrer bem. "Será que sou boa o bastante?", ela pergunta.

Na pior das hipóteses, essa capacidade é difícil de agradar. Ela pode ser o crítico interior, que procura falhas e fracassos, ou o perfeccionista, que sempre eleva o padrão. Infelizmente, um estudo recente relatou que apenas 11% das mulheres com mais de 50 anos relatam satisfação com os seus corpos (Runfola et al., 2013), pois seus críticos internos lhes esgotam a autoestima cada vez que se olham no espelho. Na melhor das hipóteses, o criador interno de padrões é receptivo e contente, estabelecendo o padrão para desafiar o desempenho e, ao mesmo tempo, adotando a mentalidade de aprendizagem quando o desempenho for insuficiente. Esse estado de contentamento é difícil de encontrar em uma cultura orientada para a realização e em um ritmo 24 horas por dia, 7 dias por semana. A questão existencial colocada por essa parte da nossa psique, além de "Será que eu sou bom o bastante", é: "Será que estou fazendo o suficiente?"

Quando os seres humanos acolhem, apreciam e consideram todas essas necessidades e agendas distintas, e muitas vezes conflitantes, a ambivalência e os conflitos internos podem se resolver, mesmo que apenas um pouco, trazendo mais progresso e equanimidade. Os coaches podem ajudar as pessoas a aceitarem e defenderem todas as partes de si mesmas, a descobrirem capacidades subutilizadas e a se esforçarem para atenderem mais às suas necessidades na maior parte do tempo.

Apelo aos coaches

Para encerrar, o campo dos coaches de saúde e bem-estar e de todos os profissionais da saúde que aplicam habilidades de coaching enfrenta uma enorme tarefa pela frente: a de melhorar o progresso, mental e físico, da espécie humana. Cerca de 20% dos adultos estão progredindo hoje. Então, há um longo caminho a percorrer (Kobau et al., 2010). Liberar a prosperidade humana é o apelo da vida, o propósito maior, para toda uma nova geração de milhares de coaches de saúde e bem-estar que pretendemos ensinar e inspirar com este *Manual*. Um pequeno exército de coaches de saúde e bem-estar surgiu na última década com foco na liberação do bem-estar físico e mental positivo e na redução das epidemias de doenças crônicas e de obesidade. Nós precisamos de todos a postos, não apenas dos coaches, mas de qualquer pessoa que queira se juntar a esse esforço. Vamos progredir primeiro e depois vamos ajudar todas as pessoas que tocamos a chegarem lá também.

Para a frente e para cima.

Referências bibliográficas

Bandura, A. (1997). *Self-efficacy: The exercise of control.* New York: W. H. Freeman.

Csikszentmihalyi, M. (2008). *Flow: The psychology of optimal experience.* New York: Harper Perennial Modern Classics.

Deci, E., & Flaste, R. (1996). *Why we do what we do: Understanding self-motivation.* New York: Penguin.

Deci, E. L., & Ryan, R. M. (2002). *Handbook of self-determination research.* New York: University of Rochester Press.

Frankl, V. (2006). *Man's search for meaning.* Boston, MA: Beacon Press.

Fredrickson, B. (2013). *Love 2.0: How our supreme emotion affects everything we feel, think, do and become.* New York: Hudson Press.

Fredrickson, B., Grewen, K., Coffey, K., Algoe, S., Firestine, A., Arevalo, J., . . . Cole, S. (2013). A functional genomic perspective on human well-being. *Proceedings of the National Academy of Sciences of the United States of America, 110,* 13684–13689.

Gavin, J., & Moore, M. (2010). *Body intelligence: A guide to self-attunement.* Retrieved April 27, 2015 from http://www.ideafit.com/fitness-library/body-intelligence-a-guide-to

Hammerness, P., & Moore, M. (2011). *Organize your mind, organize your life: Train your brain to get more done in less time.* New York: Harlequin.

Kashdan, T. (2009). *Curious?: Discover the missing ingredient to a fulfilling life.* New York: HarperCollins.

Kobau, R., Sniezek, J., Zack, M., Lucas, R., & Burns, A. (2010). Well-being assessment: An evaluation of well-being scales for public health and population estimates of well-being among US adults. *Applied Psychology: Health and Well-Being, 2,* 272–297.

Moore, M. (2013). Coaching the multiplicity of mind: A strengths-based model. *Global Advances in Health and Medicine, 2*(4), 78–84.

Moore, M. (2014). From surviving to thriving [Web log post]. Retrieved April 27, 2015 from http://coach federation.org/blog/index.php/2090/

Porges, S. (2007). The polyvagal perspective. *Biological Psychology, 74*(2), 116–143.

Runfola, C. D., Von Holle, A., Peat, C. M., Gagne, D. A., Brownley, K. A., Hofmeier, S. M., & Bulik, C. M. (2013). Characteristics of women with body size satisfaction at midlife: Results of the Gender and Body Image (GABI) Study. *Journal of Women and Aging, 25*(4), 287–304.

Seligman, M. (2011). *Flourish: A visionary new understanding of happiness and well-being.* New York: Free Press.

Wong, P. T. P. (2014). Viktor Frankl's meaning seeking model and positive psychology. In A. Batthyany & P. Russo-Netzer (Eds.), *Meaning in existential and positive psychology.* New York: Springer Publishing.

Índice Alfabético

2025/1